比较哲学视野下的
中外人文精神

Chinese and Western Humanism
in the Perspective of Comparative Philosophy

孙伟 等 著

社会科学文献出版社
SOCIAL SCIENCES ACADEMIC PRESS (CHINA)

前　言

习近平总书记在《在哲学社会科学工作座谈会上的讲话》中指出："要按照立足中国、借鉴国外，挖掘历史、把握当代，关怀人类、面向未来的思路，着力构建中国特色哲学社会科学，在指导思想、学科体系、学术体系、话语体系等方面充分体现中国特色、中国风格、中国气派。"习近平总书记的这段话其实就是在强调哲学社会科学应该有中国特色、中国风格。那么，什么是中国特色和中国风格呢？习总书记认为，首先是要继承和发扬马克思主义的传统，其次是要继承和发扬中华优秀传统文化，再有是要吸收和借鉴其他国家的优秀学术成果。结合习总书记的讲话精神，本书尝试以中外人文精神的研究为视角来探讨如何塑造中国特色哲学社会科学体系中的中国特色和中国风格。

无论在哲学史上还是在思想史上，人文精神研究都是十分重要的问题。人文精神既是民族国家发展的思想基础，更是人类摆脱蒙昧和野蛮，走向文明与理智的精神支撑。正因为如此，人文精神研究是探索人类思想的永恒话题。西方文化拥有悠久的人文主义传统，人们对人文精神的研究广泛而深入，取得了丰富且深刻的知识成果，为塑造西方文明尤其是现代文明奠定了价值基础。中国古代思想中拥有丰富的人文内涵。然而，近代以来，中国一直处于深重的民族危机之中，为救亡图存，中国人更重视技术层面的进步，人文精神研究受到冷遇。时至今日，中国人文精神的重建仍然缺少充分的理论研究支撑。正基于此，本书尝试分别深入探讨中外人文精神，并从中西比较的视角来寻找中外人文精神可以互相借鉴的途径，从而为中国人文精神的重建提供一条可行的理论途径。

马克思认为，人不应当是那种抽象的、虚幻的人，而是在实践中存在着的人。理性主义在本体论上认为，理念是世界的本体，这当然是一种虚幻而不切实际的理想。现实世界的本体理应是人的实践，人的实践就包含了人文主义和理性主义的世界观于一身。通过实践，人创造了这个世界，人和人的实践成了这个世界的本体，没有人的实践，就没有人的世界。可以说，人和实践、世界都是统一的，统一于人的现实的实践中。人的实践就是人的存在方式和世界对人而言的运行方式。这正如马克思在《1844年经济学哲学手稿》中所说的，"社会是人同自然界的完成了的本质的统一，是自然界的真正复活，是人的实现了的自然主义和自然界的实现了的人道主义"。①

马克思在《1844年经济学哲学手稿》中还对未来共产主义进行了设想。他认为，在共产主义社会，人和自然，主观和客观，人文主义和理性主义都达到了统一。"共产主义是私有财产即人的自我异化的积极的扬弃，因而是通过人并且为了人而对人的本质的真正占有，因此，他是人向自身、向社会的即合乎人性的人的复归……这种共产主义，作为完成了的自然主义=人道主义，而作为完成了的人道主义=自然主义，他是人和自然界之间，人和人之间的矛盾的真正解决，是存在和本质，对象化和自我确证，自由和必然，个体和类之间的斗争的真正解决。它是历史之谜的解答，而且知道自己就是这种解答。"② 这正是对在现代社会中的人如何通过对自我异化的扬弃来实现人的本质，从而重塑人文主义的确证。

中国人文精神具有悠久的历史，中国的"人文"一说最早见于《周易·贲卦》："刚柔相交，天文也；文明以止，人文也。观

---

① 《1844年经济学哲学手稿》，人民出版社，2000，第83页。
② 《马克思恩格斯选集》，第1卷，人民出版社，2000，第81页。

乎天文，以察时变；观乎人文，以化成天下。"《周易·系辞下》提出，天、地、人"三材之道也。道有变动，故曰爻，爻有等，故曰物，物相杂，故曰文，文不当，故吉凶生焉。"最早对此的解释是："刚柔相交而成文焉，天之文也；止物不以威武而以文明，人之文也。观天之文，则时变可知也；观人之文，则化成可为也。"(《周易正义·上经随传卷三》)后来唐代人对此的解释是："观乎人文以化成天下者，言圣人观察人文，则诗、书、礼、乐之谓，当法此教而化成天下。"(《周易正义·上经随传卷三》)宋代程颐的解释是："天文，天之理也；人文，人之道也。天文，谓日月星辰之错列，寒暑阴阳之代变，观其运行，以察时之迁改也；人文，人理之伦序。观人文以教化天下，天下成其礼俗，乃圣人用'贲'之道也。"(《伊川易传》)

中国传统哲学中关于"人文"思想的深刻性在于：(1)"人文"要取"天文"之道。"天文"之道是刚柔、阴阳的结合，同样人文也是人类社会中刚柔、阴阳因素的结合，"物相杂，故曰文"。(2)"人文"的核心在于教化。"人文"是要使社会中的基本因素化为有序，这就是人伦之序，用之以教化万民，便是人文之道。(3)"人文"之道是完整的。"人文"中的各种因素不可偏废，"文不当，故吉凶生焉"，所以既要观乎天文，也要观乎人文，以察其变，及时进行调整。总之，"人文"体现为既要有物，又要有规矩，最终还要符合人的精神价值追求，只有这样才能"教化天下"。

这对于中国哲学中人文精神的研究具有重要的意义。在中国传统哲学中，人文精神在不同的人物、学派，以及不同的历史时期中都有不同的表述，从人文精神的视角去重新解释他们的观点和主张，确定他们在社会发展中的地位和作用，不失为一种重要的、独特的研究角度。这一研究对于进一步弘扬中华民族精神，实现社会和谐，重构道德价值具有重要意义，并且这对于实现中国特色哲学社会科学中的中国特色和中国风格也有关键的支撑性作用。

西方人文精神自苏格拉底、柏拉图以降，经文艺复兴、近代哲学和现当代哲学 2700 多年的发展和演变，已经成为西方哲学和文化传统的一条主要线索。围绕着这一主要线索，产生了诸多哲学和思想流派。随着历史的更替，人文精神亦发生相应的变化。从总体看，我们可以大致把它归结为以下几个方面：希腊时期主要解决灵魂肉体的关系问题，以至善塑造人性，以善的人性和灵魂的正义作为善的城邦的保障。罗马时期的主要成就是法的精神。西方法哲学的历史，甚至法律思想，均起源于罗马。基督教主要解决信仰与爱的问题。近代精神的核心是科学和理性，价值体系则以功利主义为主。现当代更强调世俗化的生活之路，重估一切价值的尝试成为当代主要精神。纵观西方人文精神的历史，希腊、罗马、近代西方人文精神与我们已经过去的时代和即将到来的时代，有很多的可比性和可借鉴性。可以说，探讨西方的人文精神，就能够抓住西方文化发展中最优秀的部分，获得最值得我们借鉴的思想元素。

正如习近平总书记所言，发扬中华优秀传统文化并不意味着要排斥其他国家的学术研究成果，而是要在比较、对照、批判、吸收、升华的基础上借鉴有益的成果。这就意味着，我们在进行中国哲学和西方哲学研究时，不能仅仅研究各自思想本身，更要从比较的视角，探讨一方思想如何对另一方思想提供理论上的支持或辩护，借此解决理论解读中的难点问题，从而为建构中国特色哲学社会科学中的中国特色和中国风格提供一条途径。这种比较也有助于中国哲学与西方哲学之间的对话与交流，促进东西方哲学的相互理解和沟通。近年来，国内外学界开始逐渐关注中国哲学与西方哲学的比较研究，出现了一系列有关中西比较哲学的论著。在西方的汉学界，中西比较哲学也已经成为一个日益兴起的显学科。

当代中西比较哲学研究领域的领军人物安乐哲（Roger T. Ames）在其《孔子哲学思微》一书中提到，在比较哲学中，中国传统哲学和西方传统哲学间具有对立的先决设定。正是这种十分重要的差别才使得对某一文化中的问题和困难，还存在着可供选择的其他回答，才能为中西两种文化提供相互补充的机会。余纪元在其英文著作 The Ethics of Confucius and Aristotle: Mirrors of Virtue（中译本：《德性之镜：孔子与亚里士多德的伦理学》）一书中，也详细探讨了中西比较哲学方法论的问题。他认为，在比较哲学中，我们需要设立可比较的跨文化 phenomena，并随即考察和揭示两者间的相似性与差异性。通过镜映，我们知道了两个伦理学体系各自的优点和缺点，也因此能认定需要被保留的、能导向卓有成效的对话的真理。牟博在《比较哲学》（Comparative Philosophy）杂志创刊号中提到，无论东西方哲学如何不同，在探讨某个哲学问题的层面上，我们可以将东西方哲学的思想来加以比较。在具体的比较过程中有三个阶段：第一阶段是前参与阶段（pre-engagement phase），这一阶段主要是思考关于某个哲学问题来自不同思想传统的观点；第二阶段是参与阶段（engagement phase），在这一阶段，这些观点都内在地参与进来，共同为解决某一哲学问题提供自己的见解；第三阶段则是后参与阶段（post-engagement phase），在这一阶段，不同传统的观点被吸收成为解决某个哲学问题的新路径。

虽然上述比较哲学研究学者的观点不尽相同，但他们普遍认为东（中）西方哲学可以在摒弃偏见的前提下，实现平等的对话与交流，从而为彼此之间取长补短，解决各自哲学体系中所遇到的一些难题提供一条有效的途径。

本书是北京市社会科学院重点课题"如何加快构建中国特色哲学社会科学体系研究——以中外人文精神研究为视角"的最终结项成果。本课题的立项获得了院领导和院学术委员会的大力支持，我谨代表课题组表示衷心的感谢。同时，课题组成员为本课题书稿的写作付出了艰辛的努力，正是他们良好的学术素养、长久的学术积累以及持之以恒的写作使得本书的完成成为可能。最后，还要感谢社科文献出版社的李薇老师及各位参与书稿编校的编辑老师，他们的专业精神和文字功底为本书的出版提供了莫大的帮助。

  本书共分八章，其中第一、二、四、八章为孙伟研究员撰写，第三章为王杰博士撰写，第五章为王玉峰副研究员撰写，第六章为王双洪副研究员撰写，第七章为李婉莉博士撰写。全书的结构、编排和统稿由孙伟研究员完成。书中的不足之处，敬请各位方家指正。

孙　伟

2019 年 6 月于北京

目录 contents

第一章　人文精神的概念界定及历史演变
　　一　文艺复兴时期的人文精神 / 004
　　二　近代启蒙运动时期的人道主义 / 005
　　三　现代哲学中的人本主义 / 007

第二章　儒家哲学中的人文精神研究
　　一　儒家的天人观 / 010
　　二　儒家的道德教化学说 / 028

第三章　道家哲学中的人文精神研究
　　　　——以老庄生死哲学为中心
　　一　老子思想中的生死哲学 / 057
　　二　庄子思想中的生死哲学 / 068

第四章　古希腊人文精神思想的起源
　　一　古希腊哲学的起源 / 081
　　二　前苏格拉底哲学家 / 090
　　三　苏格拉底与柏拉图哲学 / 100
　　四　亚里士多德哲学 / 109

第五章　古希腊人文精神研究
——以《理想国》中的"正义"争辩为中心
一　克法洛斯：正义就是"欠债还钱"和"有话实说" / 117

二　玻勒马霍斯：正义就是"帮助朋友"并"伤害敌人" / 120

三　色拉叙马霍斯：正义就是强者的利益 / 124

四　格劳孔兄弟：正义不过是弱者的恐惧 / 131

第六章　古罗马哲学中的人文精神研究
——以西塞罗为中心
一　希腊哲学各流派的思想 / 139

二　希腊化哲学中的西塞罗 / 147

三　西塞罗的《论共和国》/ 153

第七章　现代西方哲学中的人文精神研究
——以萨特与梅洛-庞蒂现象学比较为中心
一　生平与著作 / 171

二　不同的现象学之路 / 175

三　意识与身体
　　——梅洛-庞蒂与萨特现象学比较 / 181

四　对时间问题的探讨 / 200

第八章　中西人文精神比较研究
——以人性论研究为例
一　亚里士多德的理性人性观 / 214

二　荀子的"性"与"义" / 222

三　实践智慧与"义" / 226

参考文献 / 231

第一章
人文精神的概念界定及历史演变

"人文精神"这个称谓对应于英文当中的 Humanism，在我们探讨这个概念的具体含义之前，不妨先来看看 Humanism 的词源。

Humanism 一词来源于拉丁文 Humanistas，对于它的最初含义，《中国大百科全书》哲学卷（Ⅱ）是这样解释的："最早在古罗马思想家 M. T. 西塞罗那里，是指一种能够促使个人的才能得到最大限度发展的、具有人道精神的教育制度。"[①]

到了文艺复兴时期，人文主义者在这个基础上发展了关于 Humanism 的界说。萨留塔蒂说："无论是西塞罗还是和他一样的优秀作家，使用 Humanitas 一词时指的是学识和美德。"[②] 所谓学识，是指在掌握文艺基础上获得的广博知识；所谓美德，除温和、友善等意思外，还有举止正确的意思。萨留塔蒂虽然把 Humanitas 解释为一个多义词，但又认为每个意义不可分割、相互联系。美德依靠学习古典著作而形成，学识表现为人的美德。《西方哲学英汉对照辞典》的 Humanism 词条讲道："在那个时代（注：文艺复兴时期），这些学科（注：Studiahumanitatis）的研究受到了新发现的希腊和罗马的古典文献的刺激。这些教师找到了一种人类的理想模型，这包含了人与自然之间的统一，对人类理解力量的自信及享受生活的快乐的能力。他们力图在自己的教育中发展与

---

① 《中国大百科全书》哲学卷（Ⅱ），中国大百科全书出版社，1987，第696页。
② 《文艺复兴时代的文化》，列宁格勒科学出版社，1986，第89页。

这种模型相符的人的个性。"① 因此，Humanism 最初的含义是对一种理想人性的追求。《牛津哲学词典》中则把文艺复兴时期的 Humanism 界定为"人和自然为一个整体的再发现，生活快乐的再弘扬"②。国内译者通常把文艺复兴时期 Humanism 译为"人文主义"或"人文精神"。

"人文精神"这种含义和产生它的文艺复兴时期的历史背景有着密切关联。文艺复兴的主旨在于反对鄙视现实生活的正统的天主教观念，提倡肯定现实生活的世俗文化，以作为自然存在的、活生生的人而不是超自然的神来作为思想文化的核心。文艺复兴运动早期的主要表现形式是：重新挖掘、研究和解释以哲学和文学艺术为主要内容的古希腊罗马文化。后来，它一方面与新兴的自然科学结合在一起，促进了以理性反对信仰、科学反对宗教的启蒙思想运动；另一方面，与市民等级反封建特别是反等级制和专制制度的政治斗争结合在一起，促进了以自由、民主等为旗号的资产阶级革命运动。这两个方面是相互统一和包容的。

Humanism 一词随着历史和时代的前进而不断丰富自身的含义，在 17、18 世纪资产阶级启蒙运动时期，它的含义发生了一些变化。《大英百科全书》中开始这样解释这一概念："Humanism 是一种把人和人的价值置于首位的概念。"③《英卡特百科全书》上讲道："Humanism 是强调个体尊严和价值的一种态度。它的基本前提是人是自身拥有真和善能力的理性动物。"④《牛津哲学词典》上写道："后来（注：文艺复兴以后），Humanism 倾向于用在反宗教的社会的和政治的运动中。"⑤ 德国的《布罗克豪斯百科全书》也写道："Humanism 一般指追求 Humanism 和合乎人的

---

① 尼古拉斯·布宁、余纪元编《西方哲学英汉对照辞典》，人民出版社，2001，第 221 页。
② 《牛津哲学词典》，上海外语教育出版社，2000，第 178 页。
③ Encyclopedia Britannica. 2019."Humanism." https://www.britannica.com/topic/humanism.
④ 《英卡特百科全书》，1999 年电子版。
⑤ 《牛津哲学词典》，上海外语教育出版社，2000，第 178 页。

尊严的生存方式的一种努力。"① 国内学者经常把在近代启蒙运动之中的 Humanism 译作"人道主义"。它主要指以对人的关切为主要内容的思想倾向，比如说，尊崇人的尊严与价值，关心人的疾苦和幸福等。这些倾向赋予了 Humanism 很强的伦理原则和道德规范的意义。

除了以上的两种含义以外，Humanism 还有第三种含义。美国的《哲学百科全书》中写道："Humanism 以人作为万物的尺度。"它"是基于相信价值、品行最完美的体现在人类身上而不是体现在超自然的权威身上的思想系统"②。这样一种意义强调了人在万事万物中的核心地位，认为世界的存在是因人而获得了新的意义，一切思想理论应以人为出发点和归宿，以人为最高的尺度。这样一种概念的界定，突出了 Humanism 的世界观和人生观特征，而这也是现代西方哲学中实用主义、存在主义等流派所取的含义。刘放桐先生这样来界定这一含义："这些流派的哲学家大都肯定哲学作为世界观的意义，认为哲学应研究'形而上学'问题。但他们大都企图超出唯物、唯心对立之外……为了达到真正的存在，应当从人本身的存在出发。但他们所说的这种人不仅不是处于社会关系中的人，也不是处于理性和科学认识中的人，而是处于非理性的情感、意志和心理本能活动中的人。因此，他们的人本主义是一种非理性主义。"③ 这种含义是指在现代哲学中与所谓理性主义、科学主义思潮相并立的现代人本主义思潮。这一思潮通常也被笼统地译为"人本主义"。在这里，我们要区分人本主义思潮和非理性主义思潮两个术语。这二者并不是完全等同的，许多人本主义思潮的流派也倾向于把非理性和理性融合起来，因而也并不是所有的人本主义思潮流派都是非理性主义流派。

---

① 《布罗克豪斯百科全书》，1974，第 17 版。
② 《韦氏大学词典》（第十版），世界图书出版公司，1996，第 564 页。
③ 刘放桐：《现代西方哲学》，人民出版社，1990，第 17 页。

人文精神的前两种含义对应的分别是现代人本主义所由以产生的思想历史背景——中世纪文艺复兴和近代启蒙运动。下面将分别讨论这两个时期中人本主义的发展理路。

一 文艺复兴时期的人文精神

文艺复兴，正如恩格斯在《自然辩证法》一书中高度评价的那样，"这是一个需要巨人而且产生了巨人——在思维能力、热情和性格方面，在多才多艺和学识渊博方面的巨人的时代。给现代资产阶级统治打下基础的人物，决不受资产阶级的局限。相反地，成为时代特征的冒险精神，或多或少地推动了这些人物。那时，差不多没有一个著名人物不曾作过长途的旅行，不会说四五种语言，不在几个专业上放射出光芒"[1]。

在文艺复兴时期，人文精神的主线贯穿始终。意大利人文主义者的总口号是"我是人，人的一切特性我无所不有"[2]。

彼特拉克是最早的人文主义者，加林赞扬说："彼特拉克是一个非凡的天才，是他首先发现和复活了早已泯灭的古代文化的华丽的风格。"[3] 他的著作使人们在中世纪的野蛮和黑暗中看到了新世纪的曙光。他主张人及人的问题应该是思想和哲学的主要对象和关心点。人要探索人类自身的财富，"只有傻瓜才妄自尊大，不是抱着谦卑的信奉态度去接受，却要想了解大自然的奥秘和难以了解得多的上帝的奥秘，他根本接近不了这种奥秘更不用说达到这种奥秘了"[4]。彼特拉克最早恢复了古希腊思想家提出的"人是最宝贵的"思想。

---

[1] 《马克思恩格斯选集》第 3 卷，人民出版社，1995，第 445 页。
[2] 《中国大百科全书》哲学卷（Ⅱ），中国大百科全书出版社，1987，第 711 页。
[3] 阿伦·布洛克：《西方人文主义传统》，生活·读书·新知三联书店，1998，第 18 页。
[4] 阿伦·布洛克：《西方人文主义传统》，生活·读书·新知三联书店，1998，第 14 页。

文艺复兴时期的人文精神还体现在拉伯雷、皮科等人的思想中。他们都认为自由是人的本性，人必须摆脱宗教神学的束缚，成为自由自在的存在。历史在文艺复兴时期重新散发出人性之光，马丁·路德说："我是一个人，这个头衔比君主还要高些。原因是：神未曾创造君主，神唯有创造人，使我成为一个人。"

人文主义的最终目的就是要把人和自然从基督教神学和经院哲学的禁锢中解放出来。人和自然理应成为人们关注的对象。人文主义者所崇仰的人，是既具有无限创造力和渴求科学知识的理性的人，又具有现实情感和意志，并追求尘世幸福和快乐的非理性的人。对人和自然的认识，就是人文主义得以确立自身的基础。人文主义和理性主义在文艺复兴时期是相互统一的。一方面，人文主义带动了理性主义的复苏，人文精神对"人的发现"打破了传统的价值体系，为西方工业文明的发展确定了总的文化发展方向。另一方面，理性主义的发展也推动了人文主义的前进，贴近实践要求的理性也开始成为人们主导的价值目标。人文主义和理性主义之间是一种相辅相成的互补关系。

文艺复兴不仅发现了人的伟大，弘扬了人的价值和尊严，使西方文化中的人文精神大放光彩，而且发现了人的理性至上性，叩开了近代科学理性精神大门。对人本身和人的理性地位的尊重就是近代哲学的一个主题内容。所以，在一定意义上我们可以说，正是文艺复兴时期人本主义和理性主义的结合建构出了近代西方哲学的根基。

二 近代启蒙运动时期的人道主义

启蒙运动是在欧洲 17 世纪至 19 世纪之间兴起的一次反对宗教蒙昧主义、反对封建专制制度的思潮。这次思潮的主要内容是提倡理性，批判专制主义、教权主义、等级制度，追求政治民主、权利平等和个人自由。启蒙主义者们高举着理性主义和人道主义的旗帜，大力弘扬人的理性精神，肯定人的地位和尊严。

启蒙运动当中的代表人物，如伏尔泰，主张极力抨击天主教会，把它称作"迷信的恶魔和狂妄的九头蛇"。他猛烈批评罗马教皇，说他是魔师一样的骗子。伏尔泰反对君主专制，反对教权，倡导英国式的君主立宪制。另一位代表人物是孟德斯鸠，其主张天赋人权说，"天赋人权"的口号反对的是"君权神授"的观点，用"人人在法律面前平等"来反对贵族的等级特权。他说："假如有一个君主，不但毫不使人民生活幸福，反而加以蹂躏和摧残，于是人民服从国君的基础立即丧失；君民之间，毫无维系、毫无牵绊，于是人民恢复本来的自由状态。"① 启蒙运动中"百科全书式"的人物——狄德罗则主张反对封建迷信，反对宗教专制和一切社会不平。

总之，这些启蒙主义者都是从理性和人的角度来对当时的现实社会制度和宗教进行批判，来恢复理性和人的原始面目。

对此，康德有极为精当地概括："启蒙运动就是人类脱离自己所加之于自己的不成熟状态要有勇气运用你自己的理智！这就是启蒙运动的口号。"② 理性主义是当时资产阶级反封建斗争的思想武器，也是他们所追求的社会和人生理想。他们高举理性的大旗，用理性去对抗中世纪的迷信，用理性作为批判一切、衡量一切的准绳。"宗教、自然观、社会、国家制度，一切都受到无情的批判；一切都必须在理性的法庭面前为自己的存在作辩护或者放弃存在的权利。"③

提升理性的前提必须有相应的主体来呼应，否则这种理性只能是一种空洞的理念。启蒙运动当中另外一个很重要的思想就是人道主义思想。和宗教权威相对立的不光是理性，更有与理性息息相关的人性。人道主义和理性主义正是在这一点上达成了共识，从而在文艺复兴近三个世纪之后，它们又一次在反对宗教蒙

---

① 孟德斯鸠：《波斯人信札》，罗大冈译，人民文学出版社，1958，第179页。
② 康德：《答复这个问题："什么是启蒙运动？"》，载《历史理性批判文集》，商务印书馆，1997。
③ 恩格斯：《反杜林论》，人民出版社，1970，第14页。

昧主义、基督教神学的立场上站在了一起。只不过启蒙运动在反宗教的立场上更加坚定，并已提高到自然神论和无神论的高度。这也是与近代哲学和科学的发展密不可分的。

从人文主义思想的内涵上说，文艺复兴时代强调的是反禁欲主义，要求个性解放，执着尘世，面向现实。文艺复兴力图使人们普遍认识到：人的一生，已不再是为追求来世幸福而进行艰难准备的一个阶段，应在现世摆脱宗教束缚，争取自由，造福此生。但到了18世纪启蒙运动时期，人文主义思想的重点，就转移到提倡"自由、平等、博爱"等政治伦理原则上，这也是这一时期的Humanism不译作"人文主义"，而称为"人道主义"的原因。

三 现代哲学中的人本主义

人本主义和理性主义的关系在现代哲学中发生了戏剧性的变化。人本主义和非理性主义思潮结合起来，成为现代人本主义各思潮、流派的思想基础。如尼采的非理性主义、存在主义的非理性主义思想根源，都从很大程度上背离了理性主义，而倾向于非理性主义。这正如刘放桐先生对现代人本主义的评价，"反对早期资产阶级的思想家所提出的以理性为基础，以人们之间普遍的自由、平等和博爱为目标的人道主义，而要求建立以非理性的个人为出发点的新人道主义或者说人本主义。他们由此开了现代西方人本主义哲学的先河"[①]。

人本主义和理性主义在现代的背离还与当时的历史背景有关。当时，理性主义发展到顶点，工具理性的僭越和大行其道使得人在其面前不得不消弭自身的存在，人由于社会的机械化而变得"物化、异化"。整个现实社会成为一个无所不在的困守现代人的理性主义囚笼。在这种情况下，非理性主义应运而生，这是

---

① 刘放桐：《现代西方哲学》，人民出版社，1990，第73页。

理性发展到极端,也是人自身被压抑到极致的自然反应。

尽管人本主义和理性主义在现代哲学中发生了背离,但二者又逐渐消弭这种差别和背离。在后期,二者都逐渐转向现实的生活和实践。这种现实的生活和实践对人本主义和理性主义的整合,不仅是对人本主义和理性主义曾经结合的再度发展,其得出的成果也更加丰富。

第二章

儒家哲学中的人文精神研究

中国人文精神具有悠久的历史,中国的"人文"一说最早见于《周易·贲卦》:"刚柔相交,天文也;文明以止,人文也。观乎天文,以察时变;观乎人文,以化成天下。"在《周易·系辞下》提出,天、地、人"三材之道也。道有变动,故曰爻,爻有等,故曰物,物相杂,故曰文,文不当,故吉凶生焉。"最早对此的解释是:"刚柔相交而成文焉,天之文也;止物不以威武而以文明,人之文也。观天之文,则时变可知也;观人之文,则化成可为也。"(《周易正义·上经随传卷三》)后来唐代人对此的解释是:"观乎人文以化成天下者,言圣人观察人文,则诗、书、礼、乐之谓,当法此教而化成天下。"(《周易正义·上经随传卷三》)宋代程颐的解释是:"天文,天之理也;人文,人之道也。天文,谓日月星辰之错列,寒暑阴阳之代变,观其运行,以察时之迁改也;人文,人理之伦序。观人文以教化天下,天下成其礼俗,乃圣人用'贲'之道也。"(《伊川易传》)

中国传统哲学中关于"人文"思想的深刻性在于:

(1)"人文"要取"天文"之道。"天文"之道是刚柔、阴阳的结合,同样"人文"也是人类社会中刚柔、阴阳因素的结合,"物相杂,故曰文"。

(2)"人文"的核心在于教化。"人文"是要使社会中的基本因素化为有序,这就是人伦之序,用之以教化万民,便是人文之道。

（3）"人文"之道是完整的。"人文"中的各种因素不可偏废，"文不当，故吉凶生焉"，所以既要观乎天文，也要观乎人文，以察其变，及时进行调整。

总之，"人文"体现为既要有物，又要有规矩，最终还要符合人的精神价值追求，只有这样才能"教化天下"。在中国哲学中，要谈论"人文"就必须先考察"天文"及其所涉及的天人关系。下面我们先来了解儒家的天人关系观点。

一 儒家的天人观

在孔子看来，"天"赋予了他美德，因而他是被"天"所保护的。孔子说："天生德于予，桓魋其如予何？"（《论语·述而》）然而，孔子似乎并不十分确信"天"能够永远保护有德之人。当他最钟爱的弟子颜回去世时，他就悲叹道："天丧予！天丧予！"（《论语·先进》）在这里，孔子不仅在哀叹颜回之死，更是在悲伤颜回和他自己所承担的道德使命不能被"天"庇护并被他们的时代接纳。所以孔子说："君子有三畏：畏天命，畏大人，畏圣人之言。"（《论语·季氏》）这就是说，君子应当对天命保持一种敬畏，因为天命始终存在不确定性，它既可以眷顾有德之人，也有可能会毁灭他。在某些特定的时代和条件下，天命支持着有德之人；但在另一个时代和条件下，天命也许就不会眷顾有德之人。这就是天命在不同时代和条件下的不同表现形式。

我们可以发现，在孔子的语境中，德性与福报之间的关联并不是必然的。在孔子看来，这种不必然的关联很可能是必要的，因为过分强调德性所能带来的现实利益很可能会导致人在行善时的动机出现问题。如果只是为了得到最后的利益去行善，那人就很有可能会因为一时的失利而不再去行善。所以，相比起现实的福报，孔子更希望解决的是人行善时的动机问题。如果人行善并不是或至少不完全是为了现实的利益和福报，而是为了内心的需求，那么人就有可能成为真正具有德性的人。但是在另一方面，儒家的学说要具有说服力还必须解决好现实的利益问题，而不能只是简单地将利益置于低下的地位。对于孔子来说，应当如何使人在确保德性塑造的同时获得现实的回馈呢？

孔子说："仁者不忧。"（《论语·子罕》）又言道："不怨天，不尤人，下学而上达。知我者其天乎！"（《论语·宪问》）前一句是说，一个人修行到仁的境界后，就能够做到不忧。忧愁是失德之人所必然会遭遇的坏事。所以，当修行到仁的境界之后，就能够回避这一坏事而获得快乐——这一精神层面的回馈。而在后一句中，人通过自己德性修养的努力通达于天，与天合一，从而能够知天而乐命，世间便没有比知天更大的快乐了。我们可以看到，孔子所强调的德性的现实回馈主要是精神层面的，也就是人的内心通过知天而达到天人合一的精神境界。对孔子来说，这一精神上的境界要比现实的物质利益更加令人向往，而孔子也主要是从人的精神而不是物质层面来解决德性行为的动机问题。

孟子说："有天爵者，有人爵者。仁义忠信，乐善不倦，此天爵也。"（《孟子·告子上》）孟子和孔子在"天"的观点上是相似的，他们都认为"天"不仅赋予了人类美德，还为人类规定了道德使命。然而，关于有德之人能否获得幸福的问题，孟子同样没有给出一个确定的答案。事实上，在孟子看来，有许多有德之人正遭受着不幸。从著名的"天将降大任于是人也"（《孟子·告子下》）段落中，我们可以看出，尽管孟子认为让有德之人经历磨难是为了增强他们在未来工作中的能力，但他却不能保证那些受过磨难的人就一定会被"天"庇护。事实上，要想得到"天"的庇护，还需要许多超出人力所能控制的条件。孟子说：

> 舜、禹、益相去久远，其子之贤不肖，皆天也，非人之所能为也。莫之为而为者，天也……（《孟子·万章上》）

所以，对孟子来说，有许多事情是超出人力范围的，而这些就是"天"。孟子说：

彼一时，此一时也。五百年必有王者兴，其间必有名世者。由周而来，七百有余岁矣，以其数，则过矣；以其时考之，则可矣。夫天未欲平治天下也；如欲平治天下，当今之世，舍我其谁也？吾何为不豫哉？（《孟子·公孙丑下》）

从这段话里，我们可以看出，尽管孟子认为他的道德使命是对他所生活的混乱时代和社会的唯一解救方法，但他也同时感觉到"天"对他和他的道德使命并不公平。因而，孟子也并没有从现实的层面回答为什么"天"赋予我们美德却不能保护有德之人和他们的道德使命这一问题。这的确是一个值得深思的问题，正如华蔼仁（Irene Bloom）提到的："把命或天作为人力无法控制的、超越人的理解力的事件的根源的观念显然有一个问题，即用什么来解释在值得赞赏的行为与奖赏和应受谴责的行为与惩罚之间并不吻合呢？一种普遍被认为是天所认可的道德秩序难道不需要一些更可靠的吻合吗？"①

不过，像孔子一样，孟子也提出了解决这一问题的方法。孟子说："尽其心者，知其性也。知其性，则知天矣。存其心，养其性，所以事天也。夭寿不贰，修身以俟之，所以立命也。"（《孟子·尽心上》）事实上，孟子在这里提出了三种不同的人生境界：第一种是最高的境界，是指尽心而知性、知天。这种境界就像孔子提出的知天境界一样，都是与天合一，达到天人合一的极乐之境，从而获得人所能得到的最高幸福。次一种的境界就是存心、养性而事天，这是通过不断的德性修养，滋养自身的善性达到的。虽然这也是一种符合德性的生活方式，但在最终达到的境界上不及"知天"这一最高境界。事天终究还是天人相分的状态，人无法了解天命，也就无法了解自身的命运和归宿，从而无法获得最终的幸福。最后一种境界才是修身以俟之的"立命"。这种境界说

---

① 华蔼仁：《〈孟子〉的实践性和精神性》，蔡世昌译，《中国哲学史》2004年第2期，第125页。

的是一个人虽然不知道自己能否获得长久的寿命，但能够不断地修身以持有德性。乍看起来，似乎第三种境界才是儒家的最高境界。意思是说，不管自己的吉凶祸福，只是坚持自己的德性而行，这难道不是身为儒者的最高境界吗？但这并不是孟子视野中的人生最高境界。对他而言，第一种知天的境界才能称得上是绝对的幸福和善。人如果能够知天，就意味着与天合一，从而不再担心自己的吉凶祸福，因为天是没有所谓的福和祸的。这样一种境界同样是强调人在精神层面所能获得的回报，而不是物质层面的享受。孔子和孟子都通过这种内在超越式的德福观，一方面强调了德性修养的重要性，另一方面也凸显了德性修养在精神层面所能达到的最高境界并以之为德性修养的最高回馈。

在天人关系方面，郭店楚简中的《穷达以时》也为我们提供了主要的思想脉络。《穷达以时》提出："有天有人，天人有分。察天人之分，而知所行矣。有其人，亡其世，虽贤弗行矣。苟有其世，何难之有哉？"[1] 这段话明确提出了天人有分的思想。天和人都有其各自的职分，了解天和人各自的职分，就可以知道人应该做什么，不应该做什么。人即使很贤明，但生不逢时，也无法将其贤德施行于世。如果生当其时，将贤德施行于世又有何难？这就是说，人及其德行能否显达于世，取决于天时，不是人力所能为。《穷达以时》又指出，舜曾经耕于历山，遇到尧才成为天子；邵繇曾经苦役，只有遇到武丁才能够辅佐天子。如此之多的贤达之士无不是遇到合适的机遇和时运才得以实现自己的人生抱负，成就一番事业。由此可见，遇不遇天时乃是决定一个人能否显达于世的关键所在。然而，"遇不遇，天也"[2]，也就是说，能不能遇到天时又是天决定的，不是人力所能为。

既然如此，那人是否就只能祈盼天命的到来而无所作为呢？郭店楚简中这样回答道："动非为达也，故穷而不（怨。隐非）为

---

[1] 荆门市博物馆编《郭店楚墓竹简》，文物出版社，1998，第145页。
[2] 荆门市博物馆编《郭店楚墓竹简》，文物出版社，1998，第145页。

名也，故莫之知而不怜。（芷兰生于幽谷），（非以无人）嗅而不芳。……穷达以时，德行一也。誉毁在旁，听之弋母。缁白不厘，穷达以时。幽明不再。故君子敦于反己。"① 因此，人所做的善行不是为了显达于世，即便贫穷也不会抱怨。学习也不是为了功名，因此无人知道也不会自怜自惜。虽然贫穷或显达取决于天时，但为善或为恶是取决于自己的。人应当保持自己的德行一致，而不去理会毁誉。君子反求自己的内心，只要能坦诚面对自己，就无怨无悔。在这里，郭店楚简中所强调的观点类似于后世孟子所言"殀寿不贰，修身以俟之"的思想。

孟子说："尽其心者，知其性也。知其性，则知天矣。存其心，养其性，所以事天也。殀寿不贰，修身以俟之，所以立命也……莫非命也，顺受其正，是故知命者不立乎岩墙之下。尽其道而死者，正命也；桎梏死者，非正命也。"（《孟子·尽心上》）这段话充分表达了孟子的"立命"思想。孟子认为，心即是性，能够穷尽心之理便是能够知性。性又是由天而降，知性也就意味着能够知天，从而与天合一。对这段话的解释之透彻与深刻，莫过于王阳明在《传习录》中的一段话："性是心之体。天是性之原。尽心即是尽性。惟天下至诚为能尽其性，知天地之化育。'存心'者，心有未尽也。'知天'，如知州、知县之'知'，是自己分上事，已与天为一。'事天'如子之事父，臣之事君。须是恭敬奉承，然后能无失，尚与天为二。此便是圣贤之别。至于'殀寿不贰'其心，乃是教学者一心为善。不可以穷通殀寿之故，便把为善的心变动了。只去修身以俟命，见得穷通寿殀有个命在，我亦不必以此动心。'事天'虽与天为二，已自见得个天在面前。'俟命'便是未曾见面，在此等候相似。此便是初学立心之始，有个困勉的意在。"②

王阳明的这段话大有深意。在常人看来，可能"殀寿不贰，

---

① 荆门市博物馆编《郭店楚墓竹简》，文物出版社，1998，第145页。
② 王阳明：《传习录》，中州古籍出版社，2008，第33页。

修身以俟之"乃为学之最高境界。也就是说，能够不管自己的寿命和祸福，不断修身来等待天命，这难道不是为儒者之最高境界吗？但王阳明认为并不是这样的。这种状态正说明了人还没有知天命，人和天还是分离为二的。等到"存其心，养其性"，人的状态又为之一变。人能够通过不断地存养本心，滋养本性，从而能达到"事天"的状态。"事天"其实就是事奉天的意思，虽然比上一阶段进了一步，但人和天还是为二的。到了"尽心、知性、知天"的阶段，人就已经通过穷尽心中之天理，达到知性、知天的境界，也就是与天、性合一的境界。这是人能达到的最高境界，也是儒家所主张的人生最高境界。在这个意义上，郭店楚简中提到的"天人有分""穷达以时"的观点应当属于孟子所言的"夭寿不贰，修身以俟之"的阶段，还没有达到知天、知命的最高阶段。因此，如果郭店楚简对《孟子》思想有所影响的话，那应该是只在天人相分这个阶段上。关于天人合一的最高阶段，郭店楚简似乎并未达到这一高度。

下面我们再来看荀子关于天与性的观点。在《王制》中，荀子说："天地者，生之始也。"荀子认为"天"与"地"是世上万物的起源。那么，"天"与"地"是怎样产生万物的呢？"天地合而万物生，阴阳接而变化起。"(《荀子·礼论》)所以万物是通过天地的结合而产生的，阴阳象征着天地的运行规律，它们的结合驱动了万物的转化与转变。那么，"天"和"人"的关系是怎样的呢？荀子说："天行有常，不为尧存，不为桀亡。应之以治则吉，应之以乱则凶。强本而节用，则天不能贫；养备而动时，则天不能病；修道而不贰，则天不能祸……故明于天人之分，则可谓至人矣。"(《荀子·天论》)

对荀子来说，人类不应该把他们所遭受的自然灾害或灾难归结到"天"的身上。事实上，这些灾难大多是由人类自身造成的，"天人相分"意味着人类不应该把他们所遭受的灾难归因于"天"，而应该在自己身上找寻原因。荀子接着说："不为而成，不求而得，夫是之谓天职。如是者，虽深、其人不加虑焉；虽大、不加能焉；

虽精、不加察焉,夫是之谓不与天争职……列星随旋,日月递炤,四时代御,阴阳大化,风雨博施,万物各得其和以生,各得其养以成,不见其事,而见其功,夫是之谓神。皆知其所以成,莫知其无形,夫是之谓天功。唯圣人为不求知天。"(《荀子·天论》)这段话提出了两个概念——"天职"和"天功"。"天职"的意思是说,"天"负责的事情是人不能参与的,它是"不为而成""不求而得"的。那么,"天"负责的是什么事情呢?这便是"列星随旋,日月递炤,四时代御,阴阳大化,风雨博施"这些自然运行的秩序。这些自然的秩序使得万物能够得以生存和养成,这就是"天功"。"天"的职能和功用都是"人"所不能干预的,所以圣人不求知天,也就不去干扰这种自然运行的秩序。

很显然,在这里,"天"和"人"没有什么关系,"人"只能用自己的方式来生存(注:即"人有其治")而不能干涉自然天地的秩序。这么说来,荀子是不是就主张"天人相分"呢?让我们继续看下去:"天职既立,天功既成,形具而神生,好恶喜怒哀乐藏焉,夫是之谓天情。耳目鼻口形能各有接而不相能也,夫是之谓天官。心居中虚,以治五官,夫是之谓天君。财非其类以养其类,夫是之谓天养。顺其类者谓之福,逆其类者谓之祸,夫是之谓天政。暗其天君,乱其天官,弃其天养,逆其天政,背其天情,以丧天功,夫是之谓大凶。圣人清其天君,正其天官,备其天养,顺其天政,养其天情,以全其天功。如是,则知其所为,知其所不为矣;则天地官而万物役矣。其行曲治,其养曲适,其生不伤,夫是之谓知天。"(《荀子·天论》)荀子在这段话里接连提出了几个相关的概念:"天情""天官""天君""天养"和"天政"。所谓"天情",其实就是人的好恶喜怒哀乐之情,只是因为它们是由天生于人,所以可称之为"天情"。而人的耳目鼻口等感官则是天赋予人的"天官"。心是居中而驾驭感官的"君主",因而称之为"天君"。人能够通过裁剪分类自然的质料来供养自己,这就叫作"天养"。能够顺应自然秩序的就是福,背离自然秩序的就是祸,这就是"天政"。能够清心寡欲,端正五官，准备充足生活资料，顺应自然的规律，滋养情感，来实现天的功用的人就是圣人了。在这里，圣人并不是与"天"分离的。恰恰相反，无论是他的情感、感官和内心，还是外在于他的生活资料和自然规律，都是与他密切相关的。而这些情感、感官、生活资料、自然规律都是"天"赋予"人"的，因而在这个意义上，"天"和"人"是合一的。这便是"知天"之意。

所以，荀子的这段关于"知天"的话看似与上面那段"不求知天"的话有矛盾之处，但恰恰是这种看似矛盾的地方体现了"人"和"天"之间微妙的关系。"人"一方面无法干扰自然的秩序和规律，所能做的只能是通过自身的努力和建立的制度来更好地生活在这个世界上，"与天地参"；但另一方面，"人"又是"天"自然而生成，他的喜怒哀乐等情感以及所赖以生活的自然资源也都是"天"所给予的，因而"人"必须要知"天"，知道自然的运行规律，也必须了解自身的规律和特点，才能更好地生活下去。在这个意义上，"人"虽与"天"相分离，但也与"天"相关联，"天人相分"最终要走向"天人合一"。在这点上，荀子还是继承了孔孟以来"天人合一"的思想脉络。

因此，郭店楚简《穷达以时》篇天人有分的观点可能在一定程度上影响了孟子和荀子关于天人相分的观点，但二者都在此基础上进行了发展，最终走向了天人合一的观点，虽然天人合一在孟荀二人那里是沿着内外两个方向发展的。

我们可以发现，天人关系思想在儒家的语境中往往意味着这样一种对于人生境遇的态度。当我们进行德行修养，并进行相应的道德实践时，有时可能得不到好的回报，有时候还是消极的结果。在这个时候，我们是要继续进行德行修养和实践，还是要彻底放弃德行修养和实践？我们来看儒家们的选择。

《尚书·大禹谟》中道："禹曰：'惠迪吉，从逆凶，惟影响'。"这句话是说，如果"人"能够顺道而行就能获吉，如果逆道而行就会遭凶，吉凶之报如影之随形、响之应声。从这里我们可以看出，"人"的祸福吉凶都是与"人"是否能够顺道而行有关。如果"人"能顺道而行，自然能够得到善报而获福，而如果"人"不顺道而行，就会遭遇祸患。"人"的行为在德性上的评判决定了"人"能否在世俗的生活中获得幸福。既如此，那对人们赐福或降凶的主体是什么呢？它又为什么会以"人"的德性作为能够获得吉凶的标准呢？

《尚书·皋陶谟》中说道："天秩有礼，自我五礼有庸哉！……天命有德，五服五章哉！天讨有罪，五刑五用哉！"这是说，"天"是对人们赐福或降凶的主体，而之所以"天"会以人的德性作为赏罚的标准是因为"天"本身是有德的。"天"本身就是道德秩序和礼仪秩序的载体和象征，因此，"人"本身能否有德性、是否能与"天"保持一致，就是"天"能否降福的评判标准。在这个意义上，"天"是以"人"能否与自己保持同样的德性来作为奖赏或赐福的前提。"天"之所以会以"人"的德性作为能够获得吉凶的标准，就是因为作为道德的"天"会眷佑或庇护与之类似的"人"。在中国古代文化中，子嗣的"肖"与"不肖"乃是影响文化与习俗传承的关键。在一个家庭中，如果子肖父，则可以传承家业；在一个国家中，如果储君肖君，则可以传王位。因而，在中国这样一个极其重视文化传统传承的国家中，天与人的关系实际上已经在现实中演化为家族延续乃至帝位传承的内在根据。

虽然天是赐福有德之人的主体，但在《尚书》中，我们还可以发现一些其他影响人们能否得福的因素。《尚书·伊训》中提道："山川鬼神，亦莫不宁。暨鸟兽、鱼鳖，咸若。"这是说，如果君王有德而行德政，就会使山川的鬼神和河川中的草木鸟兽亦感安宁，这样它们也会降福人君而无妖孽。因此，除了"天"对有德之人的赐福，山川的鬼神乃至飞禽走兽亦会感念有德之人的恩德而降福于它。我们可以看到，无论是从"天"与"人"的关系角度，还是"人"与"鬼神"乃至自然界的关系角度来看，有德之人都能够得到福祉。

在现实政治中，"天"与"人"的这种德福关系往往成为一个王朝或政治集团推翻另外一个王朝或政治集团的合法性根据。一个君主一旦失德，必将会被天废弃，并被另一个有德之人取代王位。在《尚书·甘誓》中，夏启在征讨有扈氏时说道："嗟！六事之人，予誓告汝：有扈氏威侮五行，怠弃三正，天用剿绝其命。今予惟恭行天之罚。"这是说，有扈氏所作所为已经违反了五行之德，因而天要求夏启来剿灭他。《尚书·汤誓》中言道："……非台小子敢行称乱，有夏多罪，天命殛之。……予惟闻汝众言，夏氏有罪，予畏上帝，不敢不正。"因而，商汤之所以要征讨夏桀，就在于夏桀无德，天命要商汤剿灭夏桀。在《尚书·汤诰》中，这一思想表现得更加明显："天道福善、祸淫，降灾于夏，以彰厥罪。"这就明确提出，天道要对善行赐福而对夏桀的恶行降祸。在《尚书·伊训》中，伊尹认为从禹以下，少康以上皆是贤王，因而都能以德禳灾——"古有夏先后，方懋厥德，罔有天灾"。因而，有德之君就能回避灾祸而永保幸福。在这个意义上，"天"不再是一如既往地庇护某个君王或他的国家，"天"的眷顾与否要看这个君王是否有德。有德之君自然能够得到"天"的庇护，而无德之君必然会遭到"天"的舍弃。正因此，伊尹感慨言道："惟上帝不常。作善，降之百祥；作不善，降之百殃。尔惟德罔小，万邦惟庆；尔惟不德罔大，坠厥宗。"（《尚书·伊训》）伊尹又说："惟天无亲，克敬惟亲。"（《尚书·太甲》）"天难谌，命靡常。常厥德，保厥位。厥德匪常，九有以亡。"（《尚书·咸有一德》）这是说，在无常的天命面前，人的命运也变化不定。但在这不定的命运中，也有一种永恒的力量存在，这就是人的德性。如果能够长久地保持德性，人就能得到天命的眷顾，获得幸福。

在"天"是人类事务最高主宰的前提下，君王不只自己要遵循天德，而且要按照天德的标准来对臣子和民众进行赏罚。在《尚书·仲虺之诰》中提道："德懋懋官，功懋懋赏。用人惟己，改过不吝。克宽克仁，彰信兆民。"这段话便是说，如果人们有德性，就要给予他们官职以勉励他们，如果人们有功劳，也要用赏赐来鼓励他们。在这个意义上，君王无疑成了天命的代言人，他可以根据人的德行来决定赏罚。当然，君王对臣下的赏罚是依据天道而行的。如果臣下能够依天道而行善事，那就会得到善报；如果不依天道而行恶事，那也自会得到恶报。所有的因果报应都是由"天"决定的，只是需要假手君王这一中介。

在《尚书》中，到了描述周代情况的《周书》部分时，"天"与"人"的这种关系发生了一些微妙的变化。在《泰誓》篇中，周武王说："今商王受，弗敬上天，降灾下民。沈湎冒色，敢行暴虐，罪人以族，官人以世，惟宫室、台榭、陂池、侈服，以残害于尔万姓。……皇天震怒，命我文考，肃将天威，大勋未集。肆予小子发，以尔友邦冢君，观政于商。惟受罔有悛心，乃夷居，弗事上帝神祇，遗厥先宗庙弗祀。"（《尚书·泰誓上》）在周武王解释为何要征讨商纣的这段话中，我们可以看到，商纣王荒淫无道，暴虐民众，所以上天震怒而命武王灭商。这样一种讨伐的理由完全是站在民众的角度上来说的——如果民众受到残害，上天必然会震怒，就一定会假手有德之君来推翻这种暴虐的统治。《泰誓上》篇又说道："天矜于民，民之所欲，天必从之。"这是说，天怜爱人民，人民需求什么，天就会遵从人民的意愿。如果民众憎恶怨恨一个统治者，那么天就会惩罚这个统治者；如果民众喜爱拥护一个统治者，那么天就会赐福于这个统治者。《泰誓中》篇接着提道："天视自我民视，天听自我民听。"这是说，天因民而视、听，民众所憎恶者，天必诛之。[①]而在《牧誓》篇中，在解释武王伐纣的理由时，也说道："今商王受无道，暴殄天物，害虐烝民。"在《蔡仲之命》篇中，更有这样一段颇具总结性的话语："皇天无亲，惟德是辅；民心无常，惟惠之怀。"在这里，"皇天"和"民心"被视作同等重要的因素。

我们可以发现，周武王在伐纣时，强调的理由主要是纣王的失德和荒淫无道造成了民众的怨愤，从而民众要求推翻殷纣王的统治。相比起商汤对夏桀的征讨誓言来说，周武王明显将"天"与普通民众的需求联系在了一起。商汤只是强调夏桀的无德，从

---

① 孔安国、孔颖达：《尚书正义》，上海古籍出版社，2007，第412页。

而上天必然会降祸于他，但他没有将天的降祸与民众的需求联系在一起，因而天降祸的原因就只是因为君主不能持有德性，所以道德的"天"必然会舍弃失德之君主。这样的一种解释虽然也能说明征讨失德君主的合法性，但远远不如从民众的角度来解释"天"对失德之君的惩罚更有说服力。

从民众的角度来解释征伐的理由，就形成了这样一种逻辑的因果链条：君主失德→民众怨恨→"天"赋予有德之人征伐失德之君的权力。相比起先前的"君主失德→'天'赋予有德之人征伐失德之君的权力"的解释结构，这样一种将民众的需求插入到"天"与"德"的关系结构中，就能为"德"找到一个现实的落脚点。在先前的解释结构里，如果一个君主失德，那就必然会使"天"舍弃他，因为道德的"天"总是庇护有德之人而舍弃无德之人。"天"之所以会庇护有德之人是因为"天"自身是道德的，因而就会庇护和自己相似的"人"。而将民众的需求插入到这一解释结构中后，逻辑就变成了这样：如果一个君主失德，就会造成民众的怨恨和憎恶，而"天"是亲民的，所以就会帮助民众推翻这个君主。原先的"天"亲德，而现在的"天"则更亲民。虽然前者的"天"出于亲德的原因而赋予人征伐无德之君的权力，但这种"天赋神权"更多取决于"天"的主观意志，因而显得更加主观。后者则不然。后者的"天"是由于无德之君造成了民怨沸腾，从而出于亲民的原因而赋予"人"征伐无德之君的权力，这样的一种赋权更多是由于失德所造成的不良后果而作出的反应，因而显得更加客观。在后一种意义上，不管"天"亲不亲德，都会赋予有德之人合法的理由来推翻暴虐的统治者，因为暴虐的统治造成了民众的怨愤。当然，"天"并没有因为亲民的原因而放弃亲德，而是在亲德的基础上融合了亲民的因素。从亲德到亲民，这无疑是一次巨大的思想飞跃。后来《大学》中的"大学之道，在明明德，在亲民，在止于至善"便是这一从亲德到亲民思想转变的最好注脚。

《尚书》中强调的有德之人必然得福而失德之人必然遭祸的

思想，围绕的一个主题就是福和祸。那么，在《尚书》看来，什么才是福？什么才是祸呢？在《尚书·洪范》篇中，我们找到了答案："五福：一曰寿，二曰富，三曰康宁，四曰攸好德，五曰考终命。六极：一曰凶短折，二曰疾，三曰忧，四曰贫，五曰恶，六曰弱。"我们可以看到，这里的福和祸是和人类的日常生活紧密联系在一起的。寿命、财富、健康等都是决定一个人在现实世界生活得好与坏的关键。正因为这些如此重要，所以我们才需要不断修持德性，获得这些福祉。这样一种对福与祸的现实定义，无疑能在很大程度上成为促进人们积德向善的动力。一个人想获得幸福，首先就要修德。我们可以看出，《尚书》在劝人行善时所提出的理由偏重于物质一面，即如果一个人能积德行善，就能最终获得天命的眷佑，从而获得现实世界中所能得到的一切物质财富。对一个普通人而言，这无疑是一种极为强大的道德行为动力。事实上，在《尚书》中，无论是从"天"总是眷佑具有德性的人这一点，还是从具有德性的人会使得民众心悦诚服从而拥护他这一点，具有德性的人总能够获得现世的福报，无论这种福报是来自于"天"，还是来自于普通民众。那么，后代的儒家们会认同《尚书》中的这一观点吗？

对荀子来说，"荣"和"辱"看似是在描述一个人外在的状态和所处的形势。荀子说：

> 材性知能，君子小人一也；好荣恶辱，好利恶害，是君子小人之所同也；若其所以求之之道则异矣：小人也者，疾为诞而欲人之信己也，疾为诈而欲人之亲己也，禽兽之行而欲人之善己也……必遇其所恶焉。故君子者，信矣，而亦欲人之信己也；忠矣，而亦欲人之亲己也；修正治辨矣，而亦欲人之善己也……必不遇其所恶焉。（《荀子·荣辱》）

喜好荣誉而厌恶耻辱是人的本性，君子和小人在这方面没有什么不同。君子和小人之所以不同，是因为君子能够用道德的观念,如"忠""信"等来指导自己的行动,从而能够最终获得荣誉。小人却是用不道德的观念,如"诞""诈"等来达到自己的目的,因而最终也将会遭受耻辱。然而在现实中,虽然君子能够用道德的观念来指导自己的行动并获得荣誉,但并不能保证在每种境况下都能获得这种荣誉;小人虽然是用不道德的行为来达到自己的目的,但有时小人所获得的荣誉可能比君子还要多。对于这种状况,荀子又能够做出怎样的解释呢?

  有义荣者,有势荣者;有义辱者,有势辱者。志意修,德行厚,知虑明,是荣之由中出者也,夫是之谓义荣。爵列尊,贡禄厚,形势胜,上为天子诸侯,下为卿相士大夫,是荣之从外至者也,夫是之谓势荣。流淫污僈,犯分乱理,骄暴贪利,是辱之由中出者也,夫是之谓义辱。詈侮捽搏,捶笞膑脚,斩断枯磔,借靡后缚,是辱之由外至者也,夫是之谓势辱。是荣辱之两端也。(《荀子·正论》)

  荀子对"荣"和"辱"分别进行了类别上的划分。对于"荣"来说,有"义荣"和"势荣"之分。对于"辱"来说,有"义辱"和"势辱"之分。所谓的"义荣"是能够培养自己的道德,持之以恒地进行道德修行,这是内在的"荣";所谓的"势荣"是外在能够获得爵位和财富等,这是外在的"荣";所谓的"义辱"是道德败坏,贪得无厌,这是内在的"辱";所谓的"势辱",是外在所受到的刑罚和束缚,这是外在的"辱"。对荀子来说,一个道德君子显然应该选择"义荣",也就是道德修行的内在途径,舍弃"势荣",也就是外在的爵位和财富;他也应该不要回避"势辱",也就是外在可能会受到的灾难和肉体可能遭受的痛楚,因为这只是外在的权势所导致的结果。他真正应该躲避的是"义辱",也就是那种内在的道德败坏和贪得无厌。

  所以在荀子看来,君子虽然不能保证自己会在每种境况下都能获得外在的"势荣",但只要他能获得内在的"义荣",他也就实现了自己的最终目的,也就得到了"荣"。外在的荣誉是注定不能长久的,因此并不是真正的荣誉。同样的,君子有时还会遇到"势辱",但这种"势辱"是完全外在的,不能改变一个人内心所坚持的道德方向。总之,一个人如果没有获得外在的"势荣",甚至遭到"势辱",但只要他能够坚持内在的"义荣",他就能够成就君子的道德理想。相反,一个人如果只获得了外在的"势荣",而没有坚持内在的"义荣",即便他没有"势辱"之患,但也可以称得上是"义辱",因为他的内心已经不能坚守道德,成为骄暴贪利的根源。

这样,荀子就将"荣"和"辱"的问题与内心的道德完全联系起来。"荣"和"辱"不再是对一个人外在声名、地位、荣誉等的评价,而是对一个人内在道德的衡量。这也与荀子之前在《荣辱》篇中所提到的义利思想相一致。荀子说:

> 荣辱之大分,安危利害之常体。先义而后利者荣,先利而后义者辱。荣者常通,辱者常穷,通者常制人,穷者常制于人,是荣辱之大分也。(《荀子·荣辱》)

在这里,荀子将荣辱的问题与义利这个传统的道德问题紧密联系在一起。如果一个人能够将义放在利之前,为了追求道义而放弃名利,那这个人就能够得到"荣",而如果一个人将利放在义之前,为了追求名利而忘记道义,那这个人就只能得到"辱"。这里的"荣"和"辱"显然是在伦理道德的意义上来说的,是一个人所能得到的道德上的"荣"或"辱",而不是外在名利地位上的"荣"或"辱"。

虽然荀子认为一个人不应该去追求外在的荣誉和地位,而应该关注内心的道德,但对于普通民众而言,这种说法似乎仍然缺乏足够的说服力。普通民众在面对荣誉和道德的二元选择时,很可能选择的是前者而不是后者,因为后者并不一定能够带来外在的荣誉和地位。但荀子的思想并没有停留于此,虽然他认为君子不一定能够获得外在的"势荣",或者免除"势辱",但他依然相信,持之以恒地坚持道德的方向,克服自己的欲望和私利,最后一定能够获得幸福。荀子说:

> 道者,古今之正权也;离道而内自择,则不知祸福之所托。……从道而出,犹以一易两也,奚丧!离道而内自择,是犹以两易一也,奚得!(《荀子·正名》)

荀子认为,"道"是衡量古今任何时代的人们行为的正确标准,如果离开"道"而随心所欲地去做事,那就不知道自己的祸福所依托的地方。人们都希望能够拿一个东西换两个东西,而不希望用两个东西换一个东西。如果遵循"道"的方向来行动,那就像是用一个东西来换两个东西,能够得到最后的幸福而不会有损失。在这里,荀子认为遵循"道"就一定能够获得幸福的生活,而幸福的涵义不仅包含了道德的实践活动,也包含了外在的财富、荣誉等,虽然后者并不是幸福的本质内容。荀子的这一思想为从孔子以来的儒家德福关系思想做出了重要补充和解释。

从孔子到孟子都偏重从形而上的层面来解释有德者如何能够上承天命,获得"道"和幸福的生活。荀子则与先前儒家的解释路向不甚相同,虽然他也强调"人"通过德性修养获得精神层面的幸福,但也并不忽视从现实物质的层面来解释为何得道者能够获得幸福。正如前面所言,荀子认为遵循"道"就意味着能够在日常生活中从事道德的行为,为他人的利益考虑和着想,如果人人都能做到这点,那受益的就不仅是他人,也包括了自己。因此,这就像用一个东西来换两个东西一样,做出道德表率的人并不会吃亏,相反,会获得更多的利益。这样一种从现实角度为道德行为进行的辩护似乎能够更有效地说服普通民众。

在这里,我们不禁想起康德也承认,当道德行为不能确实地带来幸福时,人们就很难继续保持道德行为。在康德看来,这种德福之间的不确定关系阻碍了我们在道德生活上的努力。虽然出于遵守道德律令的要求我们可以不管能否得到幸福，保持道德行为，而这对康德来说也是"至善"（the supreme good），但"最高善"（the highest good）的实现还是要求德福能够相配。康德通过假定上帝的存在和灵魂不灭来解决"最高善"的问题。牟宗三先生在《圆善论》中认为康德的这一预设即是在说："圆善（注：即"最高善"）中，德是属于目的王国者，福是属于自然王国者。这两王国底合一便是上帝王国。因此，唯人格神的上帝这一个体性的无限存有始能保障德福一致。"① 然而康德的这一解决方案，正如牟先生所批评的："若说这是神底事，他自能使你的德福相配称，你只要信他祈祷他就可以了。若如此，这等于未说明。……这一'说明圆善所以可能'的说明模式完全是顺习惯依宗教传统而说者。其中难解处，虽以康德之智亦习焉而不察也。"② 因此，康德并没有真正解决德福一致的问题。③ 既如此，在中国先秦时代的文化传统中，儒者们又如何使幸福与美德相配呢？正如上面所言，荀子对这个问题的回答是带有现代色彩的，并且具有强烈的儒家人文主义关怀——如果"最高善"是可能的，那么它必须由人类自身的努力来实现，这一人类自身的努力包括了更好理解世界的方式和道德修养的方式。

在《荀子》的语境中，"外在善"包含了诸多自然和人为条件的综合。荀子认为"天"的运行有其自然的规律，不会因为君主的贤明与否而改变。如果能够用正确的方式来应对它，就会产生良好的结果，而如果不能用正确的方式应对，就会造成不良后

---

① 牟宗三：《圆善论》，《牟宗三先生全集》第 22 卷，联经出版事业有限公司，2003，第 207 页。
② 牟宗三：《圆善论》，《牟宗三先生全集》第 22 卷，联经出版事业有限公司，2003，第 236 页。
③ 牟宗三先生认为康德并没有解决德福一致的问题。他提出以"诡谲的即"和"纵贯纵讲"来解决康德的圆善难题，然而近来有学者指出，牟先生的这一思路主要解决的是道德幸福，也即是精神领域的幸福，并非康德圆善思想所要保证的物质幸福之原意。（见杨泽波《从德福关系看儒家的人文特质》，《中国社会科学》2010 年第 4 期。）

果。所以，无论出现了何种自然灾难，都不能责怪"天"——"不可以怨天，其道然也"。(《荀子·天论》)对荀子来说，人类社会中所出现的水旱、寒暑等自然灾害都有其自己的规律，不以人的意志为转移。自然灾难的发生可能源于人类没有遵循"天"的自然规律。但是有时候，即使我们遵循了"天"的规律，一些自然灾难还是会发生。所以，我们应该努力去缓解这些灾难所造成的负面影响。而在人为的灾难中，我们更应该把这些灾难归因于不负责任的政府。因此，问题的关键在于人如何充分利用现有的条件去抵御各种自然和人为的灾难。人的主观努力要比机遇本身重要得多。

荀子认为"节遇谓之命"(《荀子·正名》)，杨倞在这里注曰："节，时也。当时所遇谓之命。命者，如天所命然。"① 在荀子看来，命是人时时遇到的各种外在时机。在荀子眼中，"命"与"时"是紧密联系在一起的。荀子说："古之所谓处士者，德盛者也，能静者也，修正者也，知命者也，箸是者也。"(《荀子·非十二子》)这是说古代的"处士"通达"命"与"时"的真谛。荀子又说："大天而思之，孰与物畜而制之！从天而颂之，孰与制天命而用之！望时而待之，孰与应时而使之！"(《荀子·天论》)荀子认为人要掌握天命并积极地利用它，使之为人服务。人与其在不幸的命运来临时被动地期待时运的到来，不如积极地去应对这一具体遇到的时运并充分利用它。这样，与孔子和孟子相比，荀子不仅从现实的层面解释了为何具有德性之人能够获得幸福，更从如何利用外在机遇的角度拓展了幸福的内涵，使幸福的概念容纳了更多"外在善"的元素。对荀子来说，人之所以能够获得幸福，并不仅仅在于进行德性修养，还在于能够充分利用各种外在的机遇和时运，使之能够导向最终的幸福。荀子在一个方面延续了孔孟所认为的人的德性修养会得到精神性回馈的思想，同时也认为人可以通过自身努力把握一切外在机遇而最终获得外在物质

---

① 王天海：《荀子校释》(下册)，上海古籍出版社，2005，第887页。

性幸福。这无疑是对孔子以来的儒家德福关系思想做出的重要补充和解释。

二 儒家的道德教化学说

基于不同的天人关系观点，早期儒家关于道德教化与养成的观点也必然不会完全一致。下面我们就来看一下早期儒家思想中关于道德教化与养成的观点。

作为儒家思想开创者的孔子，其核心思想往往被概括为"仁"。何为"仁"？子曰："弟子入则孝，出则弟，谨而信，泛爱众，而亲仁。行有余力，则以学文。"（《论语·学而》）我们可以看到，孔子的"仁"并不是一个抽象的概念，而是对一种体现在日常伦理行为之中、极其鲜活亲切的境界的描述。"仁"体现在家庭中——"孝"和"弟"，同时也呈现于社会中——对待朋友要"谨而信"，对待普通民众要有爱心和同情心。对孔子来说，这其实就是仁的具体表现。在实践行为做好之后，才可以去学习理论知识。也就是说，一个人首先应该去进行具体的伦理实践，也就是先"行"，然后才可以去"学"。如果只是"学"而不"行"，那"学"就没有任何意义了。这反映出儒家"知行合一"的特点。然而，如果要更进一层来思考此段话，就又有一层深意。孔子说的"入则孝""出则弟"等固然是实践行为，但在此行为之前难道没有"学"或"知"的存在吗？如果没有这种知识存在，又以何为依据来进行道德实践呢？因此，人应该本来就具有这种伦理知识。这样，我们就可以发现，这段话蕴含的前提是人生而具有伦理的知识，知道对父母应如何孝，对兄长如何悌。所以，人更需要的是如何将这种本来具有的伦理知识付诸实践，完成知行的合一。当然，在完成实践之后，人会对本来具有的伦理知识有更清楚的认知，因而能够更深刻地发展这种伦理知识。正如王阳明所言：

真知即所以为行，不行不足谓之知。此为学者吃紧立教，俾务躬行则可。……知之真切笃实处即是行，行之明觉精察处即是知。知行工夫，本不可离。只为后世学者分作两截用功，失却知行本体，故有合一并进之说。……夫物理不外于吾心，外吾心而求物理，无物理矣。遗物理而求吾心，吾心又何物邪？心之体，性也，性即理也。故有孝亲之心，即有孝之理；无孝亲之心，即无孝之理矣。

王阳明的这段话可谓是为孔子的上述之语做了最好的诠释。

对于仁与礼的关系，孔子说道："人而不仁，如礼何？人而不仁，如乐何？"（《论语·八佾》）这句话非常清楚地指出了仁与礼之间的关系以及轻重分别。孔子认为，一个人如果没有培养自己成为"仁"，那要礼乐又有什么用呢？这句话乍看上去是在说，"仁"的培养是最重要的，而礼乐只是外在的形式，即便有这些外在的礼乐形式，但如果一个人的内心没有"仁"，这些礼乐也只不过是空洞的外壳罢了。这固然是孔子这句话中应有之义，但这句话中似乎还隐含着另一层意思——"仁"和礼乐之间存在着内在的联系。礼乐可以是"仁"的外在表达和呈现，但一个人也恰恰可能通过礼乐的实践而最终实现"仁"。因此，礼乐虽然是一种外在的形式，但它的作用是为了培养和塑造一个人的内在之"仁"。如果缺乏这个功能，礼乐便不能被称为礼乐。孔子后来所说的"克己复礼为仁"便充分说明了这一点。作为一个世俗的人，很难完全依靠自身的道德力量来完成自身仁德的塑造和培养。于是，人就必须依靠一些外在的力量和手段来培养人的道德。这一观点和佛家依靠外在仪式与戒律来实现自身佛性培养的观点非常相似。

颜渊问仁。子曰："克己复礼为仁。一日克己复礼，天下归仁焉。为仁由己，而由人乎哉？"颜渊曰："请问其目。"子曰："非礼勿视，非礼勿听，非礼勿言，非礼勿动。"颜渊

曰："回虽不敏，请事斯语矣。"(《论语·颜渊》)

在这段话中，孔子在著名的"克己复礼为仁"这句话之后，紧接着提出了如何实现"克己复礼"的详细方法，即"非礼勿视，非礼勿听，非礼勿言，非礼勿动"。我们可以看到，"礼"已经深入人们日常生活的各个方面，人的吃穿住行以及视听言动都被"礼"所渗透和规范。在这个意义上，"礼"其实就是我们日常生活的一种方式，而不再是一种单纯仪式性或政治性的礼节或制度。在这段话的背后，我们也能够发现，孔子似乎并不认为人性善，或者至少说，他对人自身对内心物质性或生理欲望的控制并没有太多信心。孔子宁愿相信通过外在礼乐的力量，人更容易实现"仁"的理想。当然，孔子相信外在礼乐的力量并不意味着他就否认了人内心中本来就存有"仁"，只是因为世俗间的欲望纷争往往让人失去了这样一种善的萌芽，因此需要通过外在礼乐的力量来对这一萌芽加以细心呵护，方能使之茁壮成长。我们发现孔子的这一思想在某些方面为孟子所继承，也有一些方面为荀子所继承。孟子继承的是人内心的道德萌芽，但对这一萌芽的发展并不完全诉诸礼乐，而是更强调人内心的自省。荀子继承的则是用外在礼乐力量来培养塑造人的内心，但人的内心中并没有道德萌芽的存在，而是完全将质料之性转化为道德之性。孟子和荀子都取了孔子思想的一个方面进行发展，很难说哪一方更能代表孔子。

在孔子的言录之中，我们不难发现"仁"和"心"之间的关系。孔子说："回也，其心三月不违仁，其余则日月至焉而已矣。"(《论语·雍也》)在这句孔子评论颜回的话语中，我们发现孔子认为颜回的心能够做到在三个月内不违反仁。这就意味着，"仁"本身就是内心所能达到的一种道德境界。孔子说："仁远乎哉？我欲仁，斯仁至矣。"(《论语·述而》)从这句话，我们可以清楚地看出，孔子所说的"仁"是一种内在的境界。这种境界的实现并不依靠外在的物质条件，也就是说，一个人只要自己想成仁，他就有这种成仁的能力。外在的物质财富和地位不是一个人想得到就能得到的，但只要一个人想要得到"仁"，就一定能够得到，因为"仁"本来就是每个人心中固有的根底。

孔子说："志于道，据于德，依于仁，游于艺。"(《论语·述而》)这句话是说，一个人应当首先立志于"道"，即立下从道的大志，这个"道"并非具体的道德或德性，而是指超越一般具体事物的形而上之道。之后，人应当在具体的社会实践活动中依据具体的德性规定来行动。这个具体而微的德性规定，并非抽象的形而上之道。但在现实的社会生活中，有时候可能由于自身知识的局限性，人并不能非常清楚地了解所有的德性规定应该是怎样的。在这种情况下，我们依据什么来做出判断和行动呢？孔子认为，这就是"仁"。也就是说，这时候我们就只需要依从我们内心的"仁"来做出判断和选择。也如王阳明所说："是的还他是，非的还他非，是非只依着他，更无有不是处"。(《传习录》)虽然王阳明提到的"他"乃是指"良知"，但"良知"本身与"仁"颇有相通之处，在此不再赘述。

我们再返回看看孔子对于仁的解说：

> 子贡曰："如有博施于民而能济众，何如？可谓仁乎？"子曰："何事于仁，必也圣乎！尧舜其犹病诸！夫仁者，己欲立而立人，己欲达而达人。能近取譬，可谓仁之方也已。"(《论语·雍也》)

这段子贡与孔子的对话清楚地指出了"仁"的本质含义。孔子认为子贡所说的"博施于民而能济众"不仅达到了"仁"的要求，还达到了"圣"的境界。"博施于民而能济众"是一种完全为民众谋福利、承担民众苦难的精神，其中蕴含着一种无私、无我的精神内涵。也就是说，人只有摆脱了自我私欲的纠缠，才能达到人我合一、无我无他的境界。在这种境界中，为他人的付出就等于对自己的付出，因为自我和他人之间没有了差别。正如孔子所说，这种境界是一般人难以达到的"圣"的境界。对于大多数人来说，实现"仁"更为可行的途径是这样的："己欲立而立人，己欲达而达人。"我们可以看出，这句话并没有试图消弭人我之间的差别，而是在这一差别的基础上，坚持将自己所欲求的目标也让他人能够实现，自己所想要的生活也要让他人能够过上。这是一种将自我的欲望推己及人，能够帮助他人实现美好愿望的境界。对于一般人而言，这就是"仁"的本质所在。对于大多数人来说，并不能完全达到消除自己私欲、实现无我无他的圣人境界，所以对于实现"仁"来说，更为实际的途径是从自我的欲求做起，如果自己能吃上肉，就要让别人也吃上，如果自己能够过上好的生活，也让别人能够过上。这样一种"能近取譬"的途径也能使人慢慢达到"仁"乃至于"圣"的境界。

从以上对"仁"的讨论中，我们可以看出，"仁"对孔子来说是一种根植于人内心之中的对于民众、社会和国家的无私之爱，这既是一种在道德上对于一个人的最高要求，也同时为提升自我修养境界、达至形而上之道提供了一条必由之路。然而，尽管孔子对"仁"的界定大都是关于道德修养和个人境界的，但也有几段话似乎跳出了这样一种内在的解释框架。

  子路曰："桓公杀公子纠，召忽死之，管仲不死。"曰："未仁乎？"子曰："桓公九合诸侯，不以兵车，管仲之力也。如其仁！如其仁！"

  子贡曰："管仲非仁者与？桓公杀公子纠，不能死，又相之。"子曰："管仲相桓公，霸诸侯，一匡天下，民到于今受其赐。微管仲，吾其被发左衽矣。岂若匹夫匹妇之为谅也，自经于沟渎，而莫之知也。"（《论语·宪问》）

在这两段话中，子路和子贡连续向孔子发问，管仲到底能不能称为"仁"。很显然，按照老师一贯以来的思想和叙事方式，他们可以预料老师给予否定的回答。然而出乎意料的是，孔子却认为管仲可以被称为"仁"。理由是,管仲通过辅佐齐桓公结盟各诸侯,使得天下太平,百姓免于战争之苦,这难道不能被称为"仁"吗?我们可以看出,孔子在这里对"仁"的界定多少脱离了之前对"仁"的内在界定,而是在客观外在的角度上对"仁"加以界定。一个人可能没达到最高的道德境界,但只要他能在客观上保障百姓的利益,维护他们的生命,这也能够被称为"仁"。

我们再来看孔子的"礼"。

子曰:"道之以政,齐之以刑,民免而无耻;道之以德,齐之以礼,有耻且格。"(《论语·为政》)

孔子的这两句话阐明了两层意思:第一层意思是在治国的层面上来讲的,通过正确的政治和法律制度来引导民众,用刑罚制度来齐整他们,民众就能免于犯罪,但却没有廉耻之心。这是说,法律制度和刑罚制度虽然能够使得民众避免犯罪,但却很难达到提升民众道德的效果。民众可能会因为惧怕法律和刑罚而在外在行为上遵循法律的规定,但内心还是缺乏相应的道德提升和塑造。这种状况在现实生活中可能会造成很大问题。比如一个人能够遵循法律的规定,不去做坏事,但在遇到法律没有规定的情况时,就不一定不去做坏事,久而久之就会形成投机取巧的风气。另一方面,有些时候由于法律没有规定该做什么不该做什么,人就有可能会选择躲避做好事。比如在面对老人倒地该不该扶的问题上,法律当然没有规定人该不该扶老人,在这种可以选择扶还是不扶的情况下,人就有可能不会去扶老人。所以,法律虽然能够阻止人们去做坏事,但很难鼓励人们去做好事。既如此,那应该怎样才能促使人们去做好事呢?孔子的第二句话解决了这个问题。第二句话是在道德培养的层面上说的,如果能够用道德去引导民众,用礼节去约束民众的行为,那人们不仅会行为正确,而且还会产生道德。在这种情况下,民众的行为不再是完全外在约束下的行为,而是发自内心道德情感的自发行为。在面对上述老人倒地的情况下，人们会更多地考虑去扶老人，因为人的内心已被道德所感化，而由道德塑造的品格就促使着人们在日常生活中进行有道德的作为。当然，我们要注意到，孔子并不完全将道德教育的任务诉诸道德宣教，而是通过"礼"的潜移默化的作用，使人们逐渐培养起道德。

对于孔子来说，"礼"一方面是培养"仁"的手段和工具；另一方面，"仁"也是礼乐得以存在的根本前提。如果没有了"仁"，那就谈不上礼乐了。

子曰："人而不仁，如礼何？人而不仁，如乐何？"（《论语·八佾》）

因而，一个人如果没有了"仁"，那就必然不会遵从正确的礼乐制度。所以，人内心中的"仁"应该是比礼乐更为重要的因素。既然如此，那"仁"似乎应该在礼乐之前就要产生，因为只有"仁"，人才能创制礼乐流传后世。这一逻辑恰被接下来的孔子与子夏的一段对话所证实。

子夏问曰："'巧笑倩兮，美目盼兮，素以为绚兮。'何谓也？"子曰："绘事后素。"曰："礼后乎？"子曰："起予者商也！始可与言诗已矣。"（《论语·八佾》）

很明显，孔子非常认同子夏所说的礼乐产生于"仁"之后的说法。这似乎说明，比起后天礼乐制度对人的培养和塑造，孔子更倾向于相信"仁"是人内心本身就固有的。这也是后来孟子对孔子思想进行发展的一个重要理论依据。

林放问礼之本。子曰："大哉问！礼，与其奢也，宁俭；丧，与其易也，宁戚。"（《论语·八佾》）

在这段孔子与林放的对话中，林放提出了礼的本质问题。孔子认为，"礼"与其奢侈，不如简朴，这就意味着"礼"的形式并不是十分重要，那么什么才是最重要的呢？孔子接下来说，在丧礼中，与其在形式上周到完备，不如悲伤的情感更重要。这是说，"礼"的目的本身是为了培养和促进人的道德情感的发展和完善。在这种情况下，如果舍弃了人的真实情感而去追逐礼仪的形式，就本末倒置了。

在《里仁》一章中，孔子提道："不仁者，不可以久处约，不可以长处乐。仁者安仁，知者利仁。"这句话其实点明了"仁"对于礼乐的绝对先在地位。不仁的人，就不能长久地处于礼乐制度的约束之中，也不能长久地处于安乐之中。没有了"仁"，人就失去了最重要的东西，即便有礼乐制度的约束，人也不可能成为"仁"。因此，礼乐虽有促进培养塑造人们性情，使之趋向"仁"的功用，但终究只是一种工具，不可能成为人之为仁的决定性力量。决定人之为仁的关键性力量还应该是人心中本来就具有的向仁之心，一念为仁即为"仁"。

孔子在谈到"礼"的时候，又对管仲进行了评论：

> 子曰："管仲之器小哉！"或曰："管仲俭乎？"曰："管氏有三归，官事不摄，焉得俭？""然则管仲知礼乎？"曰："邦君树塞门，管氏亦树塞门；邦君为两君之好，有反坫，管氏亦有反坫。管氏而知礼，孰不知礼？"（《论语·八佾》）

这段对管仲的评论似乎有些出人意料。之前孔子谈到管仲时，曾认为他通过自己的施政方针使得人民免于战乱，因而可以称之为"仁"。但这段话又认为管仲不知礼，这又是为何呢？我们看到孔子眼中的管仲并没有遵循各种礼节，而是经常逾越礼制的规定。因而，这样一个不遵循礼节的人肯定不能被称为"知礼"。然而，不知礼并不意味着不仁。对于孔子来说，一个人如果能够对人民仁慈，使其免于战祸，保全生命，那要比遵循礼节更为重要。这就说明,对于孔子来说,虽然"礼"有培养"仁"的功能,但从政治上来说,如果当政者并不能完全遵循"礼"的规定,但能够通过现实的政治方略来使人民获得幸福的生活,这也是难能可贵的,也可以被称为"仁",尽管这种"仁"可能并不是孔子心目中最高层级的"仁"。

我们再来看孔子的"义"。"义"在孔子的语境中很多时候是指内在的道德原则。比如:

> 君子喻于义,小人喻于利。(《论语·里仁》)
>
> 德之不修,学之不讲,闻义不能徙,不善不能改,是吾忧也。(《论语·述而》)
>
> 君子义以为上。君子有勇而无义为乱,小人有勇而无义为盗。(《论语·阳货》)

在这些段落中,"义"显然是指君子所应具备的内在道德品质。那么,"义"究竟是一种怎样的道德品质呢?

子曰:"隐居以求其志,行义以达其道。"(《论语·季氏》)这里的"义"是指人在现实世界中进行道德和政治实践时所应遵循的基本规则。相对于"隐居以求其志"而言,"义"是指人在现实世界复杂多变的境况下仍能将自己的仁心志向诉诸实践的决心和能力。从这里我们也可以看出,"义"就像"格物",通过"义",人才能在面对各种具体事物时保持恰当的态度,做出适当的行动。通过不断的"集义",也就是不断积累自己在面对各种具体事物时所做出的选择和行为,就能够逐渐实现内心"仁"的理想,使得"仁"的理想能够应用于现实世界之中,这就是《大学》所说的"致知"。正如钱穆先生言:"仁偏在宅心,义偏在应务。仁似近内,义似近外。"[①] 这似乎是说,"仁""义"本一体,只不过"仁"偏在"宅心",也就是内在道德修养,而"义"则偏在

---

① 钱穆:《论语新解》,三联书店,2005,第94页。

"应务",也就是将内在的道德修养应用于现实事务之中。

子曰:"夫达也者,质直而好义,察言而观色,虑以下人。在邦必达,在家必达。"(《论语·颜渊》)对于孔子来说,要成为一个"达则兼善天下"的君子,不仅需要"质直而好义"的内心修养,而且还要察言观色,从而能够使得内在的道德素养恰当地应用于现实之中。"仁"在人心之中,也就是内在的道德。但在现实生活中,人会遇到非常复杂多变的情况,如果只是简单地将"仁"应用于其中而不善调整和适应,那就可能会遭遇很多困境。这时候就需要"义"的介入。"义"是一种能够与现实境况相适应的道德能力。无论现实状况怎样变化,人都可以应用"义"这一道德能力来恰当地处理各种纷繁复杂的局面。

> 子曰:君子之于天下也,无适也,无莫也,义之与比。(《论语·里仁》)

这是说,"义"不是某种确定不变的标准,它是随着当下境况而不断变化适应的能力。当然,孔子也说:

> 君子义以为质,礼以行之,孙以出之,信以成之。君子哉!(《论语·卫灵公》)

就"义"的本质而言,它当然也就是"仁",它们二者之间并没有差别。唯一的差别在于,"义"是一种能够将"仁"具体应用于各种现实境况的能力。最终的目的还是要实现"仁"。

钱穆先生说:"然察言观色,当与质直好义内外相成。既内守以义,又能心存谦退,故能谦撝而光,卑而不可逾,此圣人处世之道,即仁道。"① 这是说,要成为君子或圣人,仅凭自己的刚直之气或察言观色是无法达到的,这二者必须紧密结合在一起才

---

① 钱穆:《论语新解》,三联书店,2005,第94页。

能成为君子或圣人。在这个意义上,"义"其实就充当了内在与外在沟通的桥梁。有了内在的道德素养,还必须有将这种内在素养随现实状况适应变化的能力,这种能力对于孔子来说就是"义"。虽然"义"在孔子看来属于人的内在道德范畴,但其起到的作用是连接内外,最终实现君子或圣人的理想。因此,我们可以看到,"义"的本质内容就是"仁",但在此基础上,还有能够将"仁"这一道德理想转化为可行性现实的能力。

我们可以发现,"义"在孔子的语境中更多指涉内在道德应用于外在实践,即道德"格物"的能力,本身并没有深入到具体的社会制度和政治建构层面。那么,后世的儒者能够对"义"做出更多的发展,展现出更多可能的社会政治面向吗?

孟子将孔子所开创的"仁"的内涵加以更为明确的界定,提出"仁政"的概念:

> 王如施仁政于民,省刑罚,薄税敛,深耕易耨;壮者以暇日修其孝悌忠信,入以事其父兄,出以事其长上,可使制梃以挞秦楚之坚甲利兵矣。(《孟子·梁惠王上》)
>
> 今王发政施仁,使天下仕者皆欲立于王之朝,耕者皆欲耕于王之野,商贾皆欲藏于王之市,行旅皆欲出于王之途,天下之欲疾其君者皆欲赴愬于王。其若是,孰能御之?(《孟子·梁惠王上》)
>
> 君行仁政,斯民亲其上,死其长矣。(《孟子·梁惠王下》)

这样看来,孟子将孔子以来的"博施于民而能济众"的仁圣理想加以界定,明确提出了以"仁政"作为儒家的最高理想。当然,"仁政"这种最高的理想是从小处慢慢培养出来的,这就是人心中固有的四端:

> 恻隐之心,仁之端也;羞恶之心,义之端也;辞让之心,礼之端也;是非之心,智之端也。人之有是四端也,犹

其有四体也。有是四端而自谓不能者，自贼者也；谓其君不能者，贼其君者也。凡有四端于我者，知皆扩而充之矣，若火之始然，泉之始达。苟能充之，足以保四海；苟不充之，不足以事父母。(《孟子·公孙丑上》)

孟子认为，恻隐之心就是"仁"的发端处。当然，人有了这一"仁"的发端并不意味着就能够成为"仁"了。成为"仁"的必要条件还包括人对这一端绪的发展和扩充。缺乏了这种对"仁"之发端的扩充，"仁"便不会成长为参天大树。对于孟子来说，"仁"就像是人居住和生活的"安宅"。对于一个普通人而言，只有有了一座自己的宅院，才能使自己的身体和心有所安置。

夫仁，天之尊爵也，人之安宅也。(《孟子·公孙丑上》)

从这段话里，我们可以看到孟子已经将"仁"与"天"联系了起来，认为"仁"是"天"所尊崇的"天爵"，这种将"仁"上升至"天"的观念在《论语》中较为罕见，说明了这一时期的儒家已经开始将"仁"这一道德范畴逐渐上升至"天"的形而上层次。孟子说：

仁之实，事亲是也；义之实，从兄是也；智之实，知斯二者弗去是也；礼之实，节文斯二者是也；乐之实，乐斯二者，乐则生矣；生则恶可已也，恶可已，则不知足之蹈之手之舞之。(《孟子·离娄上》)

在这里，孟子明显将"仁""义"视为"仁义礼智"中的核心要素。对他而言，"仁"的实际内容或者就"近取譬"来说，就是事亲，也就是要孝敬自己的父母；而"义"就是对自己的兄长顺从。"礼"和"智"则是围绕着这两个核心元素而展开的。"礼"是在"仁"和"义"的方式礼节上加以规定和约束，从而形成一套完整的礼仪体系；智则是知道"仁"和"义"的内容并且将之坚持下去。由此可见，虽然孟子将"仁"形而上学化，但却并没有舍弃其原本的含义和初衷。"仁"本来就发端于人对自己父母的爱，并将其扩展至社会中的其他人。没有了这个根本，就会使得人无法发起对他人的仁爱之心，或者虽能发起却不能持久。从这个角度上讲，儒家其实是有着非常强的自我意识的。对于儒家来说，人只有认清自我以及自己的家庭，才能认清社会和他人。对待社会中的每个人的方式取决于对待自己家庭成员的方式，以仁事亲才会以仁待人，以义从兄才会以忠待君。这和佛家思想其实有着很大的不同。佛家强调人应该有大悲心，能够以慈悲之心对待他人，而这样做的前提并不是人先在自己家庭中做到了慈悲，而是能够修行自己达到无人我之别的境界。所以，佛家修行强调的是无我、无他，要以一颗佛陀之心来关爱众生；儒家修行则强调有我、有他，要以对己之心去对待他人，才能利益众生。相比起佛家，儒家更加从后天经验层面来提升人的道德精神和主体价值，而佛家则从先天经验层面来揭示人的本始状态和返归本真。

我们再来看孟子的"义"。孟子认为"义"是一种人内在的美德。孟子说："羞恶之心，义之端也。"（《孟子·公孙丑上》）这是说，"义"的最初萌芽是在内心中，随着这一"羞恶之心"的发展和成熟，"义"这一内在美德才得以完成和确立。当然，孟子的这一说法未必有充分的依据。事实上，有羞恶之心，正说明一个人对自己所做的事会有一个普遍的、能为大多数人所接受的社会标准。这种标准看似是个人内心自然拥有的一种标准，实则是社会约定俗成的外在标准。一个人在孩提之年很难自发地产生这种羞恶之心，比如未经别人允许私自拿取他人的东西，在拿取东西后，他并不会产生所谓的羞耻之感，只有当成人告知他这种行为不对时，他才会对自己的行为产生羞恶之心。而成人的价值观标准显然是由社会长期的熏陶形成的。没有这种长期的、既定的价值观塑造，任何人的行为都不可能符合"义"的标准。从这个角度上说，孟子所认为的"义"显然是外在的，而不是内在的。

当然，人能够接受这种价值观塑造，本身也说明了人内心之中可能原本就有"义"的"善端"，所以才能接受外在"义"的输入。随着外在标准的逐渐内化，人会在成长过程中逐渐形成一套自己的价值标准，这样，"义"就会成为内在的。当然，人内心之中也可能根本就没有此"善端"，而是在后天逐渐地学习和实践中获得"义"的。所以，"义"本身既可能是外在的，又可能是内在的，最重要的是，它是随着人的社会化和被教育过程逐渐演化过渡的。

不管怎样，孟子强调的是人内在之心的成熟和发展，而这一成熟和发展的过程与外在的实践有着密切联系。孟子说：

> 言非礼义，谓之自暴也；吾身不能居仁由义，谓之自弃也。仁，人之安宅也；义，人之正路也。（《孟子·离娄上》）

在孟子看来，"仁"似乎是人的心灵停泊和栖息的温暖的家，只有拥有这样一个家，才能使人在处理各种社会关系时有所依据和保障。"义"似乎是人在家庭外面处理各种社会关系时应该遵循的正确道德标准，只有遵循这种正义的标准，人才能以正确的行为方式生活在这个世界上。孟子在这里对"仁"、"义"的区分和界定是"居仁由义"，"仁"是一个人安置自己内心的根基，而"义"则是一个人在行事中需要秉持的原则。由此可见，"仁"和"义"之间虽有区别，但亦有深刻的联系。如果没有了内在的"仁"作为基础，人就不可能在外在的行为活动中遵守正确的原则；而如果没有了"义"，内在的"仁"也无从展现和凸显。所以，"仁"与"义"之间是一种互相依存、相辅相成的关系。和孔子相似，对于孟子来说，"义"这一正义的标准在本质上就是"仁"，是一种对于"仁"的外化形式。孟子说：

> 仁之实，事亲是也；义之实，从兄是也；智之实，知斯二者弗去是也；礼之实，节文斯二者是也。（《孟子·离娄上》）

在这里,"仁"似乎强调的是一种感情,而"义"似乎有着更多理性和现实的考虑,是一种遵循正确道路来行事的义务。从这点上也可以看出,"仁"在狭义上来讲是一种不讲求回报的子女对父母的感情,推而广之也就是人与人之间的真挚情感。"义"则是一种弟对兄的遵从,这种遵从基于兄长丰富的生活经验和生活智慧,推而言之,就是劝诫人们在社会上需要跟随那些比自己年长、更有生活经验和智慧的人,这是做一件正确事情的前提。在另一段话中,孟子也强调了父兄在一个人成才过程中的关键作用。他说:

中也养不中,才也养不才,故人乐有贤父兄也。如中也弃不中,才也弃不才,则贤不肖之相去,其间不能以寸。(《孟子·离娄下》)

在孟子看来,父兄对一个人的成长起着关键的作用。贤明的父亲和兄长能够正确地教导一个人,使他按照正确的路线成长。这其中就有父兄自身的成长经验和生活经验的传授。因此,"义之端"的形成和发展就具有了外在特征。孟子说:

人皆有所不忍,达之于其所忍,仁也;人皆有所不为,达之于其所为,义也。(《孟子·尽心下》)

从这里可以看出,孟子将"仁"与"忍"这种人内心的情感联系起来,将"义"与"为"这种人外在的行为联系起来,这反映出"仁"和"义"所强调的是不同方面。孟子说:

夫义,路也;礼,门也。惟君子能由是路,出入是门也。(《孟子·万章下》)

"仁"就如同人所居住的安宅,"礼"是进出这座宅第的大门,而"义"是这座宅第门前通往外界的路。"仁"意味着一个人需要有一个安静的内在心灵环境,在这个环境中,他可以相对自由地用自己的真情实感来对待自己的亲人,因而这是一个人安身立命的地方。"礼"便是这个地方的大门,也是通向外界的一个通道。在这里,人不再简单地用自己的情感来对待别人,还要通过遵循一定的礼节规范来与他人交往。因为如果另外一个人不是自己的亲人,便很难接受那种你用来对待自己亲人的方式。所以,通过遵循"礼"的规范,一个人便掌握了与人相处的恰当方式。除了"仁"和"礼",还需要走上一条"义"的路,才能真正在人世间顶天立地。"义"其实是一种无论在任何情况下都能遵循正确道路来行使道德义务的能力。一个人可能对别人充满了真情实感,也对别人以礼相待,但仅仅有这些是不够的,还需要有一种敢于触犯某些外在规则而坚持道德义务的能力。这是因为现实世界存在着很多复杂多变的情况,在某些特别的情况下,要克服某些规则的羁绊,才能拥有圆满的结果。比如伸手去救溺水之嫂的道德困境,如果按照"义"的要求,就应该伸手去救,因为只有这样才符合道德的要求。试想一个人如果只对嫂子"仁"且有"礼",但并不能突破"男女授受不亲"的规则,那就会在这种特殊情况下放弃救人的打算,这当然是一种道德的悲剧。正如柯雄文(A. S. Cua)所说:

> 当体现既定价值原则的"礼"在某些情况下无法为我们处理当前问题提供指导的时候,我们就需要诉诸于我们自己的判断来决定在某种特定的境况下怎样做才是合适的。换句话说,就是在这样一些境况中,"礼"虽然被考虑但并不适用于当前的现实。……因此,"义"在道德规则与特定境况相关性的道德考虑中就会占据优先地位。[①]

[①] A. S. Cua, *Encyclopedia of Chinese Philosophy* (New York: Routledge, 2002), p. 844.

这是说，在"礼"无法解决某些特定境况中的问题时，"义"就发挥着主导作用。"义"的最大特点就在于能够连接内外，使得内在的道德责任感与外在的具体境况相互联系，从而使人即便在"礼"尚未规定或已规定但不适合的时候，也能做出正确的判断和行动。

除了认为"义"是一种连接内外的道德能力，孟子还认为"义"是规范君臣之间道德责任关系的标准。孟子说：

> 仁之于父子也，义之于君臣也，礼之于宾主也，知之于贤者也，圣人之于天道也，命也，有性焉，君子不谓命也。（《孟子·尽心下》）

在这段话里，"义"同样是描述君臣道德责任关系的概念，而"礼"则成为描述宾主关系的概念。在这里，"礼"并没有上升到国家制度乃至君臣等级的高度，仅限定于主人对待客人的礼仪方面。

我们可以看到，孟子继承并发展了孔子关于"义"的道德"格物"的思想，也就是如何将内心的道德良知付诸个体行为，使之能够依良善而行。但在"义"的政治"格物"一面，孟子则未能对孔子的思想进行充分地发展，这使得儒家思想在战国晚期愈发重视外在政治实践的形势下显得有些格格不入。[1] 幸运的是，在战国中后期，有一条与思孟学派近乎平行发展的儒家思想脉络，这一脉络对"义"的政治内涵进行了充分地发展，其主要思想就反映在郭店楚简和《荀子》中。[2]

荀子对"义"是这样定义的：

---

[1] 道家、墨家思想在战国中后期逐渐兴盛起来，甚至超过了儒家思想而成为当时社会的主流思想。正因如此，孟子叹道："杨朱、墨翟之言盈天下。天下之言不归杨，则归墨。"（《孟子·滕文公下》）——作者注

[2] 关于这条思想脉络的发展进程，可参见孙伟：《"心性一体"与"心性二体"——早期儒学心性论发展路向研究》，《北京社会科学》2017 年第 8 期。

> 水火有气而无生，草木有生而无知，禽兽有知而无义，人有气、有生、有知，亦且有义，故最为天下贵也。力不若牛，走不若马，而牛马为用，何也？曰：人能群，彼不能群也。人何以能群？曰：分。分何以能行？曰：义。故义以分则和，和则一，一则多力，多力则强，强则胜物；故宫室可得而居也。故序四时，裁万物，兼利天下，无它故焉，得之分义也。（《荀子·王制》）

在这个意义上，人和禽兽的区别只在于是否有"义"。人虽然也有和禽兽相似的欲望，但人之所以为人，就是因为他同时也具有控制欲望的能力。这种能力来源于"义"这样一种似乎很抽象的概念。那么，对于荀子来说，"义"究竟意味着什么呢？就这段话而言，"义"显然是一种内在的心理结构，只有具备了这种心理结构，"分"才得以实施。"分"其实就是社会等级的划分和差别。只有进行了社会等级的划分，一个社会才能称之为社会（注：即"群"）。如果按照这种论证的逻辑，"义"其实就是一种人类生而具有的理性能力。这种理性能力促使人意识到，如果人只按照自己的欲望来行事，那就必然会造成社会的混乱和无序，而这样对每一个人都是无益的。因此，这种理性能力就在于能使每个人意识到，必须要完成在各自等级上的道德和社会责任，才能使得整个社会系统平稳运行。

我们可以看到，荀子认为人的内心存在这样一种理性的能力，它能够统治和驾驭欲望，使之在合理的范围内活动。不过，理性的"义"并没有任何道德的内容，它对欲望的驾驭和控制只是出于理性的、维护人类群体存在的考虑。因而，对于荀子这样的儒家而言，承认理性的"义"只是第一步，第二步要做的就是如何在欲望得到控制的基础上产生教化欲望和情感的能力。荀子说：

> 故人之所以为人者，非特以其二足而无毛也，以其有辨

也。夫禽兽有父子，而无父子之亲，有牝牡而无男女之别。故人道莫不有辨。(《荀子·非相》)

这里提到了人类社会中存在的"辨"。这种"辨"是指人类社会中存在的各种社会角色和伦理角色的差别。这是人类区别于动物的显著标志。荀子接着说："辨莫大于分，分莫大于礼"。(《荀子·非相》) 这是说，要用"礼"来指导"分"和"辨"。很显然，"礼"是外在的制度结构，而"分"和"辨"是外在的社会等级与角色差别。通过"礼"的方式来对社会等级和角色差别进行规定，这是人类社会的主要特征。而之前荀子提到"分何以能行？曰：义"，这显然将"礼"和内在的"义"联系在了一起。这样，外在的"礼"（外在的制度结构）和内在的"义"（内在的心理结构）结合在一起，共同构成了教化欲望和塑造社会结构的心理与制度基础。

我们可以看到，荀子的"礼"、"义"包含内在与外在两个部分。内在的部分就是"义"，这是人类内在的理性能力。通过这种理性能力，人类能够形成关于社会的心理基础，这使得社会和秩序的建立成为可能。外在的部分就是"礼"，这是外在的制度结构。只有通过"礼"的建构和塑造，人类社会才能成为所应该成为的样子，才能形成具体的社会制度和等级差别，并在此基础上形成教化人性情和欲望的道德力量。可以说，内在的"义"就是一个秩序社会形成的必要条件，但如果要形成完美的儒家道德社会，还必须要具备外在的"礼"。二者对于一个健康成熟的社会而言，缺一不可。

荀子进一步说：

> 故尚贤使能，则主尊下安；贵贱有等，则令行而不流；亲疏有分，则施行而不悖；长幼有序，则事业捷成而有所休。故仁者，仁此者也；义者，分此者也；节者，死生此者也；忠者，惇慎此者也；兼此而能之备矣；备而不矜，一自善也，谓之圣。(《荀子·君子》)

在这里，荀子进一步明确了"义"的等级性。正是在"尚贤""使能""贵贱""亲疏"以及"长幼"中，"义"发挥了"分"的社会和政治作用。这一"分"的社会功能就是分辨、划分社会等级差别的政治秩序和亲疏长幼的伦理秩序。因而，对于荀子来说，"仁""义""礼"三者是不可分割的整体。荀子说：

> 义、理也，故行。礼、节也，故成。仁有里，义有门。仁、非其里而处之，非仁也。义，非其门而由之，非义也。推恩而不理，不成仁；遂理而不敢，不成义；审节而不和，不成礼；和而不发，不成乐。故曰：仁义礼乐，其致一也。君子处仁以义，然后仁也；行义以礼，然后义也；制礼反本成末，然后礼也。三者皆通，然后道也。(《荀子·大略》)

在这里，荀子更加明确地指出，如果只是简单地"推恩"，也就是将仁爱推广到所有人，并不能成就"仁"的理想。"仁"必须要和"理"结合在一起，而"理"就是"义"，就是在等级基础上的道德责任和义务。也就是说，"仁"和"义"必须结合在一起，也就是荀子所说的"处仁以义"。同时，"义"还具有外向实践的特征。一个人只是遵循着"义"的要求而并不去亲身实践，那也就不能成为"义"。荀子还强调，"行义"的同时还必须要遵循"礼"的要求，这样，"义"才能成为"义"。所以，"仁""义""礼"三者是合为一体，不可分开的。正如柯雄文所说：

> "道"是人类生活的整体理想，而"仁""礼""义"这些互相依赖的儒家美德就共同组成了"道"的完成境界。因此，这些美德并不只是实现"道"的简单工具。换句话说，要实现"道"，就必须要满足那些呈现在"仁""礼"和"义"中的标准。由于这些美德关涉各种不同但相关的伦理兴趣，我们可以说，"道"的实现要求三种同等重要的伦理元素必须互相协调、和谐互动。……这样，在理想的情况下，

"仁""礼"和"义"是相互支持并且坚持同样的"道"的理想。……在这个意义上,"仁""礼"和"义"是"道"相互补充的不同方面。①

除了认为"义"是一种涉及社会等级的功能,在此基础上,荀子还和孔孟一样认为"义"是一种人应该具有的道德感,这种道德感应当超越当下的利益考虑。荀子说:

> 义与利者,人之所两有也。虽尧舜不能去民之欲利;然而能使其欲利不克其好义也。虽桀纣不能去民之好义;然而能使其好义不胜其欲利也。故义胜利者为治世,利克义者为乱世。上重义则义克利,上重利则利克义。(《荀子·大略》)

这是说,包括圣人和普通人在内,每个人都有道德理想的追求和爱好利益的倾向。但圣人与普通人的区别就在于圣人能够使自己对爱好利益的倾向不超越对道德理想的追求。但普通人如果不加以引导,则很难使自己内心本有的对道德理想的追求超越对私利的重视。郝大维(David L. Hall)和安乐哲(Roger T. Ames)对荀子的"义"曾这样评论道:

> 荀子的"义"是某种人类所独有的特质并且界定了"崇高的"或"实现中的"自我。这就以某种正面和规范的方式影响了人类的行为。在最根本的层面上,"义"是对个人行为的道德输入。②

除了"义"以外,在《荀子》中,"法"也是一个常见的具有

---

① A. S. Cua, *Encyclopedia of Chinese Philosophy* (New York: Routledge, 2002), p. 845.

② David L. Hall and Roger T. Ames, "Getting It Right: On Saving Confucius from the Confucians," *Philosophy East and West*, Vol. 34, No. 1 (1984): 8.

政治意味的词汇。这个词汇在《荀子》中往往意味着两种意思：一种是在作为行为规范的道德楷模涵义上来使用；另一种则是在法律、刑罚的涵义上来使用。我们先来看第一种用法。荀子说：

> 好法而行，士也；笃志而体，君子也；齐明而不竭，圣人也。人无法，则伥伥然；有法而无志其义，则渠渠然；依乎法，而又深其类，然后温温然。（《荀子·修身》）

这段话是在说，一个人如果能够尊崇道德楷模，按照道德楷模的要求来行动，就是士；如果能够笃定自己的志向，贯穿自己行为的始终，就是君子；如果能二者兼备而不停歇，那就是圣人了。所以，人如果没有道德楷模的引导，就会变得伥然若失，无所适从；如果只有道德楷模的引导而没有在自己内心立志，那就只会随波逐流，缺乏真正的热诚。只有依循道德楷模的引导，又深入自己内心立志，才能成为谦谦君子。在这个意义上，"法"作为道德楷模是外在的。只有通过外在道德楷模的引导和内在的立志，才能达到圣人的境界。也正是在道德楷模的意义上，荀子将"师"和"法"关联了起来：

> 故人无师无法而知，则必为盗，勇则必为贼，云能则必为乱，察则必为怪，辩则必为诞；人有师有法，而知则速通，勇则速畏，云能则速成，察则速尽，辩则速论。故有师法者，人之大宝也；无师法者，人之大殃也。（《荀子·儒效》）

在荀子眼中，道德楷模即是万人景仰之师，能够引导一个人去学习道德知识，教化自己的性情。所以，师者在荀子的语境中是一个非常重要的概念，因其对传授德业、教化民众乃至安邦定国皆有不菅之功。

荀子所使用的"法"还有另外一层含义，这就是法律制度：

> 故古者圣人以人之性恶,以为偏险而不正,悖乱而不治,故为之立君上之埶以临之,明礼义以化之,起法正以治之,重刑罚以禁之,使天下皆出于治,合于善也。是圣王之治而礼义之化也。(《荀子·性恶》)

荀子认为,人的性情和欲望如果不加以约束和控制就很容易泛滥成灾。因此,圣人建立礼义道德来教化民众,设立法律制度来治理国家,施加刑罚来禁止犯罪,从而使天下能够大治。在这个意义上,荀子认为一个国家要实现大治必须要有三个要件:礼义道德、法律制度和刑罚制度。在这三个要件中,刑罚制度或许可以归于法律制度之中,因为它属于惩罚性的法律。

荀子认为法律的功能在于维护一种良好的社会秩序,明确社会中的各类分工:

> 传曰:"农分田而耕,贾分货而贩,百工分事而劝,士大夫分职而听,建国诸侯之君分土而守,三公总方而议,则天子共已而已矣。"出若入若,天下莫不平均,莫不治辨,是百王之所同也,而礼法之大分也。(《荀子·王霸》)

在荀子看来,法律的主要功能是维护社会秩序的稳定。那么,它是怎样维护这种稳定的呢?对荀子来说,是"法"的威慑作用阻止了人们违反"法"和"礼"所制定的规则(参见《荀子·王霸》)。如果礼不能使某些人遵循它的规则,法就能通过惩罚这些脱离正确轨道的人来解决这一问题,从而保证秩序化社会的形成。

> 治古不然。凡爵列、官职、赏庆、刑罚,皆报也,以类相从者也。一物失称,乱之端也。夫德不称位,能不称官,赏不当功,罚不当罪,不祥莫大焉……杀人者死,伤人者刑,是百王之所同也,未有知其所由来者也。(《荀子·正论》)

由此可见，赏罚严明、征暴诛悍和礼义道德一样，都是治国之本，不可偏废。

荀子虽然强调法律在维护国家社会秩序中的作用，并由此凸显了法律的强制性和规范性功能，但事实上，比起法律的强制规范性功能，法律的道德教化功能或许是更为重要和根本的。荀子说：

> 法者、治之端也；君子者、法之原也。故有君子，则法虽省，足以遍矣；无君子，则法虽具，失先后之施，不能应事之变，足以乱矣。不知法之义，而正法之数者，虽博临事必乱。(《荀子·君道》)

在荀子看来，我们在治理伊始或许需要通过法律的强制规范性功能来维持国家和社会的秩序。但在之后的治理过程中，我们不能完全依靠法律的这种强制性功能来完成所有的事情。因为法律的强制性功能虽能使民众暂时服从于一种刻板的规范性体系，但很难使人的内心真正地认同这种外在的体系。而且法律本身是一个相对固定不变的体系，这必然会使得它在面对纷繁变化的社会事务时暴露出自身的局限性。在这个意义上，君子能够充分了解法的精髓在于其道德教化的作用，因而就能根据具体的形势和境况，通过对于法律道德教化功能的彰显和施行，使法律真正成为教化民众内心的主体。因此，荀子认为"法之义"远比"法之数"重要得多。所谓"法之义"，就是法律中所蕴含的最终道义，也是儒家所主张的伦理道德。所谓"法之数"，就是法律的外在形式，也就是法律的外在强制性的规范形式。荀子认为，如果缺乏"法之义"，那法律就缺乏了内在的精神和动力，只是变成了一副躯壳。法律的最终目的不是"法之数"——法律的外在强制性规范，而是实现"法之义"，即人们的道德培养和内在价值。在荀子看来，要实现"法之义"，就必须将君子和法律结合在一起，以此来遏制对于法律强制性功能（注：即"法之数"）的滥用。正是在这一意义上，荀子在《强国》篇中批评当时的秦国，虽然通过商鞅变法实行了法治，但却没有将儒家之道应用于法律统治之中，因而法律也就不能发挥出其应有的培养人们道德的功能，秦国也就距离"王者"的目标相去甚远。

虽然法律既有维护国家社会秩序的功能，亦有道德教化的作用，但荀子还是不主张将法律置为一切之首，而将儒家的礼乐搁置一旁。在他看来，法律应该永远是礼乐在治国时的辅助工具，而非万能钥匙。

> 威有三：有道德之威者，有暴察之威者，有狂妄之威者——此三威者，不可不孰察也。礼义则修，分义则明，……夫是之谓道德之威。礼乐则不修，分义则不明，……然而其禁暴也察，其诛不服也审，其刑罚重而信，……夫是之谓暴察之威。无爱人之心，无利人之事，而日为乱人之道，……夫是之谓狂妄之威。……道德之威成乎安强，暴察之威成乎危弱，狂妄之威成乎灭亡也。（《荀子·强国》）

荀子在这里提到了"三威"，即"道德之威""暴察之威"和"狂妄之威"。在荀子看来，最佳的体制是礼乐、礼义皆明，而为道德统治，这即是"道德之威"。次一等则为"暴察之威"，也就是虽然不能以礼乐为主统治国家，但尚能用法律和刑罚来禁止暴行，遏制犯罪。这种统治方式是以法律的强制性规范为基础的，在现实中大致可以对应当时秦国之国情。但如果统治者根本毫无爱民之心，只知道用刑法来残酷镇压百姓，那这个国家马上就会灭亡。由此可见，荀子从来没有将法律置于道德之上，认为法律是万能的。恰恰相反，在荀子看来，礼乐道德才是治国之道，而法律应当永远成为礼乐道德的辅助工具。在这个意义上，法律的内在精神和最终目的不是为了统治和压迫人民，而是为了塑造人们的道德。

那么在现实中，法律又是如何塑造人们道德的呢？或者换句话说,"法之义"是如何实现的呢?法律的这一功用恐怕不只是通过辅助礼乐来实现的。如果法律具有这种塑造道德的功能,那么一定是它自身就具有这种内在的功能和机制,而不只是通过辅助礼乐来实现。但是,道德转化在孔子和孟子那里往往只是与"礼"或"仁"联系在一起的。对荀子来说,法又是如何能够起到塑造人们道德的作用呢?本书在前面提到过君子对于"法之义"即法律道德教化功能的弘扬,那么法律自身是如何具有塑造人们道德的作用呢?

荀子认为,"法"不仅可以通过强制性手段迫使人们按照"法"的规则行事,还可以影响他们成为道德的人,从而使他们更加愿意遵循"礼"。荀子说:

> 上之于下,如保赤子,政令制度,所以接下之人百姓,有不理者如豪末,则虽孤独鳏寡必不加焉。故下之亲上,欢如父母,可杀而不可使不顺。君臣上下,贵贱长幼,至于庶人,莫不以是为隆正;然后皆内自省,以谨于分。是百王之所同也,而礼法之枢要也。(《荀子·王霸》)

如果法律对所有人都公平并且保障他们的权益,就能促使人们去反思并认识到稳定的社会分层和政令制度给他们带来的实际利益,从而愿意自觉坚持法律和礼仪。起初,"法"似乎是一套控制人民行为的规范性法律。但是经过潜移默化的影响,人们将反省自己,当他们认识到维护稳定社会秩序的重要性及由此带给他们的利益时,他们就会逐渐趋向道德。在这个意义上,"法"就拥有了与"礼"相似的道德转化功能。它也能影响人,使之坚守礼仪原则并培养自己的道德。荀子说:

> 古者圣王以人性恶,以为偏险而不正,悖乱而不治,是以为之起礼义,制法度,以矫饰人之情性而正之,以扰化人之情性而导之也,始皆出于治,合于道者也。(《荀子·性恶》)

因为人性为恶，所以应当制定法律制度来控制和教化人性中无节制的情感和欲望，使之成为道德的起源。

我们必须注意到，荀子并没有因为他对法律的强调而把儒家导向法家。事实上，荀子建立法律系统的目的不仅仅是建立并维护一个秩序化的社会，而且是培养人们的道德并把他们塑造成"君子"。在荀子看来，"法"能够被用来维护"礼"并且能够通过长年累月的影响来塑造人们的本性为善。另外，"礼"和"法"应当在统治一个国家时保持平衡，从而使人们能够被培养成为道德的人，那么秩序化的社会也才能产生。荀子通过抵制法家的观点——法的目的只是用来控制人们（因为人们的爱利本性是不会被转变的）——从而保持了儒家的传统。

在荀子的眼中，刑罚始终只能是仁义之道的补充，而不能超越后者。荀子说：

> 圣王在上，分义行乎下，则士大夫无流淫之行，百吏官人无怠慢之事，众庶百姓无奸怪之俗，无盗贼之罪，莫敢犯上之大禁……是故刑罚綦省而威行如流，世晓然皆知夫为奸则虽隐窜逃亡之由不足以免也，故莫不服罪而请……故刑当罪则威，不当罪则侮；爵当贤则贵，不当贤则贱。古者刑不过罪，爵不踰德。（《荀子·君子》）

所以，荀子的最高理想显然是"刑罚綦省而威行如流"。而要实现这个理想，一开始必须刑当罪，爵配德。荀子的这一理路与孔孟以来的儒家重视礼乐而以刑法次之的思想一脉相承。

除了"礼"和"法"，荀子在音乐方面的观点也可以成为德性伦理学的另外一个例证。荀子认为人性中存在着各种情感和欲望，而如何对这些情感和欲望加以疏导和转化，使之成为道德的协同力量就是儒家君子所必须要面对的重要使命。对荀子而言，除了"礼"之外，音乐也可以成为疏导、转化情感和欲望的力量。荀子说：

> 乐者，圣王之所乐也，而可以善民心，其感人深，其移风易俗。故先王导之以礼乐，而民和睦。夫民有好恶之情，而无喜怒之应则乱；先王恶其乱也，故修其行，正其乐，而天下顺焉。（《荀子·乐论》）

因此，音乐可能会拥有比礼更为强大的力量深入人心，从而促使人们转化自己的好恶、喜怒等情感，使之能够沿着正确的轨道促进道德的塑造。当然，并不是所有的音乐都具有塑造道德的功能，有些低俗的音乐反而会成为道德修养的绊脚石。

> 带甲婴胄，歌于行伍，使人之心伤；姚冶之容，郑卫之音，使人之心淫；绅、端、章甫，舞韶歌武，使人之心庄。（《荀子·乐论》）

在荀子看来，像"郑卫之音"这样的音乐只会"使人之心淫"，会使得人放纵自己的情感和欲望。只有那种"雅颂之声"才能"使其声足以乐而不流"，使人得到快乐的同时而又不会流于低俗。荀子说：

> 故乐行而志清，礼修而行成，耳目聪明，血气和平，移风易俗，天下皆宁，美善相乐。故曰：乐者、乐也。（《荀子·乐论》）

荀子认为，音乐的最终目的并不是使人成为机器，完全服从外在规章制度的要求。事实上，它是使人心得以净化，从而最终获得快乐的方式。但是这种快乐并不是来自感官上的，而是来自于内心经过音乐的熏陶而归于"道"之后所产生的快乐。只有用快乐的方式，才能塑造人的德性品质、获得真正的道德。

第三章

道家哲学中的人文精神研究

——以老庄生死哲学为中心

我们每天在活着,但是否真正在活着;我们恐惧死亡,但是否真正了解死亡。"生"与"死"作为人在物质形态上的变化、作为个体之人——"我"——诞生与消亡的显相标志,既是人类一直要面对的问题,也是人类一直想要超越的问题。这个问题促使很多勇于直面生死的人开始探究生死的本质,以超越生死的缠缚。这样做的人,无疑是会善用生命的人,也是敢于对生命负责的人。同时,也只有敢于对生命负责的人,才会为了发现生命的真谛而活,为超越生死而活。当然,也有一些人只是不带任何反省的、顺着烦恼之波、欲望之流而活着,从来没想过自己生从何来、死向何去,一生纠缠于痛苦与得失中。这样活着是否有意义?人的生命是否就永远在烦恼、生死中轮转生灭,无法获得解脱?无法获得永恒的存在?为了解决人类所背负的诸多问题,了悟生命真谛的佛陀、孔子、老子、庄子等圣哲出现,分别以不拘一格的教法为人类指出了一条能超越生老病死的解脱之道。人类可以根据自己的根性与喜好各择其道。

本章尝试对道家老庄思想中所揭示的生死哲理进行梳理。在此梳理过程中,笔者无意厘清某一问题,只是希望能借此加深读者对生命本质的了解,并为想了解老庄思想的读者打开一个直接契入的视角。之所以如此做,是因为笔者本人非已了悟之人,再加之所有言说亦非究竟,恐怕过深涉入有歪曲圣哲之意之嫌。

又，言说一旦成为言说，就为读者制造了某种框架与局限，所以莫若以余白的形式为读者留下可以自由体悟的空间。为此，笔者亦不对老、庄的生死哲学进行比较，留给读者自己去感受。尽管被后世之人归为道家学派代表人物的老子与庄子的思想可以用"道通为一"来概括，但因二人具体关注的面向与视角以及生活的时代背景与经历不同，故比较基点明显不同，如果在此基础上进行比较的话，只是画蛇添足。

一 老子思想中的生死哲学

（一）生

"生"根据《古汉语常用字字典》的解释，有活着、生存，生命，本性、天性等意。在老子思想中，"生"亦含有以上多重意思。例如，老子在《道德经》八十章中这样描述了他所推崇的生活：

> 虽有舟舆，无所乘之；虽有甲兵，无所陈之；使人复结绳而用之。甘其食，美其服，安其居，乐其俗。邻国相望，鸡犬之声相闻，民至老死不相往来。

老子指出，人的生命应以自然的形态存在，无有刀兵，宁静祥和；人民安居乐业、各司其职、无欲无求、互不往来。这样的状态，从外相看似乎生命被固化于一个相对封闭的环境中，宁静如无波之水，实际却并非如此。"甘""美""安""乐"显示出人内在生命能量的流动是顺畅的、自在无碍的；生命是舒展的、绽放的。这样的活法是生命本然状态的展现，也是老子为人类勾画出的一条自然而"生"的生命道路。

但是，人作为个体生命降临到物质世界，首先要面对的是如何生存的问题。并且，对大多数人而言，生存就意味着向物质世界的不断攫取，甚至掠夺。攫取、掠夺意味着向外的不断索取，是一个被物质、感官欲望侵袭、奴役的过程，同时也是使人的内在不断匮乏的过程。智慧的老子显然看到了这个普遍问题，因而指出：

> 五色令人目盲，五音令人耳聋，五味令人口爽，驰骋畋猎令人心发狂，难得之货令人行妨。是以圣人为腹不为目，故去彼取此。(《道德经》十二章)

老子告诫世人：对外在声色的追逐会扰乱视听，破坏内心的宁静；沉迷于打猎会激发人的杀夺之心，从而使人陷入兽性的攻击劫掠中；难得之财宝会使人利令智昏，忘失其该行之正路。因而圣人以物养己，而不以物役己。这也就是说，老子希望人明白"物"与"人"的相互关系，"物"仅是用来"养人"的，不是用来控制人的。

不过，世俗之人往往背道而驰，在不知不觉中被物所役，成为物欲的奴隶。更甚者，成为奴隶还不自知，还以"富贵而骄"。这明显是本末倒置，财富代替了人的自身价值，成为人自身存在的符号代言人，并使人以此傲视群生，忘记了知足感恩。为此，老子警醒世人："祸莫大于不知足，咎莫大于欲得，故知足之足，常足矣。"(《道德经》四十六章)不知足是最大的祸端，人因不知足而追逐名利、财货，生起欲杀、欲夺之心，从而陷入欲望的牢笼。所以，对人来说，知道何为"足"、何为"止"很重要。

老子进一步说，"企者不立，跨者不行，自见者不明，自是者不彰，自伐者无功，自矜者不长。"(《道德经》二十四章)如果人活着不脚踏实地，自以为是、高傲自大，把自己视为世界的中心，不仅不懂得知足、知止，也没有看清他人以及与他人之间的关系，就很难行世、立世，只能画地为牢，并还以此沾沾自喜。故老子又指出："知人者智，自知者明。胜人者有力，自胜者强，知足者富。"(《道德经》三十三章)能够自知才是有智慧的表现。况且，知己知彼百战不殆，不是战胜别人，而是战胜自己才是真正的强大；不是富甲天下，而是懂得知足才是真正的富有。如果你富甲天下，却每天活在算计、得失、不安之中，使身心疲惫，甚至被病魔所侵扰，成为别人攻击、掠夺的对象，那么财富上的富有还是很重要吗？难道你不该认真思考一下，究竟"名"与"身"、"身"与"货"哪个更重要吗？

> 名与身孰亲？身与货孰多？得与亡孰病？是故甚爱必大费，多藏必厚亡。（《道德经》四十四章）

王弼对这几句话所作的注释是，

> 尚名好高，其身必疏。贪货无厌，其身必少。得多利而亡其身，何者为病也？甚爱不与物通，多藏不与物散。求之者多，攻之者众，为物所病，故大费厚亡也。①

无论在老子的原话中还是王弼的注释中，"身"的概念都被着重提出。这里的"身"显然是生命之意。老子质问世人，"名""货"与生命相比，哪个更亲？对此，王弼在注释中给出了详尽的解答：贪于名利，对生命无利。不止如此，"得多利"还会丧"身"。言下之意无非是说：名非不可求，而是要懂得"名遂身退"；财物非不可有，而是要懂得分享，不要私藏。进一步言之，人如果为了满足私欲而争夺、劫掠的话，不仅不会带来真正的富足，还会"为物所病"，进而"厚亡"。当然，所谓的"厚亡"不仅仅是指物质性生命即身体的丧失，还包含丧失本真生命之意。也就是说，老子所言之"身"有双重含义。什么是本真生命，在此暂不赘述，在后文的论述中，读者自然会看到答案。

老子在指出"名""货"与"身"的相互关系后，接着指出："知足不辱，知止不殆，可以长久。"（《道德经》四十四章）

---

① 王弼注《老子道德经注校释》，楼宇烈校释，中华书局，2008，第123页。

关于此句，可借助河上公的注释来理解："知足之人，绝利去欲，不辱于身。知可止则止，财利不累于身心，声色不乱于耳目，则终身不危殆也。人能知止知足，则福禄在己，治身者神不劳，治国者民不扰，故可长久。"① 能绝利去欲之人就是知足之人；懂得知足，不为声色名利所控、所累就是知止之人。这样的人终身没有危险。潜在之意是，知道财色皆为身外之物，而不为之所动，才是真正的知足。这样做不仅能保全物质性生命的存在，还不会丧失本真生命。当然，在此句中，其意更偏重于对物质性生命的保护。如果物质性生命不存在了，本真生命也无法彰显，因此，需要保身、护身。

同时，保身、护身其实就是延生、护生。毕竟，"飘风不终朝，骤雨不终日。孰为此者？天地。天地尚不能久，而况于人乎？"（《道德经》二十三章）天地都有坏灭之时，何况生于天地之间的人类呢？即使人生百年，也是倏忽而已，人作为身体性的存在很短暂。如果再一生唯利是从、唯欲所向，而不懂得知足、屈己从人、谦卑处下、无物为怀，那么就如上文论述的那样，物质性生命可能会更早完结。为何除了懂得知足外，还要谦卑处下呢？因为，"曲则全，枉则直，洼则盈，敝则新，少则得，多则惑"（《道德经》二十二章）。人活于世间，只有适时与世俯仰，"挫其锐，解其纷"，才能"和其光，同其尘"（《道德经》四章）。

不止如此，人只有柔弱若水，才能百战不殆，才能久存："天下莫柔弱于水，而攻坚强者莫之能胜，其无以易之。"（《道德经》七十八章），"柔弱者生之徒"（《道德经》七十六章）。水是天下最柔弱的，却也是最具变通性的，遇圆则圆，遇方则方，能怀山襄陵，磨铁消铜，消解一切坚硬之物。因而，水也是最强大的，生命力最强的。同时，水还是最无己利他的："上善若水。水善利万物而不争，处众人之所恶，故几于道。"（《道德经》八章）反言之，水因无己而柔弱，而能于不争中无所不胜，于境无

---

① 《老子河上公章句》，王卡点校，中华书局，1993，第176页。

有拣择中久存，成为众流之所归："江海所以能为百谷王者，以其善下之，故能为百谷王。"（《道德经》六十六章）

成为百谷之王意味着以众流之生命体为生命体，成为生命的源头，成为更为广阔、无垠的存在，而不会再有枯竭、干涸的危险。这其实也就是个体生命从"有"消解于"无"，使"生"存在于"有无"之间的过程，同时也是最好的延生、护生之法，本真生命因此得以彻底彰显。这说明，当人消解了个体性存在，以无我而足，以不自生而生，就是真正的知足，真正到达了止境。既然如此，在此情境下的"死"在老子的思想中又意味着什么呢？

（二）死

根据前文所述，老子提倡保身、护身，希望人避开物欲对人的奴役，使物质性生命得以延展，使本真生命得以彰显。同时，为使本真生命真正彰显出来，亦需要物质性生命的存在。因而，如何避开物质性生命的不必要死亡成为老子关注的必然焦点。对此，老子首先不主张以武力荼毒生灵："以道佐人主者，不以兵强天下，其事好还，师之所处，荆棘生焉。大军之后，必有凶年……果而勿强。"（《道德经》三十章）争战会使无辜的人因战乱或饥荒丧失掉物质性生命。故在老子看来：

> 兵者不祥之器，非君子之器，不得已而用之。恬淡为上，胜而不美。而美之者，是乐杀人。夫乐杀人者，则不可以得志于天下矣。（《道德经》三十一章）
>
> 强梁者不得其死，吾将以为教父。（《道德经》四十二章）

乐杀人、强暴蛮横之人，不会全天命而死。反意是说，人若想寿终正寝，得志于天下，就要恬淡为上，去刚为柔，谦卑处下，不以武力降伏他人。这也就是上节所言的水因善下，而为百谷王。

如前文所言，为百谷王意味着个体性存在的消融，也就是私心，即人心的死亡。因而，在老子思想中，其所言之"死"亦含有双重含义：其一是物质性生命的死亡；其二是人心的死亡。因此，老子指出："民之轻死，以其求生之厚，是以轻死。夫唯无以生为者，是贤于贵生。"（《道德经》七十五章）人因人心的活跃，唯名利是图，而轻易陷入死地。反之，如果不以生为生、清心寡欲，则是真正的贵生。会贵生，则可以规避"身"的非自然死亡。故老子又言：

出生入死。生之徒十有三，死之徒十有三。人之生动之死地，亦十有三。夫何故？以其生生之厚。盖闻善摄生者，陆行不遇兕虎，入军不被甲兵，兕无所投其角，虎无所措其爪，兵无所容其刃。夫何故？以其无死地。（《道德经》五十章）

对老子此段话的理解，可借助王弼的注释：

十有三，犹云十分有三分。取其生道，全生之极，十分有三耳；取死之道，全死之极，亦十分有三耳。而民生之厚，更之无生之地焉。善摄生者，无以生为生，故无死地也。器之害者，莫不甚乎兵戈；兽之害者，莫甚乎兕虎。而令兵戈无所容其锋刃，虎兕无所措其爪角，斯诚不以欲累其身者也，何死地之有乎！夫蚖蟺以渊为浅，而凿穴其中，鹰鹯以山为卑，而增巢其上。矰缴不能及，网罟不能到，可谓处于无死地矣。然而卒以甘饵，乃入于无生之地，岂非生生之厚乎？故物，苟不以求离其本，不以欲渝其真，虽入军而不害，陆行而不犯也。赤子之可则而贵，信矣。①

因有所欲而陷入无生之地。如果不以欲望遮蔽生命的本真，则即使猛兽、兵戈亦无法伤害其存在。这再次说明人心的活跃不

---

① 王弼注《老子道德经注校释》，楼宇烈校释，中华书局，2008，第135页。

仅遮蔽了生命的本真，还对物质性生命造成了危害。为了避免这样的危害，老子告诫世人要以"慈""俭""不敢为天下先"为人身三宝：

> 我有三宝，持而保之。一曰慈，二曰俭，三曰不敢为天下先。慈，故能勇；俭，故能广；不敢为天下先，故能成器长。今舍慈且勇，舍俭且广，舍后且先，死矣！夫慈，以战则胜，以守则固，天将救之，以慈卫之。（《道德经》六十七章）

仁慈则于物无害，物亦不以之为害。因节俭故能广，因外其身，故能为物所归，成其长。所以，人若如天外其身，"以其不自生，故能长生"（《道德经》七章），则会因其善利万物的仁慈之性，而得到天的庇佑，从而长生。反之，则"动之死地"。

"勇于敢则杀，勇于不敢则活⋯天网恢恢，疏而不失。"（《道德经》七十三章）老子认为天在某种程度上掌控着人的命运。如果人为所欲为，与天"不自生"，与"生而不有，为而不恃，长而不宰"（《道德经》十章）的仁慈、无我之性背道而驰的话，则会天不容其活。反之，则可全其天命。不过，这一切均是天的权利，而非人的权利。即使贵为天子，若与天意背道而驰，不仁慈爱民，而先重刑罚的话，也不会得到天的庇佑。不仅如此，有时还会自伤：

> 民不畏死，奈何以死惧之？若使民常畏死，而为奇者，吾得执而杀之，孰敢？常有司杀者杀。夫代司杀者杀，是谓代大匠斫。夫代大匠斫者，希有不伤其手矣。（《道德经》七十四章）

总而言之，老子认为人之物质性生命的生灭应该是一个自然的过程，人是不能以己力任意伤害、夺取他人生命的。如果人无天德而以替天行道的名义杀害他人的话，则会伤人伤己。因为，作用力与反作用力是宇宙间平衡法则的显现。也就是说,"天网恢恢,疏而不失"的因果律是宇宙间不变的平衡法则。人若有所得,必有所失,伤人必然伤己。人若只求自生,则难以生。在万物的生灭运动中,唯有执天之行,才能得到天的庇佑,使物质性生命无障碍延续。在此延续过程中,如果再达至人心尽亡、如天以不自生而生之境地的话,则是真正的德与天通、与道合,从而真正达到"道乃久,没身不殆"(《道德经》十六章)的境界。如果达到了这样的境界,即使物质性生命消亡了,因其德与道合,也会死而不亡,永远与道长存。因此,老子言"死",其实是为了引人入不死之地,以舍己(人心)从道,最终与道相通相融,长生不灭。那么,老子所言之道又是什么?从道的层面来说,"生"与"死"的终极意义又是什么呢?

(三) 道

在《道德经》中,第一章、六章、十四章、二十一章、二十五章是对"道"的专门论述。例如第一章言:

> 道可道,非常道;名可名,非常名。无名天地之始,有名万物之母。故常无欲,以观其妙;常有欲,以观其徼。此两者同出而异名,同谓之玄,玄之又玄,众妙之门。

"道"不可言说,不可以名称之,其显现玄妙圆通,化生万象,先天地而生,为天下母:

> 有物混成,先天地生,寂兮寥兮,独立不改,周行而不殆,可以为天下母。吾所不知其名,字之曰道,强为之名曰大。大曰逝,逝曰远,远曰反。故道大,天大,地大,王亦大。域中有四大,而王居其一焉。人法地,地法天,天法道,道法自然。(《道德经》二十五章)

虽贵为天下母，却寂静无声、空而无形、独立不改，通行天下，布精气育养万物。这说明，"道"虽虚无，却能化生万有，是万有生命的源头。并且，万有生命的成毁皆是自然而为。也就是说，即使天地是因果律的掌控者，与因相应之果的出现，也仅是宇宙平衡法则的自然显现。"天地不仁，以万物为刍狗。"（《道德经》第五章）天地对于万物无造无为，无有偏私，一切只是自然运化，天不会作意示现与"因"相应之"果"。如果宇宙的平衡法则发生紊乱，则其本身会自行调整。这就意味着禀道性而生的人类亦应与宇宙的平衡法则相应，自然而生，自然而灭。在物质性生命生灭的反复过程中，在"种瓜得瓜，种豆得豆"因果律的作用中，维持宇宙的平衡。因而，与"道"的运化相违的人为自然会伤己。

同时，道力即精气的存在是维持物质性生命的潜在生命能量。"生"意味着生命能量的凝聚，"死"意味着生命能量的消散，彻底回归本源。又因"道""行不言之教，万物作焉而不辞，生而不有，为而不恃，功成而弗居"（《道德经》二章），故万物虽因"道"而化生，但"道"却不求回报，功成事就即退避不居其位。这意味着"道"无己，无为而为，故万物虽有生灭，对"道"而言实无生灭，只是那样似有若存。在这层意义上言，人所谓的"生死"，只是万物表相的更迭。

但是，人类习惯将有形之物视为真实，认为有形之身是真实的存在，不惜为身体的欲望攫取、掠夺。在这样的过程中，精气日消，道性日蔽，人沦为欲望的奴隶。为此，老子才一再主张人要远离声色，要"见素抱朴，少私寡欲"。（《道德经》十九章）"素"指本然的纯洁性，"朴"指本质、本性。也就是说，禀道性而生之人本然素朴、纯洁，没有染污、欲求。但后天的私欲染污了本具的纯洁性，故老子主张要"少私寡欲"。同时也说明"素""朴"是"道"的质性：

视之不见名曰夷，听之不闻名曰希，搏之不得名曰微。

此三者不可致诘，故混而为一。其上不皦，其下不昧，绳绳不可名，复归于无物，是谓无状之状，无物之象。是谓惚恍。迎之不见其首，随之不见其后。执古之道，以御今之有，能知古始，是谓道纪。(《道德经》十四章)

道无色、无声、无形，非明非暗，动行无穷极而不可名状，若存若亡。素朴而存，从不彰显自己的存在，亦无法捕捉到它的存在。然而，它却无所不在。因"道"而生之人亦应如此存在，返璞归真，"和其光，同其尘，湛兮似若存"。(《道德经》四章)人虽具有人的形体却非具体的某个人。人与万物相通相应，既可以是花朵，也可以是雨露，从有形之体上看存在，实际却存而非存，有而非有，超越了所有的二元对立而存于恍惚间。

道以精气布施万物，无形无象，绵绵若存，体性柔弱。故老子主张人要如水，善利万物而不争。由此可知，老子所言之"生"的实质是由人性回归至道性的过程。同时，这个过程即是自然归根复命的过程：

致虚极，守静笃，万物并作，吾以观复。夫物芸芸，各复归其根。归根曰静，是谓复命。(《道德经》十六章)

万物在清虚、寂静的"道"中萌动、生长，然后又回归至生命的源头——"道"。因回归而安然，故寂静无声；因回归而不会再枯竭、干涸，故得以永生。因而，"归根复命"是对生命本质的回归，是人以"道"生的极致，是道性在人身上具现为"上德"的表现。

上德不德，是以有德；下德不失德，是以无德。上德无为而无以为，下德为之而有以为。(《道德经》三十八章)

关于此段，可借助王弼精辟的注释来理解：

> 德者，得也。常得而无丧，利而无害，故以德为名焉。何以得德？以无为用。由乎道也。何以尽德？以无为用。以无为用，则莫不载也……是以上德之人，唯道是用，不德其德，无执无用，故能有德而无不为。不求而得，不为而成，故虽有德而无德名也。下德求而得之，为而成之，则立善以治物，故德名有焉。求而得之，必有失焉；为而成之，必有败焉。善名生，则有不善应焉。故下德为之而有以为也。无以为者，无所偏为也。凡不能无为而为之者，皆下德也，仁义礼节是也。①

真正有德之人，不以德示人、治人，而是无执无用，无所求，亦无所为，而无所不为，如婴儿般自然自在，安然于无穷极的"道"中：

> 知其雄，守其雌，为天下谿。为天下谿，常德不离，复归于婴儿。知其白，守其黑，为天下式。为天下式，常德不忒，复归于无极。（《道德经》二十八章）

尽管"道"以有形体的方式存在，实际上却无形无相，虚静归无。"无"虽然没有边界，没有穷尽，却不是一团死气，时刻在运动化生中，是诞生万有的源头。因而，虽虚静，却又生动、活泼；虽无却不可称之无，亦不可称之有。所以，在显相世界虽然万象丛生，实际却无一象。万象本如万花筒，皆是虚幻不实的存在。然虽虚幻不实，万有生命的实相却蕴藏其中，永恒不灭。故虽论生死，实本无生死，有的只是本真生命的存在。虽言存在，却又捕捉不到它的存在。这就是"道"的特质，也是生命的实相。

---

① 王弼注《老子道德经注校释》，楼宇烈校释，中华书局，2008，第94页。

老子在五千言的《道德经》中，为人类揭示了生死的真谛，为在物质世界漂泊的人类指出一条超越物质性生死之路。这条路以"道"为指归，以私心寡欲、绝情去欲、返璞归真为方法。但是，虽言方法，其实无须一法。因为生命的本质就是素朴、纯洁的。人只要不以己身为己，无为利他，自然会返璞归真，重归生命的源头。而"道"就是那个源头。

同时，"为有源头活水来"。回归到了那个源头，生命能量就会源源不断地输送到物质性生命的内在，以"天"活、"道"活，而非再以"人"活。以"人"活就像一潭死水，生命会很快枯竭、干涸。以"天"活、"道"活，则像源源不断在流动的河水，恒生恒在，永不干涸。笔者认为，这是老子最想向人类传达的讯息。但是，老子的言辞隐晦难解，很容易让人忽略其言辞中内含的生死至理。相较之下，庄子的言辞虽然充满了逻辑性，亦难于理解，但对生死的论述却更为直接、透彻。

二　庄子思想中的生死哲学

（一）"生"与"形"

> 人上寿百岁，中寿八十，下寿六十，除病瘦死丧忧患，其中开口而笑者，一月之中不过四五日而已矣。天与地无穷，人死者有时，操有时之具，而托于无穷之间，忽然无异骐骥之驰过隙也。不能说其志意，养其寿命者，皆非通道者也。（《庄子·盗跖》）
>
> 人生天地之间，若白驹之过郤，忽然而已。（《庄子·知北游》）

人在天地间的存在，若白驹过隙，倏忽之间而已。其间，加诸病苦、忧患等诸多困扰，开颜欢笑之日少之又少。故庄子言："人之生也，与忧俱生。"(《庄子·至乐》)忧患与"生"同生共在，预示有生即苦。但是，最大之苦，莫过于人不能主宰自己的生命：

  一受其成形，不忘以待尽。与物相刃相靡，其行尽如驰，而莫之能止，不亦悲乎！(《庄子·齐物论》)

  人一诞生到这个世间，就与物质世界的万物相生相克，没有止息。同时，生命亦向着死亡飞驰，无法以人力阻之，人只能任时间的车轮，把自己载向形体的终结。这对普通人来说，无疑是无可奈何之悲哀。而且，谁也不知死亡会在何时来临，因而在形体之生与死间，通常充斥着逼迫、恐惧与紧张。即使平常忙碌于生活，察觉不到这些情感的存在，它也潜在于人的内心深处。所以，这促使一些人思考该如何而生，才能没有逼迫、恐惧与紧张？

  但是，大多数人对人生缺乏深刻的省察，或者即使有所省察，因人生志向不同，所走的人生之路亦不同。尽管如此，庄子发现其中还是有迹可循的，例如："小人则以身殉利，士则以身殉名，大夫则以身殉家，圣人则以身殉天下。"(《庄子·骈指》)世间之人大多不出这四类，或者为名、利，或者为家、天下殉身而死。总之，大多数人都是为这些生不带来、死不带去的身外之物奔忙，甚至为此献出生命。也许，这个世间有太多的人不想一生默默无闻，总想有所成，或者想富甲天下，或者想名垂千古，试图在死后依然以某种方式存在于这个世间。

  可是，即使留名于后世，所谓的"名"亦只是一个符号而已，后人无法从一个符号中感受到一个生命的真实存在，故"名"是虚妄的。"名也者，相札也。"(《庄子·人间世》)有名、出名意味着人与人之间的互相倾轧，意味着有可能成为众矢之的，故"名"在满足人虚荣心的同时，也存在潜在危及生命的可能性。因此，庄子哀叹："今世俗之君子，多危身弃生以殉物，岂不悲哉！"(《庄子·让王》)在庄子看来，人短暂的一生，为这些有可能带来生命危险的名、利、家、天下而活，是可悲的。并且，即使用

整个天下与两臂交换,庄子认为都是不可取的:

> 韩、魏相与争侵地。子华子见昭僖侯,昭僖侯有忧色。子华子曰:"今使天下书铭于君之前,书之言曰:'左手攫之则右手废,右手攫之则左手废,然而攫之者必有天下。'君能攫之乎?"昭僖侯曰:"寡人不攫也。"
>
> 子华子曰:"甚善!自是观之,两臂重于天下也,身亦重于两臂。韩之轻于天下亦远矣,今之所争者,其轻于韩又远。"(《庄子·让王》)

身重于两臂自不待言。然两臂又重于天下,故身为重中之重,与天下是不可相提并论的。因而,天下可失,两臂不可失,身不可亡。重利的世俗君子可能会认为这样的人难以理喻。毕竟,天下不是谁都能得的,王不是谁都能称的。然而,庄子却认为"身"比这些都重要。这充分显示出庄子对生命的重视,或者说"生"的重视。同时,亦表明名、利、家、天下这些代表人类欲望的贪念在"身"面前的退场,以及以此为前提的保身全生之思想在庄子世界的登场。庄子指出:"养形必先之以物,物有馀而形不养者有之矣。"(《庄子·达生》)"形"必须依靠财物、衣食等诸物才能存在,然集聚很多财物等不意味着就能养"形"。也就是说,"形"要养之有术,但是又不是如彭祖之流的养形之术:

> 吹呴呼吸,吐故纳新,熊经鸟申,为寿而已矣;此道引之士,养形之人,彭祖寿考者之所好也。若夫不刻意而高……不道引而寿,无不忘也,无不有也,澹然无极而众美从之。此天地之道,圣人之德也。(《庄子·刻意》)

据说彭祖寿高八百,这表明道引之术对养形的功效很大。尽管如此,庄子却指出"刻意而高"的养形之术非其所好。其所好者是不道引而寿,无所不忘,无所不有,恬淡无极而众美会聚。

这说明庄子所重视的不是有为的养生之术，而是无为而无所不为的养生之术。什么都忘记了，却什么都有，而且是众美会聚，这看似矛盾，然而却暗示庄子追求忘"形"的养生之术。那么，忘"形"的养生之术具体是什么呢？

庄子曾言："夫哀莫大于心死，而人死亦次之。"（《庄子·田子方》）在"心死"面前，"形死"次之，意味着"心"比"形"重要。同时说明，"形"生未必是"生"，"心死"才是真正的亡。也就是说，真正之"生"非"形"之生，而是"心"之生。故庄子言："养形不足以存生。"（《庄子·达生》）这再次说明，物质意义上的"生"需要"形"的存在，而"形"的存在未必能使"生"真正存在。当然，"有生必先无离形"（《庄子·达生》），但"形不离而生亡者有之矣"（《庄子·达生》）。个体的生命赖"形"以生，但也有"形生"而"生亡"者，即"心死"者存在。由此可知，对人而言，"形生"固然重要，但如何使心"不死"更重要。这表明，"形"与"生"在庄子的思想中非必然连带关系，人也可以无"形"而"生"。只是，为达到无"形"而"生"，"形"的存在成为必然。在这种情况下，身则比天下还重要。一旦达到无"形"而"生"即"心生"的境界，"形"是否存在都无关紧要。所以，问题的关键是如何借"形"而使"心生"？

（二）"形"与"心"

通过上述可知，"形"与"心"被庄子分而视之。并且，庄子对人的"形不离而生亡"即"心死"深感悲哀。那么，到底什么是"心死"呢？对此，无需急于寻找答案，待对庄子的相关议论有了深刻的了悟后，答案自然水落石出。首先：

> 舜问乎丞曰："道可得而有乎？"曰："汝身非汝有也，汝何得有夫道！"
>
> 舜曰："吾身非吾有也，孰有之哉？"曰："是天地之委形也；生非汝有，是天地之委和也；性命非汝有，是天地之

委顺也……"(《庄子·知北游》)

丞告诉舜身体非汝所有,天地阴阳结聚而成刚柔和顺之气,而成汝身形性命①。也就是说,"人之生,气之聚也;聚则为生,散则为死。"(《庄子·知北游》)是人之物质生命的生与灭。显然,此身为天持,在天之谓命,故"形"的存在与否属于天命,是人为无法掌控的,即使可以通过道引等寿长百岁、千岁,"形"终有一亡。这无非说明,人之"形"非人之有。既然如此,"形"对于人来说意味着什么?

罔两问景曰:"曩子行,今子止;曩子坐,今子起;何其无特操与?"

景曰:"吾有待而然者邪?吾所待又有待而然者邪?吾待蛇蚹蜩翼邪?恶识所以然?恶识所以不然?"(《庄子·齐物论》)

影子的影子不解为何影子时走、时止、时坐、时起,没有自己的独立意志。影子告诉它,自己要受身体支配,然身体亦无法自主,背后还有其他支配者。这告诉我们,影子如蛇蚹蜩翼,是身体的附属物,而身体又是另一个支配者的附属物。这就意味着,对那个真正的支配者来说,人身亦若影,是非真实的存在。即庄子所言的"假于异物,托于同体"(《庄子·大宗师》),借用成玄英的解释来说,就是"水火金木,异物相假,众诸寄托,共成一身,是知形体由来虚伪。"②既然"形"是虚妄不实的,非真正的主宰者,就说明"我"非"形"。那么,由生理、心理引发的各种情绪是否是那个真宰,是否是"我"呢?

---

① 郭象注、成玄英疏《庄子注疏》,曹础基、黄兰发点校,中华书局,2011,第394页。
② 郭象注、成玄英疏《庄子注疏》,曹础基、黄兰发点校,中华书局,2011,第148页。

喜怒哀乐，虑叹变慹，姚佚启态。乐出虚，蒸成菌。日夜相代乎前，而莫知其所萌。已乎，已乎！旦暮得此，其所由以生乎！

非彼无我，非我无所取。是亦近矣，而不知其所为使。若有真宰，而特不得其朕。可行己信，而不见其形，有情而无形。(《庄子·齐物论》)

庄子在追问，人的那些日夜变化、更替的情绪与心态，是从哪里萌生的？显然，若无这些情态，就显现不出"我"的存在。同理，正因为"我"的存在，才显现出了那些情态。但是，"我"是否就是这些情态呢？如若不是，背后那个主宰者又是谁呢？对这些问题，智慧的庄子并未给人以直接的回答，而把暗示留在了后面。庄子言，在"我"和各种情态之关系的背后，有一个真宰真实存在而无行迹，但人可以从它的行为结果上验证它的存在。这无非是说，包括人的情绪在内的各种意识活动实若幻化，忽东忽西，无有定止。由身体诸部位与外缘、外境等接触所产生的各种苦、乐等觉受亦非真实，忽喜忽怒、忽冷忽热，随着因缘的变化而变化，皆是无法自主者。也就是说，情态之"我"亦非真实，由此蕴聚而成的意识之心并非那个真宰。不止如此，按照庄子的思路，人唯有超越意识之心的控制方能验证那个真宰：

颜回曰："回益矣。"仲尼曰："何谓也?"曰："回忘仁义矣。"曰："可矣，犹未也。"

他日复见，曰："回益矣。"曰："何谓也?"曰："回忘礼乐矣。"曰："可矣，犹未也。"

他日复见，曰："回益矣。"曰："何谓也?"曰："回坐忘矣。"仲尼蹴然曰："何谓坐忘?"颜回曰："堕肢体，黜聪明，离形去知，同于大通，是谓坐忘。"仲尼曰："同则无好也，化则无常也。而果其贤乎！丘也请从而后也。"(《庄子·大宗师》)

放弃对身体的执着,摒除聪明心智,进而摆脱身体与意识之心的控制,才能与大道融通为一。庄子进一步说,"夫道,有情有信,无为无形;可传而不可受,可得而不可见;自本自根,未有天地,自古以固存;神鬼神帝,生天生地;在太极之先而不为高,在六极之下而不为深,先天地生而不为久,长于上古而不为老。"(《庄子·大宗师》)

答案出来了,"道"才是万有生命的真正主宰者,才是人的真宰,才是包括人在内的万物的源头。"为有源头活水来",意谓人只有回归到那个源头,生命才是流动的,且生生不息的,否则就只是不知何时会枯竭的死水一潭。前面所提到的"形不离而生亡""心死"即是形体虽然存在,却已脱离生命本源的状态。这样的状态下,生命虽存实亡,因为"心"被名利与各种意识活动等塞得满满的,与"道"背道而驰,与生命本源相分裂,所以是"实"的,非灵动的,非鲜活的,非天机示现,是"死"的。

但是,人类真实的生命是"道",人心原本是"虚"的:

> 回曰:"敢问心斋。"仲尼曰:"若一志!无听之以耳而听之以心;无听之以心而听之以气。听止于耳,心止于符。气也者,虚而待物者也。唯道集虚,虚者,心斋也。"(《庄子·人间世》)

由感官回归到内心,再由内心回归于气。气本性虚无,回归于其本身,无非是指意识、觉受化于虚无,识此身非"我",使"心"为虚、为空,以回归生命本源,与"道"相融共在,从而真常、真心得以显现。真心显现时,即是"心生"之际。又因"道"本自古以固存,无有生灭,故真我,即本真生命,亦无生灭。所以,藏天下于天下是最好的存生之法:

> 夫藏舟于壑,藏山于泽,谓之固矣。然而夜半有力者负之而走,昧者不知也。藏小大有宜,犹有所遁。若夫藏天下于天

下而不得所遁，是恒物之大情也。(《庄子·大宗师》)

藏天下于天下，使有形存于无形，与天共在，与道共游，摆脱命运的控制，自由自在，逍遥无边而得永生。

处于如此之境，可以认为心的逍遥游中没有形体的位置，而形的世界也不会成为桎梏心的场所，"心"与"形"处于分裂的状态[1]。但是，若从"形"是"心"的寄寓之所的角度视之，毋庸置疑，二者是不即不离的。不即不离意味着"心"的提升必然伴随着身体的转化。"堕形体"之"堕"字虽含毁坏之意，却不意味着让"心"升入天堂，把"形"废弃，打入地狱[2]。而是放弃对身体的认同，即"离形"，让"形"随着"心"的转化而转化，从而达到身心一如，物我两忘，同于大通的境地。从这个角度视之，"坐忘"不代表"心"与"形"的分裂，而是统一中的两忘。即使"心"飞升，"形"寿终而灭，亦只能说二者分离了，而非分裂了。当然，若"形"坐而"心"驰，则可说二者分裂了。

总而言之，只要"心生"了，形体的问题也自然会得到解决。所以，二者是何关系，对真心、真我而言无关紧要。那么，在这种情形中，物质性生命的生与死又意味着什么呢？

（三）"生"与"死"

庄子说：

且汝梦为鸟而厉乎天，梦为鱼而没于渊。不识今之言者，其觉者乎，其梦者乎？(《庄子·大宗师》)

梦饮酒者，旦而哭泣；梦哭泣者，旦而田猎。方其梦也，不知其梦也。梦之中又占其梦焉，觉而后知其梦也。且有大觉而后知此其大梦也。而愚者自以为觉，窃窃然知之。

---

[1] 王博：《庄子哲学》，北京大学出版社，2013，第283页。
[2] 王博：《庄子哲学》，北京大学出版社，2013，第283页。

君乎，牧乎，固哉！丘也与女，皆梦也；予谓女梦，亦梦也。(《庄子·齐物论》)

对一般人来说，醒时的自己是真实的，梦中的自己是非真实的；现实世界是真实的，梦境是虚幻的。但是，对以真心而生的真我或觉者来说，"生者，假借也"（《庄子·至乐》）。存在于这个世间，却不属于这个世间，现实的人生无非梦幻，不仅梦亦梦，醒时的世界亦是梦。因而，梦与觉之间没有必然的界限，梦即觉，觉即梦。所以，从这个角度来看：

察其始而本无生；非徒无生也，而本无形；非徒无形也，而本无气。杂乎芒芴之间，变而有气，气变而有形，形变而有生。(《庄子·至乐》)

返本溯源，始知本自无生。不仅无生，本来亦无形质。不仅无有形质，亦复无气。只是在大道的运化过程中，阴阳二气凝聚而有形、而化生，作为一个有形体的生命降临世间。这说明形体之生是自然且偶然的，是"道与之貌，天与之形"（《庄子·德充符》）。"道""天"作用的显现，使个体之人有了你我之"相"，从而你作为你，我作为我存在于世间，但从道之本体、生命本源的角度来看，你、我未始有"生"。所以，对真我而言，"生"亦"未生"，"生"亦梦亦觉。也就是说，所谓的"生"与"未生"、"梦"与"觉"，仅是名相上的区分，实质既无"生"与"未生"，亦无"梦"与"觉"，亦无"你"与"我"，万象在根源上无二无别。表相上有分、成与毁，实质却"凡物无成与毁，复通为一"（《庄子·齐物论》）。

显然，根据上述逻辑，可以轻易得出"生"即"死"、"死"即"生"的结论。不过，对一般人而言，言语的简易、从容无法拭去死亡的沉重，人也无法看透生死的本质。毕竟，现实之"死"对许多人来说，不仅意味着身体的终结，还意味着恐惧与忧伤、痛苦与无奈。庄子似乎也深深洞察到了此点，故在其思想中对"死"多有论述①。例如，他借众多觉者之口指出：

  生也死之徒，死也生之始，孰知其纪！人之生，气之聚也。聚则为生，散则为死。若死生为徒，吾又何患！故万物一也。是其所美者为神奇，其所恶者为臭腐；臭腐复化为神奇，神奇复化为臭腐，故曰"通天下一气耳。"(《庄子·知北游》)
  死生为昼夜。且吾与子观化而化及我，我又何恶焉！(《庄子·至乐》)
  夫天下也者，万物之所一也。得其所一而同焉，则四肢百体将为尘垢，而死生终始为昼夜。(《庄子·田子方》)

死即生之始，生死相依为伴，就如昼夜交替一般自然而然。万物均由气所生化，故芸芸万物互相转化，就像"臭腐复化为神奇，神奇复化为臭腐"一般，归根结底是一体的。因而，"生"与"死"亦是不二。"死"作为物质现象的消亡，是气化的自然显现，是向生命整体的彻底回归：

  已化而生，又化而死，生物哀之，人类悲之。解其天弢，堕其天袠。纷乎宛乎，魂魄将往，乃身从之，乃大归乎。(《庄子·知北游》)

"死"乃大归，意味着个体生命就如回归到母亲的怀抱一般，融化于整体生命的安详、宁静中。这体现的是累经长途跋涉后，终于回到家的安心状态。所以，"死"不是悲哀与无奈。不仅不是，对"以生为附赘县疣，以死为决疣溃痈"(《庄子·大宗师》)的

---

① 王夫之认为庄子"详于言死而略于言生"。参见王夫之：《船山全书》第6册，岳麓书社，1996，第750页。

觉者来说，还是彻底的解脱。故人无须欣生恶死。因为死后也许会为当初的求生而后悔，就像下文中的丽姬一样：

> 予恶乎知说生之非惑耶？予恶乎知恶死之非弱丧而不知归者邪！丽之姬，艾封人之子也。晋国之始得之也，涕泣沾襟。及其至于王所，与王同筐床，食刍豢，而后悔其泣也。予恶乎知夫死者不悔其始之蕲生乎？（《庄子·齐物论》）

被物质现象的生死所迷惑，在真我看来均是不智之举。因为，"死"意味着生命结束了在"形"上的分裂，彻底与整体、本源合一，是大归。所以，"死"是值得庆祝的圣典：

> 子桑户、孟子反、子琴张三人相为友，曰："孰能相与于无相与，相为于无相为？孰能登天游雾，挠挑无极，相忘以生，无所终穷？"三人相视而笑，莫逆于心，遂相与为友。
> 有间，而子桑户死，未葬。孔子闻之，使子贡往侍事焉。或编曲，或鼓琴，相和而歌，曰："嗟来桑户乎！嗟来桑户乎！而已反其真，而我犹为人猗！"（《庄子·大宗师》）

孟子反等三人超越有无之相，生死两忘，共游于大化的无穷。故对子桑户的死，孟子反与子琴张二人不仅没有戚容，还为子桑户终于得以归本反真而庆祝，为二人还依然持有人形而哀叹。不止二人如此，庄子亦然。庄妻死后，惠子前往吊唁，发现庄子"则方箕踞鼓盆而歌"（《庄子·至乐》）。惠子指责庄子太过无情，庄子言："人且偃然寝于巨室，而我噭噭然随而哭之，自以为不通乎命，故止也"。（《庄子·至乐》）

通达天命者，视死为安息于天地之巨室，又何哀而有？相反，相声而哭，实为遁天倍情：

> 老聃死，秦失吊之，三号而出。弟子曰："非夫子之友

邪？"曰："然。""然则吊焉若此可乎？"曰："然。始也吾以为其人也，而今非也。向吾入而吊焉，有老者哭之，如哭其子；少者哭之，如哭其母。彼其所以会之，必有不蕲言而言，不蕲哭而哭者。是遁天倍情，忘其所受，古者谓之遁天之刑。适来，夫子时也；适去，夫子顺也。安时而处顺，哀乐不能入也，古者谓是帝之县解。"（《庄子·养生主》）

"生之来不能却，其去不能止。"（《庄子·达生》）生死由天不由人，故"死生，命也；其有夜旦之常，天也"（《庄子·大宗师》）。不知此者而哀死，是逃避天命违背生死自然的实情；忘记此者，是避天之刑。应时而来，适时而去，均为天命自然。因而，唯有生时安生，死时安死，顺应天命造化，使哀乐的情绪不能侵入心中，才是获得解脱之法。

况且，"万物皆出于机，皆入于机"（《庄子·至乐》），"夫物不胜久矣"（《庄子·大宗师》）。没有谁能违背天命，违抗这个自然规律，即使已将死生视为一体的觉者子来，亦无法抗拒物质现象上死亡的来临。只是，子来能够安时而处顺：

> 子来曰："父母于子，东西南北，唯命之从。阴阳于人，不翅于父母。彼近吾死而我不听，我则悍矣，彼何罪焉？夫大块载我以形，劳我以生，佚我以老，息我以死。故善吾生者，乃所以善吾死也。今大冶铸金，金踊跃曰：'我且必为镆铘！'大冶必以为不祥之金。今一犯人形而曰：'人耳！人耳！'夫造化者以为不祥之人。今一以天地为大炉，以造化为大冶，恶乎往而不可哉！"成然寐，蘧然觉。（《庄子·大宗师》）

天地阴阳造化让人活在这个世间，而阴阳于人就如父母，子只能唯其命之从，故生死唯造化者事从。若不从命，即是违逆不顺，但造化者何罪之有。因而，所能做的只有随顺。并且，这种随顺不是无奈之举,而是欣然受之。若像金子对铁匠喊着要成为镆铘一样,对自己成为人欣然跃之,对自己的死亡慨然厌之,定会被造化视为不祥之人。

一个被造化视为不祥的人,实际上就是不随顺生命整体流动的人。因而,抗拒死亡,抗拒当下所发生的一切即是逆流而上。逆流而上即是不懂得安时处顺,不懂得与变俱化。生命整体在时刻变化,人作为其中的一份子如果拒绝变化,像那块金子一样,妄图以自己的意欲存在,那么必定会与生命整体脱节,从而与造化为敌。这样做的后果即使不会马上带来个体生命的终结,也会"形不离而生亡"(《庄子·至乐》)。所以,庄子指出:唯有"安时处顺"才能解人于倒悬。

"倒悬"意味着人天相背,而"安时处顺"却意味着彻底臣服于宇宙的万有与造化,融入大道,融入整体生命的洪流。形体的死亡,使"真我"无须再"假借以生",得以彻底回归整体生命之流,因而为"大归"。说明对真我即本真生命而言,生亦无生,死亦无死,生死等齐,道通为一。

庄子对生死的诠释,实际上指出人存在的真正意义是发现真我,超越生死,与道同体,恢复生命的本来面目。这是人以个体生命降临人间的主要任务所在。因而,这告诉我们,人的一生就是要学习、成长,进而回归生命本源,不可执着包括生死在内的世间的一切。因为这一切,皆是造化者所为,阴阳二气所成,似实有却本虚无。但是,知道是虚无,却要"安时处顺",不能落入虚无,从而丧失存在于世间的热情与信心。笔者认为,这是庄子生死哲学的启示意义所在。

第四章
古希腊人文精神思想的起源

为了更加准确和深刻地理解古希腊哲学中的人文精神,我们将会把观察的视角推向古希腊哲学诞生以前的历史时代,探讨古希腊时期的历史和文化传统,以及这些传统与古希腊哲学乃至人文精神之间的密切关系。

一 古希腊哲学的起源

关于古希腊哲学的起源问题,西方学界一直存在很大的争论。有相当多学者认为,希腊文化乃至哲学都是在西亚和埃及的影响下发展起来的。古希腊历史学家希罗多德说:

> 埃及人在人类中第一个想出用太阳年来计时的方法,并且将一年分成十二部分。根据他们的说法,他们是从星辰得到这种知识的。在我看来,他们计年的方法要比希腊人的办法高明,因为希腊人每隔一年就要插进去一个闰月才能使季节吻合,但是埃及人把一年分成各有三十天的十二个月,此外再加五天,这样,季节的循环就和历法吻合了。他们又说,埃及人最初使用了十二位神的名字,这些名字后来被希腊人借用了去。[①]

[①] 希罗多德:《历史》,王以铸译,商务印书馆,1959,第 110~111 页。

希罗多德认为，埃及的宗教神话和灵魂观念对古希腊人的宗教和哲学产生了重要影响。他说：

> 在埃及，人们相信地下世界的统治者是戴美特尔和狄奥尼索斯。此外，埃及人还第一个教给人们说，人类的灵魂是不朽的，而在肉体死去的时候，人的灵魂便进到当时正在生下来的其他生物里面去；而在经过陆、海、空三界的一切生物之后，这灵魂便再一次投生到人体里面来。这整个的一次循环要在三千年中间完成。早先和后来的一些希腊人也采用过这个说法，就好象是他们自己想出来的一样。①

德国古典学者耶格尔（Werner Jaeger）也有类似的观点，他在《早期希腊哲学家的神学》一书中说：

> 公元前六世纪，米利都达到了政治、经济、文化发展的高峰。……人们可以看到，小亚细亚的希腊人在贸易、艺术和技术方面同东方古老的文化显然有密切的关系；东方文化对希腊精神发展的影响究竟达到什么地步，历来就有争议。不难想象，东方创造的各式各样的神话、巴比伦的占星术对于易受影响的希腊人的心灵，产生了多么深刻的影响。②

这样，主张古希腊哲学受到西亚和埃及文化影响的观点一直盛行于西方学界。但也有学者对此有着不同的看法，策勒尔（E. Zeller）就是其中一人。策勒尔在关于古希腊哲学的起源问题上，详细探讨了当时学界对于这一问题的几种看法。

策勒尔认为，大约在新毕达哥拉斯主义时期之后，就普遍流

---

① 希罗多德：《历史》，王以铸译，商务印书馆，1959，第165页。
② Werner Jaeger, *The Theology of the Early Greek Philosophers* (Oxford: Clarendon Press, 1947), p. 18.

行着这样的看法，即大多数重要的古希腊哲学家都曾被东方的僧侣和贤人教导过，因而他们的思想很明显就来自这一起源。这一观点在接下来的几百年中逐渐成为越来越普遍的看法，后来的新柏拉图主义者们将其发展到了极致。在某种意义上，来自东方的概念对希腊哲学的影响甚至被那些认为哲学纯粹就是希腊人自己创造的学者所承认。希腊人，就像是其他印度-日耳曼语系的种族一样，兴起于亚洲，这个他们最早的家园，承载了他们的语言、宗教以及习俗等等。当希腊人到达他们后来的居住地后，他们也仍然处在东方国家思想和文化的影响之下，这主要是通过色雷斯和博斯普鲁斯海峡这两个渠道输入的。因此，希腊的民族性格在起初就受到了东方精神的影响，而希腊的宗教也只能在这样一种假设上来理解，即外国的礼仪和宗教观念被添加在希腊古代的风俗习惯之中。这些被移植过来的神，如狄俄尼索斯（Dionysus）、西布莉（Kybele）等可以在起源上证明他们是外来的。

然而，正如策勒尔所质疑的，如果我们要谈论希腊哲学所受到的东方影响，我们就只能考虑那些直接对希腊哲学产生影响的教义或思想，而不能考虑那些通过希腊早期宗教或希腊人的性格发展而间接对希腊哲学产生影响的教义或思想。只有当哲学并不起源于希腊的文明和精神生活，而只是从外国移植而来时，我们才能说希腊哲学完全来自东方。但是，如果哲学是希腊哲学家们自己独立思考的结果时，它就有了自己的起源，而存在的问题也就不是古希腊哲学是否来自东方，而是东方的教义或思想是否与古希腊哲学有相同之处，这种外国的影响到底有多少，我们能够在希腊哲学中找到多少这种东方的因素以区别于希腊的因素。策勒尔认为，有两个问题在学界没有被认真地区别对待。这就是，外国的影响是直接进入希腊哲学还是通过希腊宗教的媒介。这两个方式非常不同，而正是前者才是我们所应关注的对象。

策勒尔指出，有些主张希腊哲学源自东方的人，或用一些古人的话，抑或通过希腊和东方思想的内在相似之处来支持他们的观点。第一种方式很显然不具有可信性，而对于第二种方式而言,虽然新毕达哥拉斯和新柏拉图学派的信徒们认为泰勒斯、费雷西底、毕达哥拉斯、德谟克利特和柏拉图的思想受益于埃及僧侣、卡尔迪亚人、古代波斯的祭司甚至婆罗门教教义,但这种证据只有当我们确信它基于一种可信的能够追溯到这些哲学家自己的经历之中时才是有效的。可是谁能保证他能够如此确信呢?因此,对于这种思想关联的考察,应当怀有一种谨慎的历史态度。如果哲学家自身并没有讲过自己受到某人或某个学派的影响,我们就不应当有这种武断的假定。泰勒斯可能到过埃及(但我们对此也没有确信的证据),但是他也可能在那里只学到些初级的数学理论。伊索克拉底说,毕达哥拉斯访问过埃及,而他的整个哲学就从那里发源,这种说法更像是一种修辞性的虚构。希罗多德从来没有说过毕达哥拉斯去埃及,他只不过从埃及人那里学到了很少的教义和风俗。柏拉图在埃及的经历看上去是真实而具有历史性的。然而,不管后来的作者如何推测,柏拉图自己都清晰地表达了他对于埃及人智慧的观点。他认为希腊人具有知识的品位,而埃及人则热衷于功利。柏拉图在不同的篇章中赞扬了埃及人,但不是因为他们的哲学发现,而是他们的技艺水平和政治制度。无论是在柏拉图自己的著作中,还是在可信的传说中,没有任何线索可以证明柏拉图是从埃及人那里获得了哲学。这样,关于希腊哲学来自东方哲学的说法,当我们排除了那些完全不可信的,就只剩下很小一部分了,而即便是这一小部分也不是毫无疑问的。它们最多能够证明希腊人在某些情况下可能接受了来自东方的某些观念,并不是他们整个的哲学从那里才得以起源。[①]

英国学者格思里(D. Guthrie)对这一问题则持一种较为中立和客观的态度。他在《希腊哲学史》中认为,对于希腊哲学的起源,19世纪的希腊崇拜者们认为希腊思想纯粹是独创的,而另外一种相反的观点则认为希腊思想完全是外来的,根本否认其独创

[①] E. Zeller, *A History of Greek Philosophy*, vol. 1 (London: Longmans, Green and Co., 1881), p. 34.

性。格思里认为，这些观点都是建立在偏见和猜想的基础上，而不是建立在真正知识的基础上。由于古代文献和文物的发掘和出土，我们已经很清楚东方的科学和哲学能够教给希腊多少东西了。在具体的天文学、数学和其他一些科学技术方面，我们不能否认东方人早已超过希腊，然而，东方人发展的这些科学技术，只是停留在对个别、具体的事物认知的阶段，还未上升到抽象的理论思维的水平。只有希腊人才提出"为什么"的问题，追问世界的起源这种形而上学的问题，从而使得希腊人的思维大大提升，产生了理论科学和哲学。因而，希腊人超出他的前驱者的地方就在于他们对于"逻各斯"（logos）的追寻。格思里的这一观点较为客观，他和策勒尔的观点有相似之处。他们二者都认为，不能简单地认为古希腊哲学起源于东方的文化之中，因为我们并没有直接的证据证明东方文化中的何种因素直接进入了希腊哲学之中，而古希腊哲学所特有的追问"逻各斯"的精神在东方文化和宗教中并不能找到对应；但我们也不能简单地认为古希腊哲学完全是古希腊人自己的独创而没有受到东方诸国的影响，事实上，东方的文化和宗教肯定也会多多少少影响了古希腊的哲学，但这种影响可能并没有想象中的那样大。

我们再来看一下古希腊自身的宗教及其对哲学可能产生的影响。谈到古希腊的宗教，我们就必须提到那部著名的《荷马史诗》。策勒尔在谈到《荷马史诗》时是这样说的：

> 当我们看到《荷马史诗》中的伟大的英雄们，当我们看到所有事物，每种自然的现象，每件人类的事情都被完美地用艺术呈现出栩栩如生的画面，当我们研究这些杰作的朴素而优美的发展，它们计划的宏伟壮观以及它们所要实现目的的和谐性，我们就不会怀疑这样一个能用如此开放的视野来理解世界，用完全自由的精神来支配这个纷杂的现象世界的国家，能够马上将其注意力转移到科学上，并且在那个领域中应该不会只满足于积累知识和观察，而是能够努力将具体

聚合成整体，为分离的现象找到一个理智关注的焦点，基于清晰的概念形成关于宇宙的理论而其具有内部的一致性。一句话，产生哲学。①

因此，虽然《荷马史诗》及其所体现的当时时代的文化距离哲学的兴起还有相当长一段时间，但我们已经能够从当中寻找到哲学起源的种子了。正是这一种子在后来的宗教领域、道德和公民生活领域以及理智的培养领域的发展，才构成了希腊哲学诞生的历史基础。②

古希腊宗教从整体上来说属于自然宗教，具有多神崇拜的特征。除了奥林匹亚山上的十二位神，还有许多民间和部落所崇拜的神。这十二位正神分别是：宙斯（Zeus）、赫拉（Hera）、波塞冬（Poseidon）、阿波罗（Apollo）、阿耳忒弥斯（Artemis）、阿芙洛狄忒（Aphrodite）、阿瑞斯（Ares）、狄俄尼索斯（Dionysus）、赫淮斯托斯（Hephaestus）、雅典娜（Athena）、赫耳墨斯（Hermes）、哈得斯（Hades）。正神掌管着各自不同的领域，有不同的职能，如宙斯是掌管天空之神，也是唯一能统治其他诸神的最高神，波塞冬是海洋之神，狄俄尼索斯（Dionysus）是酒神，雅典娜是智慧之神。而自然宗教的基础就是相信大自然里存在着无可捉摸的力量，他们分别表现在天空、海洋和森林中，被分别称为天空女神、海洋女神、森林女神等。策勒尔认为，古希腊宗教的这一特点对希腊哲学的诞生具有重要影响。在他看来，尽管哲学家们很少直接从宗教传统中吸取教义，并且也经常与公众信仰不尽相同，但古希腊人所处的宗教传统对哲学家们的科学倾向不无

---

① E. Zeller, *A History of Greek Philosophy*, vol. 1 (London: Longmans, Green and Co., 1881), p. 50.
② E. Zeller, *A History of Greek Philosophy*, vol. 1 (London: Longmans, Green and Co., 1881), p. 51.

影响。古希腊的自然宗教不可避免会产生一种自然主义的哲学。①

古希腊宗教的另一个显著特征就是人神同性。无论是宇宙主宰之神宙斯,还是命运主宰三女神,都具有人类的特征和性情。神同样也具有人类的喜怒哀乐和本能的冲动,这使得人能够与神在一开始就具有密切的关联。人性并不是神性的对立面,相反,它能够在神性中找到自己的痕迹。人类的责任是要通过培养自己的人类力量来为神增加荣耀。然而,尽管在这种宗教中,神性被认为是与人性相似的,但这种人性并不是普通的人性。策勒尔指出,不仅诸神的外在形式被理想化为纯粹的美丽,并且他们的本性也被人类的理想所塑造。希腊人自己的本性在诸神中能够得到反映和理想化,因此,人对于诸神的沉思就会使得人能够从自己的境遇中提升自己。古希腊宗教的这种理想化特征无疑是古希腊哲学形成和发展最重要的基础。一方面,宗教的这种理想化倾向对伦理学的发展有很大助益,另一方面,宗教的影响延伸到哲学的各个方面。哲学认为可感事物是精神或理念的呈现,而对感性事物需要追溯到它的精神性源泉那里去。这就是古希腊哲学与宗教之间的关联。②

虽然希腊宗教与哲学之间存在着一定关联,但希腊宗教本身的特点决定了它不可能成为主宰哲学的统治性力量。策勒尔指出,

> 希腊宗教既没有系统的神学教义,也没有见诸于文字的神圣记录。它完全基于一种崇拜神殿,诗人的描绘以及人们观念的传统。再者,很少有一种传统会不受到其他传统的抵触而在很大程度上丧失自身的权威性。因此,在希腊,信仰在形式上是如此的不确定和松散的,以至于根本无法承认它可能会对理性有内部的优越性或外部的限制,而这一点在其

---

① E. Zeller, *A History of Greek Philosophy*, vol. 1 (London: Longmans, Green and Co., 1881), p. 53.

② E. Zeller, *A History of Greek Philosophy*, vol. 1 (London: Longmans, Green and Co., 1881), p. 54.

他国家中却经常可以看到。希腊科学面对宗教的这种自由态度产生了重要的后果。……希腊人将不会和东方的国家那样,他会产生出一门独立的哲学科学。……希腊人被认为是特别幸运地通过他们独具一格的天才和适合的历史发展境遇而逃过了这种哲学对宗教的依赖。①

如果一个国家或民族的宗教力量变得很强大而且具有主宰性的力量,那么就很难想象这个国家或民族能够产生真正的哲学。因为哲学产生于理性,而宗教则来自于信仰,是非理性的。如果非理性的信仰占了上风,那么基于理性的哲学必然会处于被支配和影响的地位;相反,如果信仰并没有那样的强势,哲学就必然会获得自己发展的必要空间。古希腊的宗教与西亚和埃及的宗教在地位上存在很大的差别。在西亚和埃及,宗教的神庙及其所附带的祭司、僧侣在社会地位上很高,对国家和社会具有很大的影响力,科技和文化也被祭司所控制,因此哲学在这种局势下很难获得自己的发展。在古希腊,情况则恰恰相反。古希腊的神庙数量少,从属于所在的城邦,而且其祭司不能参与政治活动,只从事宗教活动,不能控制国家和社会的意识形态,因而在这种条件下,哲学很容易就会获得自己发展的独立空间。②

除了宗教可能对古希腊哲学产生的影响以外,古希腊哲学诞生的另外一个重要背景是古希腊时代的教育和政治生活。策勒尔指出,在古希腊时代,虽然公众的教育并不涉及哲学或科学,但其所教授的课程如艺术、音乐、体育等培育了希腊人完整的和具有活力的性格特征,这其实为将来哲学和科学的出现做出了重要铺垫。

---

① E. Zeller, *A History of Greek Philosophy*, vol. 1 (London: Longmans, Green and Co., 1881), pp. 58–59.

② John Boardman and N. G. L. Hammond et al., *The Cambridge Ancient History*, Vol. 3, Part 3 (Cambridge: Cambridge University Press, 1982) pp. 305–320.

这样，哲学不可能不兴起：在希腊人性格的多面性的和谐中，道德与政治反思的发展要求相对应的思辨思想的发展；不少希腊城市已经实现了一定程度的繁荣从而至少保证了城邦中的一部分公民从事科学活动所必需的闲暇时间。因此，虽然在古代，希腊人的政治生活和教育与哲学并没有直接的关联。……然而对人的培育以及当时的历史境遇对哲学的产生无疑起了重要作用。[①]

正如后来的亚里士多德所说的，哲学的诞生需要闲暇的时间，因为哲学不是关注于物质世界的生产和享受，而是关于整个物质世界的起源及发展规律，而这需要在闲暇的时间里才可以获得独立的思考。事实上，古希腊的教育方式并不是将人培养成某种具有单一特征的人，而是要使人的各种能力得到平均发展，使得人能够成为一个完整的道德艺术品，这也就是哲学会在古希腊出现的原因。哲学的出现并不一定需要有专门的哲学教育，而是需要有丰富多彩的教育作为引导，这种教育并不是为了培养人的某一专门技能，而是为了人的全面发展。在这其中，艺术、宗教、修辞学、宇宙学等都会成为哲学诞生的理论基础。

古希腊人的政治生活以及其独有的殖民化也是其哲学产生的客观条件。策勒尔指出，希腊的共和制政府以及希腊人通过殖民化的扩展是产生哲学的两个重要条件。在希腊哲学产生以前的几个世纪里，僭主统治、寡头制、贵族制交相更替，在这些政治制度和形势的不断发展中，希腊人具有了一种自由的精神，而这种自由的精神成为哲学和文化最大的推动力。[②] 至于希腊哲学的发展也受到希腊人殖民化的影响，这可以从前苏格拉底哲学家那里明显看出来：所有在苏格拉底之前的古希腊哲学家们，只有一两

[①] E. Zeller, *A History of Greek Philosophy*, vol. 1 (London: Longmans, Green and Co., 1881), pp. 78–79.

[②] E. Zeller, *A History of Greek Philosophy*, vol. 1 (London: Longmans, Green and Co., 1881), pp. 80–81.

个诡辩者除外,都属于爱奥尼亚和色雷斯殖民地或是那些居住在意大利和西西里岛的人。而著名的《荷马史诗》也是从小亚细亚的希腊殖民地传入希腊本土的。

这样,通过古希腊的宗教、神话、教育乃至政治制度和殖民化的影响,古希腊哲学的诞生就成为一件即可期待的事情。而古希腊诞生的哲学首先就是自然哲学。

二 前苏格拉底哲学家

我们先来看一下伊奥尼亚(Ionian)学派的自然哲学。伊奥尼亚哲学的创始人也是古希腊哲学和整个西方哲学的创始人泰勒斯(Thales)。泰勒斯提出了万物起源于水的命题。至于为什么万物起源于水,以及万物是怎样起源于水的,则不能在现存的史料中发现这些问题的答案。事实上,亚里士多德带有推测性地认为:

> 泰勒斯说"水为万物之原"(为此故,他宣称大地是安置在水上的),大概他从这些事实得其命意:如一切种籽皆滋生于润湿,一切事物皆营养于润湿,而水实为润湿之源。[1]

正如策勒尔指出的,亚里士多德对于泰勒斯为什么提出水是万物本源的观点也仅仅是自己的推测,并不一定代表泰勒斯本人的观点。[2] 对泰勒斯的万物起源于水的观点可能产生影响的还有当时的神话传说。海洋之神和海洋女神是万物的祖先,而在巴比伦和希腊神话中,水是万物起源的思想早就存在了,只是泰勒斯用哲学的方式将其表达了出来。总之,对于泰勒斯为何提出万物起源于水的观点在历史上并不能给出一个确切的界定,但这并不

---

[1] 亚里士多德:《形而上学》,吴寿彭译,商务印书馆,1959,第7页。
[2] E. Zeller, *A History of Greek Philosophy*, vol. 1 (London: Longmans, Green and Co., 1881), pp. 217–218.

影响我们对于泰勒斯这一哲学思想的评价。正如前面所言,基于古希腊文化传统中的自然主义倾向,我们不难想象出泰勒斯为何要将万物的起源追溯到水这一自然物质性的起源上来。面对纷繁变化的世界,哲学家们开始寻找万物背后的本源,探究驱动万物发生生长的动力,这其实就是哲学的开始。

泰勒斯的学生和继承人是阿那克西曼德(Anaximander)。不同于泰勒斯,他提出万物的本源是"无限"(apeiron)或"无定形"(infinite)。看到"无限"这个词,我们往往将其看作柏拉图和亚里士多德式的无限的本体。然而,在阿那克西曼德那里,这个词却具有不同的含义。辛普里丘(Simplicius)的残篇对此进行了评述:

> 在那些认为本原是唯一的、能动的和无限的人中,米利都的阿那克西曼德是普拉克西亚德的儿子,泰勒斯的学生和继承人。他说一切存在物的本原和元素是阿派朗,他是第一个提出这个本原的名称的。他说本原并不是水,也不是任何别的被称为元素的东西,而是某种本性,是无限的东西,从其中产生出所有的天以及一切世界。各种存在物由它产生,毁灭后又复归于它,都是按照必然性而产生的,它们按照时间的程序,为其不正义受到惩罚并且相互补偿。①

这样看起来,阿那克西曼德所提出的"无限"其实是一个物质性的实体,万物由它产生,又复归于它。"无限"既不是属性,也不是精神性的本体,而是物质性的实体。和泰勒斯一样,虽然阿那克西曼德提出了更高层级、摆脱各种具体规定的"无限",但其归根究底也是一种物质性的实体,和泰勒斯的水并没有本质上的区别。

---

① 辛普里丘:《〈物理学〉注释》,第 24 页第 13 行,转引自汪子嵩等《希腊哲学史》第 1 卷,人民出版社,1997,第 187 页。

策勒尔对阿那克西曼德的思想给予极高评价，认为阿那克西曼德关于世界系统以及生物起源的观点不仅显示了理论的思辨，而且对后来的哲学影响深远。阿那克西曼德的思想抛弃了关于世界起源神秘化的观念，而创造的力量从来没有停歇过的思想则为亚里士多德世界永恒性的思想做好了理论上的铺垫。①

阿那克西曼德的后继者是他的学生阿那克西美尼（Anaximenes）。不同于他的老师，阿那克西美尼认为万物的起源是气。应当注意的是，阿那克西美尼所说的"气"不应当被理解为简单的"空气"或者某种具体的"气"，而是具有一般性的"气"。相比起泰勒斯的"水"和阿那克西曼德的"无限"，阿那克西美尼的"气"是既具有抽象一般性，又具有具体性的。虽然阿那克西曼德将泰勒斯的"水"上升到具有一般普遍性的"无限"，但阿那克西美尼又将这种抽象的"无限"限定在了"气"中，使之又具有了具体的规定性。

> ……阿那克西美尼认为本源是无限的气。一切生成的东西，已经是或者将要是的东西，还有神和神圣的东西，以及其他由它产生的东西，都是由它而称为存在的。气的形式是这样的：当它均匀地分布时，它是看不见的，但是，冷、热、湿和运动，却使它显露出来了。它总是在运动中，不然，如果没有运动，变化的事物也就不能变化了。②

希波里图斯（Hippolytos of Rome）的这段话很好地概括了阿那克西美尼自然哲学的特点。对阿那克西美尼来说，气本身就是具有无限性的，它无处不在，而且处在不断的运动中。气的凝聚和稀散的运动形成了世界万物。

---

① E. Zeller, *A History of Greek Philosophy*, vol. 1 (London: Longmans, Green and Co., 1881), pp. 264 – 265.
② 希波吕托：《驳众异端》第 1 卷第 7 章第 1 节，转引自汪子嵩等《希腊哲学史》第 1 卷，人民出版社，1997，第 221 页。

古希腊哲学发展到毕达哥拉斯学派，风格又为之一变。不同于以往的伊奥尼亚学派以物质作为世界本原的观点，毕达哥拉斯学派主张数是万物的本源。对毕达哥拉斯学派来说，数是一种抽象的规则，世界万物都是依据数的规则组合而成的。那么，为什么毕达哥拉斯学派会认为数而不是其他物质性的质料是世界的本原呢？亚里士多德对此作了解释：

> 在这些哲学家以前及同时，素以数学领先的所谓毕达哥拉斯学派不但促进了数学研究，而且是沉浸在数学之中的，他们认为"数"乃万物之原。在自然诸原理中第一是"数"理，他们见到许多事物的生成与存在，与其归之于火，或土或水，毋宁归之于数。数值之变可以成"道义"，可以成"魂魄"，可以成"理性"，可以成"机会"——相似地，万物皆可以数来说明。他们又见到了音律的变化与比例可由数来计算，——因此，他们想到自然间万物似乎莫不可由数范成，数遂为自然间的第一义；他们认为数的要素即万物的要素，而全宇宙也是一数，并应是一个乐调。①

在亚里士多德看来，先前伊奥尼亚学派以物质作为世界本原的看法对于物质性的世界尚且可以解释，但是对于像灵魂和理性这样的抽象的、精神性的东西就无法加以解释了。但是毕达哥拉斯学派的数则既可以解释物质性的世界，也可以解释抽象精神性的世界，因而被视作万物的本原。从这点上来说，古希腊哲学从毕达哥拉斯学派这里才真正走向抽象而思辨的理论世界，成为后世一切哲学的开端。事实上，柏拉图哲学的理念也是一种抽象的、无形体的东西，这和毕达哥拉斯学派的数的确有相似之处，这也说明柏拉图哲学的理念论很可能会受到毕达哥拉斯学派的影响。

---

① 亚里士多德：《形而上学》，吴寿彭译，商务印书馆，1959，第 12~13 页。

毕达哥拉斯学派对数字的理解有非常深刻和独到之处。比如对数字"一"的理解，毕达哥拉斯学派认为，在一切数中，"一"是最基本的，是一切数的开端。在所有数中，"一"是第一原则，它由偶数和奇数组成，所以，"一"是数的第一原则，也是万物的第一原则，是最高的本原。最重要的是，如亚里士多德指出的，毕达哥拉斯学派将"一"和理性、灵魂和本体看成同一个东西。亚里士多德说：

> 他们将理性和本体与"一"等同起来。因为它是不变的，到处一样的，而且是一种统治的原则，他们就将理性叫作一个单位，或"一"；同时他们也将这名称加于本体，因为它是根本的。①

将"一"与理性和灵魂等同起来，这无疑是哲学的一次飞跃。这意味着，"一"不再是简单的数字和计算符号，而是一种与人关联着的宇宙规律和法则。

"二"对于毕达哥拉斯学派来说是恶和黑暗的源泉，是一切偶数，是无限的源泉。这种运动的、不定的"二"其实就是无限的质料，也就是物质。② 因此，我们可以看到，在毕达哥拉斯学派的体系中，"一"是精神性的世界本原和形式，居于最高的地位，"二"则是物质性的质料，居于次要的地位。"一"和"二"是相对立的，但又是相互关联的。作为世界本原的"一"能够产生"二"，而"二"就能产生"三"，"三"就是宇宙。当然，毕达哥拉斯学派同时指出，比数更为根本的是数的本原或元素，它们决定了数的本质。

---

① 《亚里士多德残篇选》第142页。转引自汪子嵩等《希腊哲学史》第1卷，人民出版社，1997，第281页。
② 汪子嵩等《希腊哲学史》第1卷，人民出版社，1997，第283页。

这些思想家，明显地，认为数就是宇宙万有之物质，其变化其常态皆出于数；而数的要素则为"奇""偶"，奇数有限，偶数无限；"元一"衍于奇偶（元可为奇，亦可成偶），而列数出于元一。①

这样，比"一"更根本的应当是数的元素，也就是奇和偶。它们产生了"一"，之后"一"产生了"二"等世界万物。

我们可以看出，这种思想和中国早期道家的思想有不谋而合之处。老子说："道生一，一生二，二生三，三生万物"。二者都是在寻找这个物质世界的本原，并且都认为世界的本原都是非物质性的、无形体的"数的元素"或"道"。从这个意义上说，毕达哥拉斯学派和中国的道家学派都达到了同样的哲学高度，虽然后者并没有像前者那样发展出一套系统的数学理论和天文学。

古希腊哲学在经历了伊奥尼亚派的自然本源哲学和毕达哥拉斯学派的"数"哲学之后，似乎必然会产生一种结合两种哲学特点而又不同于这两种哲学的哲学。这种哲学就是由赫拉克利特（Heraclitus）创立的。

赫拉克利特哲学有三个基本的特点。一是赫拉克利特认为世界的本源是火，是一团永恒运动的活火。克莱门特汇编的《赫拉克利特残篇》中这样说：

这个有秩序的宇宙对万物都是相同的，它既不是神也不是人所创造的，它过去、现在和将来永远是一团永恒的活火，按一定尺度燃烧，一定尺度熄灭。②

我们可以发现，赫拉克利特的"火"和伊奥尼亚派哲学中的"水"、"气"等有什么不同。前者虽然能够直接看到，但并不是

---

① 亚里士多德：《形而上学》，吴寿彭译，商务印书馆，1959，第13页。
② 转引自汪子嵩等《希腊哲学史》第1卷，人民出版社，1997，第418页。

一种自然的有形实体或物质，而是一种物质的运动。但后者则是一种能够被直接感知的物质，是有形体的。对赫拉克利特来说，火其实就是最纯洁、最智慧的灵魂。

  闪闪发光的是干燥的灵魂，它是最智慧、最优秀的。①

  这样，赫拉克利特的"火"还可以被解释为智慧或理性，这就直接启发了后来柏拉图的理念论。赫拉克利特哲学的第二个特点是对"逻各斯"的论述。赫拉克利特认为：

  逻各斯虽然像我所说的那样常在，但人们在听到它以前，或是第一次听到它的时候，却总是不能理解它。万物都是按照这个逻各斯产生的，虽然我已经根据事物的本性将它们加以区别，解释了它们是如何发生的，而且人们也经常遇到像我所说明的那些话语和事实，但是他们却像从来没有遇到过它一样。②

  这就是说，"逻各斯"存在于世界的万物中，万物都是由"逻各斯"产生的，但是人们却对它无所知。这种对"逻各斯"的描述与中国古代哲学中对于"道"的描述颇为相似。无论是儒家之"道"，还是道家之"道"，"道"都是哲学追寻的最高目标。"道"既是万事万物生成运行的规律，又是人生在世所需要追寻的最终理想和境界。实现了"道"，就实现了与天地万物为一体的最高境界。格思里在《希腊哲学史》中提到了"逻各斯"这一概念在哲学、文学、历史著作中的各种用法，如任何讲的以及写的东西，包括虚构的故事和真实的历史；和价值有关的东西；与感觉对立的思想；事物的真理；尺度；对应关系、比例；一般的原则

---

① 转引自汪子嵩等《希腊哲学史》第1卷，人民出版社，1997，第434页。
② 转引自汪子嵩等《希腊哲学史》第1卷，人民出版社，1997，第455页。

或规律；理性的力量；等等。① 我们可以看出，逻各斯的这些用法虽然与"道"并不能一一对应，但其中的主要含义则与"道"有许多不谋而合之处。对赫拉克利特来说，万物的运动及转化都是按照一定的逻各斯来进行的，而这种逻各斯可以被理解为一定的尺度和比例。

赫拉克利特哲学的另外一个显著特点就是对立统一的辩证法。赫拉克利特认为，对立面是互相依存的，没有坏的和恶的，就没有好的和善的；对立面是相互转化的，坏的和恶的可以转化成好的和善的，反之亦然。对立面是不断通过斗争转化的，赫拉克利特说：

> 应当知道，战争是普遍的，正义就是斗争，万物都是由斗争和必然性产生的。②

通过斗争，世界万物在对立面的相互转化中保持着自己的存在。

古希腊哲学在赫拉克利特之后，迎来了自己发展的转折点。伊奥尼亚派的自然哲学寻找万物本源的努力和毕达哥拉斯学派对抽象的"数"的崇敬促使着一位哲人能够将隐藏在变动不居的外在事物背后的内在本质发掘出来。这位哲人就是巴门尼德（Parmenides of Elea），而他所认为的这种内在的本质就是"存在"。

巴门尼德认为，存在是既不生成，也不消灭的。巴门尼德说：

> 它既非过去存在，亦非将来存在，因为它整个在现在，是个连续的一。因为你愿意给它找出哪种来源呢？③

---

① W. K. C. Guthrie, *A History of Greek Philosophy*, vol. 1, *The Earlier Presocratics and the Pythagoreans* (Cambridge: Cambridge University Press, 1971), pp. 420–424.
② 转引自汪子嵩等《希腊哲学史》第 1 卷，人民出版社，1997，第 485 页。
③ 北京大学哲学系外国哲学史教研室：《西方哲学原著选读》，商务印书馆，1981，第 32 页。

由此可见，"存在"本身不是由它物产生的，而它也不会消灭，会一直存在着，永恒如一。并且，存在是连续而不可分的，这样才能维持宇宙秩序的运行。存在还是不动的，"存在自身静止在同一个地方，永远停留在那里"。存在是有限定的球体，这是说存在还不能脱离开感性的形象，不是完全精神性的东西。但只有存在可以被思想、被表述，只有存在才有真实的名称。巴门尼德说：

> 可以被思想的东西和思想的目标是同一的；因为你找不到一个思想是没有它所表达的存在物的。存在者之外，决没有、也决不会有任何别的东西，因为命运已经用锁链把它捆在那不可分割的、不动的整体上。因此凡人们在加以固定的东西，如产生和消灭，是和不是，位置变化和色彩变化，只不过是空洞的名词。①

这其实就是在说，只有"存在"这种永恒不变的东西，才能成为理论思考的对象。而外界的变动事物不能成为理论思考的对象，只能成为感官的对象。这就将存在和外部可感世界、感性和理性区分开了。这对后来柏拉图和亚里士多德理念论具有深远的影响。

在公元前五世纪中叶，希腊本土的雅典也诞生了自己的哲学家——阿那克萨戈拉（Anaxagoras）。阿那克萨戈拉的哲学对后世的苏格拉底、柏拉图乃至亚里士多德的思想影响重大，也是伯利克里时代科学启蒙精神的肇端。

阿那克萨戈拉在继承伊奥尼亚哲学的基础上，吸收了巴门尼德思想的重要元素，提出"种子"是世界的本原，世界万物就是种子的混合和分离。这就是说，世界首先是由物质的，是由物质

---

① 北京大学哲学系外国哲学史教研室：《西方哲学原著选读》，商务印书馆，1981，第33页。

性的种子组成的,但这种种子又不是唯一的,而是无限多样的,它们的分离和结合就形成了各种各样的事物。没有东西被生成,也没有东西被消灭,所存在的只不过是种子的混合和分离而已。这一种子学说很明显将伊奥尼亚哲学的物质实在论和巴门尼德的存在论结合了起来,即认为世界的本原是物质性的种子,但同时也强调了这种种子是可以无限分割的,每一个微小的种子都包含了世界万物的成分,因而是和"存在"一样,无生无灭的。

阿那克萨戈拉又提出了一个重要的哲学概念——努斯(nous)。努斯在希腊语中乃是一个常见的词汇,表示心、心灵的意思。①但将这一词汇转化至哲学范畴,并进而认为它具有本体论的意义,乃是从阿那克萨戈拉开始的。亚里士多德这样评论阿那克萨戈拉提出的"努斯"这一概念:

> 于是有人起来说,这由于"理性"(注:即"努斯")——在动物中是这样,在全宇宙也一样。万物的秩序与安排皆出于这个原因,这么,他比他前人的虚谈确乎较为明朗。我们知道这明朗的主张出于阿那克萨戈拉……②

从这里可以看出,"努斯"是支配这个世界秩序的原动力。阿那克萨戈拉的残篇也说明了这一点:

> 别的事物都分有每个事物的部分,只有努斯是无限的,它不是和别的事物相混,而是自己单独存在的。……因为它是万物中最精最纯的,它有关于一切事物的所有知识,具有最大的能力。努斯能支配一切有灵魂的事物,不论大的或小的。努斯也支配整个漩涡运动,使它在最初开始旋转。……所有一切过去存在的东西,一切过去存在而现在已不存在的

---

① 参见汪子嵩等《希腊哲学史》第1卷,人民出版社,1997,第910页。
② 亚里士多德:《形而上学》,吴寿彭译,商务印书馆,1959,第10页。

东西，以及一切现在和将来要存在的东西，都由努斯安排有序……①

这样看起来，物质性的种子通过努斯的推动，形成了万事万物。这就将物质和精神分离开来，从此理智和物质的二元世界形成了。

三 苏格拉底与柏拉图哲学

在公元前5世纪晚期，古希腊属于伟大的伯利克里时代。伯利克里（Pericles，前495~前429）出生于雅典的一个名门望族，年轻时接受了严格的音乐训练，并在芝诺（Zeno of Elea）门下学习过。但真正影响伯利克里一生思想和行为的是古希腊著名哲学家阿那克萨戈拉。阿那克萨戈拉的自然哲学教会了伯利克里不要迷信，而要将纯洁与朴实的智慧视为宇宙井然有序安排的根源。正如柏拉图后来在《斐德罗篇》中所说：

> 一切杰出的才能都需要讨论和高度思索有关自然的真理，因为只有这样才能产生崇高的思想和完善的本领。而这一点，我以为正是伯利克里从和阿那克萨戈拉交往中得到，增补了他的自然天赋的。他正是因此提高了哲学思想，认识了心灵和理智的本质，这些正是阿那克萨戈拉所论述的主体，他（注：伯利克里）从中汲取了论辩和演说的才能。②

在阿那克萨戈拉的影响下，伯利克里也具备了克服当时甚嚣尘上的宗教迷信的思想武器。

在伯利克里登上雅典的政治舞台之后，选择了和大多数的贫

---

① 转引自汪子嵩等《希腊哲学史》第1卷，人民出版社，1997，第911页。
② 转引自汪子嵩等《希腊哲学史》第1卷，人民出版社，1997，第875页。

民而不是少数富人站在一起。后来他所建立的雅典政体是一种民主的政体。当民主政策与贵族政策发生冲突时,伯利克里就会倾向于人民,组织人民外出航海并发给补贴,同时向盟邦派遣移民,改善人民的困难处境。在伯利克里时代,建筑业、艺术、文学、哲学都得到了极大的发展,形成了雅典发展的黄金时代。苏格拉底就生活在这样一个时代,或者我们可以这样说,这样一个时代诞生了苏格拉底这样的哲学家。

在对外关系上,面对着斯巴达人的威胁和进攻,伯利克里带领着雅典人与斯巴达人展开了长期的斗争,最终使斯巴达与希腊签订了三十年的和平条约。后来又带领雅典人战胜了当时不可一世的萨摩斯人,使被夺走的海上霸权重新回到了雅典人手中。在这之后就是历时久远的伯罗奔尼撒战争。这场战争是由斯巴达人及其盟邦发动的,在阿基达摩斯王的率领下,六万重甲兵一路烧杀抢掠,侵入雅典。伯利克里指挥着雅典的军队即将结束战争的时候,雅典爆发了大瘟疫,导致战役最终失败。伯利克里失去了雅典人的信任,因而被推翻下台。然而继任者并不能扭转局势,也不能像伯利克里那样具有如此之高的威信。因而伯利克里被再次推举为最高执政者。然而之后不久,伯利克里也染上了瘟疫,最终病逝于雅典。

从以上对于伯利克里时代的描述中,我们似乎能够感觉到那个时代所产生的一些重要影响。首先,由于伯利克里对阿那克萨戈拉自然哲学的尊崇,理性主义的思想逐渐成为当时社会具有影响力的一种思想。这对于破除当时的宗教迷信和传统神学思想具有重要的意义。可以说,苏格拉底的乃至后来柏拉图和亚里士多德的理性主义哲学思想即诞生在这样一块理性思想的土壤中。我们很难想象,如果缺少了伯利克里,苏格拉底的哲学能否产生以及延续下去。其次,由于伯利克里时代的开明与宽容,以及对于人的理性的尊崇,智者这一群体成为当时社会政治文化生活中的一支重要力量。当时的智者如普罗泰戈拉(Protagoras)、高尔吉亚(Gorgias)等力图破除旧的神学传统,认为智慧并不是神独有的，人也同样拥有智慧，因而称自己为智者。在某种程度上，智者派的理性主义思想也成为同时代苏格拉底乃至后来柏拉图、亚里士多德思想的先导。

伯利克里时代是雅典的黄金时代，但随着伯罗奔尼撒战争的开始和延续，雅典逐渐从繁荣走向衰落。随着战争的延续，各城邦内部的攻心斗角和烧杀抢掠行为成为当时的普遍现象，人们的传统道德观念也在迅速地瓦解。《伯罗奔尼撒战争史》的作者修昔底德（Thucydides）说道：

> 这样，一个城市接着一个城市爆发革命……引起许多新的暴行，表现于夺取政权方法上的阴谋诡计和闻所未闻的残酷报复。为了适应事物的变化，常用辞句的意义也必须改变了：过去被看作是不瞻前顾后的侵略行为，现在被看作是党派对它的成员要求的勇敢；考虑将来而等待时机被看作是懦夫的别名，中庸思想只是软弱的外衣；从各方面了解问题的能力只表示他完全不适于行动。相反，激烈的冲动是真正丈夫的标志，阴谋对付敌人是合法的自卫；……阴谋成功是智慧的表示，但是揭发一个正在酝酿中的阴谋显得更加聪明一些……①

这样，传统的美德被视作软弱无能的表现，阴谋诡计和烧杀抢掠则成为智慧与勇敢的代名词。

面对这样的道德危机，苏格拉底毅然决然地承担起拯救希腊人精神危机的使命。苏格拉底想要做的就是通过彰显人的理性和智慧的力量来改变当时社会中道德与人性的堕落，恢复道德和理性的光辉。柏拉图的《申辩篇》中记载了苏格拉底的一段话：

---

① Thucydides, *History of the Peloponnesian War*, translated by C. F. Smith, vol. 3, chap. 5, The Loeb Classical Library, 1980.

高贵的公民啊，你是雅典的公民，这里是最伟大的城邦，最以智慧和力量闻名，如果你只关心获取钱财，只斤斤于名声和尊荣，既不关心，也不想到智慧、真理和自己的灵魂，你不感到惭愧吗？如果你们中间有人要辩论，说他关心，我是不会随便放他走的，我自己也不走，我要询问他，考问他，盘问他，如果发现他自称有德行而实际没有，就指责他轻视最重要的东西，看重没什么价值的东西。……我来来往往所做的无非是要劝告各位，劝告青年人和老年人，不要只关心自己的身体和财产，轻视自己的灵魂；我跟你们说，美德并非来自钱财，钱财和一切公私福利都来自美德。①

从这段话中，我们可以看出苏格拉底力图从人性的角度出发，改造人的灵魂，使之趋向至善。苏格拉底相信人性的善，因而他要做的就是让人们抛弃对美好人性的遮蔽，恢复人性的善良。从这个角度上说，苏格拉底主张用人的理性力量来明辨是非和进行道德判断，所有的道德原则其实都在人的心中。苏格拉底明确提出"美德即知识"的主张，认为智慧是神赐给人类的本性。这种智慧其实就是所谓"知识"。如果人的灵魂能够实现自己的这种知识，也就实现了自己的本性，从而具有了美德。在这个意义上，知识是先天赋予人类心灵的，而不是后天获得的。

苏格拉底还说，正义和其他一切德行都是智慧。因为正义的事和一切道德的行为都是美而好的；凡认识这些事的人决不会愿意选择别的事情；凡不认识这些事的人也决不可能将它们付诸实践；即使他们试着去做，也是要失败的。所以，智慧的人总是做美而好的事情，愚昧的人则不可能做美而好的事，即使他们试着去做，也是要失败的。既然正义的事和其他美而好的事都是道德的行为，很显然，正义的事和

---

① 柏拉图：《柏拉图对话集》，王太庆译，商务印书馆，2004，第41页。

其他一切道德的行为，就都是智慧。①

苏格拉底的这一观点直接启发了后来柏拉图的回忆说，成为柏拉图理念论思想的基石。同时，苏格拉底认为善是人生的最高目的。在《高尔基亚》篇中，苏格拉底说：

> 善是我们一切行为的目的，其他一切事情都是为了善而进行的，并不是为了其他目的而行善……正是为了善我们才做其他事情，包括追求快乐，而不是为了快乐才行善。②

这样，苏格拉底就确立了理性主义伦理学的基本观点。善是人生追求的最大目标，肉体的快乐和享受并不是善，也不应是人生的最大目标。而这个善其实就存在于人的心中，就是人天性中就具有的本性，也就是"智慧"。追求善的过程其实就是实现自己本性和价值以及智慧的过程。

苏格拉底的这一观点无疑与希腊传统神学所主张的神性道德思想相左，而这也是他本人悲剧性命运的缘由。由于苏格拉底的理性主义思想与传统的希腊社会神学伦理文化相左，最终他被希腊人处死。但苏格拉底的死并没有阻碍他的思想所产生的巨大影响，他的理性主义思想经由柏拉图乃至亚里士多德的传承和发展，成为西方哲学真正意义上的开端。

苏格拉底死后，他的学生柏拉图成为苏格拉底哲学的真正继承者，并以其独特的方式发展了苏格拉底的哲学。与苏格拉底相比，柏拉图更多地关注于现实政治活动。这一变化可能来自苏格拉底之死对于柏拉图思想的触动。柏拉图在《第七封信》中说道：

> 因此我思考所有这一切，思考治理国家的人以及他们的

---

① 色诺芬：《回忆苏格拉底》，吴永泉译，商务印书馆，1984，第117页。
② 转引自汪子嵩等《希腊哲学史》第2卷，人民出版社，1997，第441页。

法律和习惯：当我越来越年长时，我看到要正确安排国家事务实在是件很困难的事情。没有可靠的朋友和支持者是什么事情也办不成的，而这样的人很难找到。而且我们的城邦已经不依传统的原则和法制行事了，要建立一种新的道德标准是极为困难的。再说法律和习惯正在以惊人的速度败坏着，结果是虽然我曾经满腔热忱地希望参加政治生涯，但这些混乱的情况却使我晕头转向。……从而我被迫宣告，只有正确的哲学才能为我们提供分辨什么是对社会和个人是正义的东西。除非是真正的哲学家获得政治权力，或者是处于某种奇迹，政治家成为真正的哲学家，不然人类就不会看到好日子。①

从这段话中，我们很难想象一个正值青春年少的人会发出如此深沉的思想。如果不是遭遇重大的变故——苏格拉底之死，恐怕一个年轻人很难会对现实人生有如此深切之见解。从此，柏拉图便以"哲学王"作为自己的最高政治理想，直到晚年遭遇的事情让他的思想又为之发生变化。在这里，柏拉图认为，哲学和政治是紧密联系在一起的，好的哲学必然能带来好的政治，只有哲学家成为统治者，国家政治才能昌明。

在此后的岁月里，柏拉图曾致力于影响当时叙拉古统治者狄奥尼修一世的思想，然而最终却遭遇冷遇并被卖为奴隶。最后被朋友解救出重围之后，柏拉图回到了雅典，建立了柏拉图学园，开始讲学、著书立说。之后又对狄奥尼修二世抱有希望，重新来到叙拉古，但又陷入复杂的政治斗争中，被软禁起来。之后虽在朋友的帮助之下又返回雅典，但还是情非得已再次来到叙拉古，但是并没有得到狄奥尼修二世的重用，反遭冷遇。就这样，柏拉图终于放弃了叙拉古，回到了雅典，从此不再过问政事。

同历史上大多数哲学家的命运一样，柏拉图并没能够以他的哲学思想影响当时的统治者，使之按照他的政治理想图式来治理

---

① 转引自汪子嵩等《希腊哲学史》第2卷，人民出版社，1993，第601~602页。

国家。在柏拉图的后期思想中,他的政治思想也随着他现实的遭遇而发生了转折,从原来《国家篇》中的"哲学王"转变为《法篇》中的"法治"。

柏拉图继承了苏格拉底的思想,认为人的灵魂是不朽的,因而所有的学习就是对以往知识的回忆。在《美诺篇》中,柏拉图借苏格拉底之口说道:

> 所以灵魂是不死的,而且诞生过很多次,有时在这个世界上,有时在下界度过,见到过各样事情,没有什么东西不在它的经验之中。因此没有什么奇怪,它能够回忆到品德以及其余的一切,这是它以前已经知道了的。因为整个自然是联成一气的,灵魂是经历过一切的,所以只要回忆到一样东西,即是人们所谓学到一件事,就不免由此发现其余的一切,只要他是勇敢的、不懈于钻研的。因此钻研和学习无非就是回忆。①

柏拉图的回忆说是对苏格拉底所提出的"助产术"的进一步发展。苏格拉底认为,他的主要任务就是要通过不断的问答来促使人们将自己内心本已孕育着的知识呈现出来。这个过程其实就是回忆的过程。苏格拉底更强调这个过程本身,强调通过思辨性的讨论来达到真理,因而更重视这个过程中所使用的方法。柏拉图则更倾向于讨论这个被回忆的知识本身,探讨它本身存在的原因。柏拉图在这里提到的"整个自然是联成一气的",因而只要回想起某一件东西就能发现所有别的东西。这非常类似于王阳明心学中"与天地万物为一体"的思想。

柏拉图在《斐多篇》中提出了"相"这个概念。柏拉图说:

> 我们要假定有这样一些东西如美自身、善自身、大自身

---

① 柏拉图:《柏拉图对话集》,王太庆译,商务印书馆,2004,第172页。

之类存在，以它作为出发点。如果在美自身以外还有其他美的事物，这些事物所以是美的，只能是因为它们"分有"了美自身，其他东西也是这样。如果有人向我说，一件事物所以美是因为它有美丽的颜色、形状之类，我根本不听，因为这将我弄糊涂了。我只是简单、干脆、甚至愚蠢地认定：一件事物之所以美，只是由于美自身出现在它上面，或者和它结合、联系，无论你愿意叫它什么都可以；我对于这种方式不作任何肯定，只是坚持这一点：美的事物是美（自身）使它美的。我认为这是最稳妥的回答，决不会被人驳倒。这个回答便是：由于美（自身）美的事物才美。[1]

这样，柏拉图实际上肯定了除了美的具体事物之外，还存在着另外一种美自身；善的具体事物之外，还存在着善自身；大的具体事物之外，还存在着大自身；等等。这些美自身、善自身以及大自身都是决定具体事物之所以美、善和大的原因所在。那么，这些"相"本身是与具体事物相结合的，还是分离的呢？结合上述的灵魂不朽说，如果人的灵魂和肉体是结合在一起，但又最终分离，而灵魂依然保持不变来说，"相"本身既与具体事物结合在一起，又超脱于具体事物之外。其实，柏拉图既然提到"整个自然是同类的"，因而在他看来，不同的"相"，如美自身、善自身以及大自身等都是在本质上相同的东西，都是与人的灵魂为一个内在的整体。具体的事物便是这一整体"相"的具体呈现，而"相"本身也不能脱离具体事物而存在。柏拉图的相论思想对后代的西方哲学影响深远。正是围绕这一问题，亚里士多德提出了"四因说"。

柏拉图在晚年写作了《法篇》，重点论述了他的法律思想。与《国家篇》对于抽象的"哲学王"的追求不同，《法篇》则关注于现实政体的优劣以及法律的现实功能和效用。柏拉图认为人

---

[1] 转引自汪子嵩等《希腊哲学史》第2卷，人民出版社，1993，第725~726页。

的理性和智慧是神赋予人最珍贵的财富，而法律就是维护这一财富的手段。柏拉图在《法篇》中说：

> 我们可以想像我们每个人都是诸神制造的木偶，也许是个玩具，也许有比较重要的作用。但我们确实说不出更多的意思来，只有一件事情是确定的。我们上面说的身体的内在状态就像牵引木偶的绳子或线，被它们拉着活动，但它们之间是相互对立的，在我们身上起作用，把我们拉向不同的方向，而在此之中就有了美德与邪恶之分。我们的论证是，一个人事实上必须服从某一种拉力，但同时也要抗拒其他所有绳子所起的作用——也就是说，必须服从以城邦公共法名义出现的判断，把它当作宝贵的和神圣的黄金。其他的法像一样坚硬，而这种法像黄金一样柔软，这些法起着原则一样的作用。所以，人必须与法合作，只要它的制定是高尚的，因为判断尽管是一种高尚的东西，是温和的、不用暴力的，但是制定一种判断需要某种东西的支撑，而我们身上的黄金相对其他成分来说占主导地位。我们说的木偶人以这样的方式得以完成。[①]

我们可以看到，柏拉图在这里将人比作诸神制造的木偶，被来自各种力量的绳子牵引着，其中有的力量是善的，有的是恶的，而法律就是那一个最宝贵和神圣的黄金绳子。这个黄金绳子起着原则一样的作用，只要人能够遵循这一原则，就能被引导到高尚的和善的方向上去。柏拉图认为，法律既要使人害怕，又要使人不害怕，要能正确地害怕那些可耻的事情，克服它们同时又充满自信，而且还要敢于面对困境。

这样，苏格拉底所开创的理性主义传统经柏拉图的继承和发展而逐渐臻于成熟，同时希腊世界在这一段时期也处于相对稳定

---

① 柏拉图：《柏拉图全集》第 3 卷，王晓朝译，人民出版社，2003，第 390～391 页。

和和平的环境之中。经济社会的繁荣和哲学传统的逐渐积淀使得后来者能够处在一个较高的位置上对这一传统做出集大成式的发展，而这一幸运地"站在巨人的肩膀上"的人就是亚里士多德。

四 亚里士多德哲学

亚里士多德出生于古希腊北部的马其顿王国，是马其顿王阿明塔（Amyntas）的御医尼各马可（Nicomachus）的儿子。医学世家的背景使得亚里士多德很早就接受了医学的训练，学习过各种医疗技术。这种早期的医学训练培养了亚里士多德重观察、重经验的思考习惯。与柏拉图受到南意大利毕达哥拉斯学派抽象数论思想的影响不同，亚里士多德可能更多受到德谟克利特经验主义理论思想的影响。

在十八岁那年，亚里士多德来到雅典，进入了柏拉图学园，成为柏拉图的学生，一直到柏拉图去世，亚里士多德在学园里一共度过了二十年的时间。可以想象，在这长达二十年的时间里，亚里士多德受到柏拉图思想的深刻影响，而柏拉图学园宽松、自由的学术氛围和当时在各个学科领域出类拔萃的思想家为亚里士多德博采众家之长的学术思想奠定了坚实的基础。

柏拉图死后，亚里士多德离开了雅典，在阿塔尔尼亚的柏拉图学园分部执教了三年。在这里，亚里士多德和阿塔尔尼亚的国王赫尔米亚（Hermias）结下了深厚的友谊，赫尔米亚还将自己的侄女嫁给亚里士多德。之后，亚里士多德受到马其顿王菲利普（Philip）的邀请，前往马其顿担任菲利普的儿子亚历山大（Alexander the Great）的宫廷教师。从此，直到亚历山大远征亚细亚之前，亚里士多德都一直陪伴着他。在前335～前334年，亚里士多德定居雅典，建立了吕克昂学园。之后，亚里士多德一直在学园内教学、撰写著作。在前323年，随着亚历山大大帝的去世和希腊本土的反马其顿浪潮的兴起，被希腊人视作亲马其顿的亚里士多德被迫离开雅典，回到他母亲的故乡优卑亚岛的卡尔西斯居住,于第二年因病逝世。

亚里士多德的一生可谓波澜壮阔,他在正当青春之时受教于当时也是之后最伟大哲学家之一的柏拉图,在这里接受了柏拉图理念论的熏陶;而当而立之年,他又成为当时也是之后最伟大皇帝之一的亚历山大大帝的老师,在那里教授了亚历山大大帝哲学学问和政治知识。相比起他的老师柏拉图或师祖苏格拉底,亚里士多德的一生或许可谓是幸运的一生。

据策勒尔的观点[1],从哲学思想的发展上说,亚里士多德的思想大致可以分为以下几个阶段。

1. 柏拉图学园时期(前367~前347)

在柏拉图学园时期,亚里士多德写作了《论灵魂》和《规劝篇》两篇论文。《论灵魂》一文带着明显的柏拉图哲学的痕迹,沿承了柏拉图的回忆说和理念学说,相信无形体的存在是理念最恰当的本性。但在此文中,亚里士多德也呈现出了不同于柏拉图的倾向,他认为和谐是一种性质,而灵魂则是一种实体,因而二者是不同的范畴,进而否认了灵魂是一种和谐这一命题。《规劝篇》是一封致塞浦路斯王特米松(Themison)的规劝信。信中的思想仍然保留着柏拉图理念论的痕迹,认为理念是超验的,而政治学和伦理学则应以哲学为基础。[2]

2. 过渡时期(前347~前335)

这一时期是亚里士多德思想逐渐成熟,并摆脱柏拉图思想的时期。这一时期的著作包括《论哲学》《形而上学》的初稿、《欧德谟伦理学》以及《政治学》和《物理学》的部分篇章。

《论哲学》中包含了对理念论的一些批判以及亚里士多德自己的宇宙观和宗教哲学思想。在这里,亚里士多德信仰宇宙和心灵的神性。而现今《形而上学》的第1卷、第2卷以及最后一卷大概是在这一时期完成的。在这些卷章中,我们可以看出亚里士

---

[1] E. 策勒尔:《古希腊哲学史纲》,山东人民出版社,1992,第170~180页。
[2] E. 策勒尔:《古希腊哲学史纲》,山东人民出版社,1992,第170~171页。

多德对柏拉图理念论的批判。

与早期形而上学相应的还有早期的伦理学,即《欧德谟伦理学》,这部亚里士多德在阿索斯的演说。亚里士多德认为,上帝是最高的善和绝对的准则,并依此来调节道德行为,而"快乐""目的"和"勇敢"是构成幸福的要素。

亚里士多德的早期政治学思想也是在这一时期逐渐形成的。根据《论正义》和《论国民》的残篇,亚里士多德在此时认为"善"是政治理论的核心,而现今《政治学》的第2、3、7、8卷也属于这一早期的政治学。这些著作中包含了亚里士多德对柏拉图《理想国》以及之前乌托邦思想的批判,认为理想国家的规范是由自然的概念所规定的,包含了三种基本的政体形式。亚里士多德从现实的角度出发,"为了避免否弃现实的国家而牺牲了柏拉图的理想国家"。①

3. 吕克昂学园时期(前335-前322年)

在吕克昂学园的这十三年,是亚里士多德人生的最后十三年,也是他自己哲学思想完全成熟并形成体系的过程。除了哲学思想以外,他还组织自己的学生对自然和历史进行详细的研究,并在自己的学院内系统授课,从而使全面的知识和教学成为可能。现今保留下来的亚里士多德的著作主要就是这一时期的教学著作,这些著作主要分为以下几类。

(1)逻辑著作

后来编撰而成的亚里士多德的《工具篇》主要包括了这一时期的著作,分别是《范畴篇》《解释篇》《前分析篇》《后分析篇》《正位篇》以及《论智者的谬误》。

(2)形而上学著作

现存的《形而上学》并不是前后连贯的整体,而是亚里士多德不同时期讲稿的汇编。这些著作被排列在《物理学》之后,意味着形而上学是以物理学为基础的,这就不同于柏拉图的形而上

---

① E. 策勒尔:《古希腊哲学史纲》,山东人民出版社,1992,第173~174页。

学完全以抽象的理念为基础。亚里士多德称之为"第一哲学",是世界的基本原理的科学。我们可以看到《形而上学》的较早部分和较后部分的区别,前者更多关注的是超验世界,后者则是包含了感性世界在内的整个世界。①

(3) 自然科学著作

这一类别的著作包括了8卷本的《物理学》《论天》《论生灭》《气象学》《论宇宙》《动物史》《论灵魂》等。这些著作完整地展示了亚里士多德丰富的自然科学思想。

(4) 伦理学与政治学著作

伦理学著作主要包括了《欧德谟篇》《大伦理学》以及《尼各马可伦理学》。其中,《欧德谟篇》应是亚里士多德在阿索斯时的演说。而《大伦理学》也可以追溯到亚里士多德追随柏拉图思想时的一次演说,后来又经过多次补充修订。《尼各马可伦理学》无疑是亚里士多德伦理学最主要的著作,写于亚里士多德晚年时期,共有10卷,而该书可能是由亚里士多德的儿子尼各马可(Nicomachus)编纂而成,因而称之为《尼各马可伦理学》。《政治学》中的第4、5、6卷可能写作于这一时期。②

除了以上的著作以外,亚里士多德还以他令人难以置信的天赋和能力写作了美学、历史以及文学著作,包括《修辞学》三卷和《诗学》等。

亚里士多德一方面继承了柏拉图的哲学思想,另一方面又在很大程度上超越了柏拉图的研究,他的研究范围和跨度远远超过了柏拉图,形成了学科门类齐全的教学体系。西方历史上第一位"百科全书式的学者"从此诞生了。

---

① E. 策勒尔:《古希腊哲学史纲》,山东人民出版社,1992,第176~177页。
② E. 策勒尔:《古希腊哲学史纲》,山东人民出版社,1992,第178~179页。

第五章

古希腊人文精神研究

——以《理想国》中的"正义"争辩为中心

《理想国》开篇的第一句是这样的:

> 苏格拉底:我昨天跟阿里斯同的儿子格劳孔一块儿到下面(kateben/went down)的比雷埃夫斯港,参加向女神的献祭;同时我也想看看他们是如何庆祝节日的,因为他们庆祝这个节日还是头一遭。①

在这句话里,苏格拉底说"昨天"似乎表明他正在向别人叙述这篇对话,可是在接下来的文本里面,我们没有找到他的听众。柏拉图是忘记了介绍他的听众吗?柏拉图这篇对话录到底是讲给谁听的呢?从《蒂迈欧》篇开头来看,苏格拉底似乎是说给蒂迈欧(Timaeus),赫莫科拉底(Hermocrates),克里底亚(Critias)和一个不知名的人听的。

比雷埃夫斯港(Piraeus)位于雅典西南七公里外,它是雅典最重要的一个海港。柏拉图用"kateben"(went down)这个词,表明了苏格拉底到那里去是一种"下降"。事实上,在希腊原文

---

① 柏拉图:《理想国》,郭斌和、张竹明译,商务印书馆,1986,327A。该引文中的个别字句根据《洛布古典丛书》希英对照本,及 Allan Bloom 和 B. Jowett 译本稍作调整。下同。

中，"kateben"是整部《理想国》的第一个词。以这个词开端表明了整部《理想国》的某种逻辑结构是从低处开始上升的。我们知道，它最后一直上升到第5、6、7卷的"美好的城邦"（kallipolis）和"哲学家——王"。另一方面，"kateben"也让人很自然地联想到后面谈到的"洞穴比喻"，那位看到了天上"太阳"的哲学家为了拯救自己的同胞，重新回到洞穴中，这乃是一种"下降"。

这里提到的苏格拉底去献祭的"女神"指的是色雷斯的月亮女神本狄斯（Bendis）。苏格拉底下面说他们的庆祝活动搞得并不比色雷斯人更好。[①]

需要我们注意的是，对于雅典而言，本狄斯完全是一个异邦的新神。根据一些学者的考证，在整个公元前5世纪，雅典一共只有两次允许重要的新神进入他们的神殿，这是其中的一次。

> 新神很少被引入古代的城邦，公共庆典被视为对城邦的神的崇拜的接受。众神保护他们选定的城邦，反过来所有城邦也要照应保护他们的神，尤其是不允许遵从异神：欢迎新神的代价可能是失去旧神的保护。所以，在整个公元前5世纪，雅典只有两次允许重要的新神进入神殿。另外一次是阿斯克勒普，一个埃皮道仓的希腊英雄，他起初只是作为传奇医生被纪念，而后被提升为医神。[②]

雅典为何会崇拜色雷斯人的月亮女神呢？这可能和伯罗奔尼撒战争有关。雅典之于斯巴达的优势主要在于海军，而造船需要木材，色雷斯人则拥有大量的木材。公元前427年，雅典与色雷斯结

---

① 柏拉图：《理想国》，郭斌和、张竹明译，商务印书馆，1986，327A。如无特殊说明，本书中出现的所有关于《理想国》的注释和引文均出自此译本，书中只给出标准行段码，不再另行注释说明。
② N. 帕帕斯：《柏拉图与〈理想国〉》，朱清华译，广西师范大学出版社，2007，第21~22页。

盟。几年后雅典提升了本狄斯的地位，并准备为她进行公共庆典。①

我们注意到，苏格拉底在公元前399年被人指控，并随后被判处死刑，其中一条罪名就是他"引进新神"。柏拉图在《理想国》的开篇就提到了这位异邦的神，似乎在为苏格拉底进行某种辩护：雅典早就引进了新神，而且动机不纯。② 布鲁姆（Allan Bloom）认为《理想国》才是苏格拉底真正的"申辩"，因为在《申辩篇》中苏格拉底被人们不公正地对待，人们没有给予他一个充分的机会让他来为真正正义的人和正义本身做出真正的辩护。而在《理想国》中他才有机会为人们展示什么是真正的正义，以及正义为何是一种善。③ 这种解读当然是非常有道理的，从开篇的一些细节中我们不难看出苏格拉底的这种"申辩"。当然，说苏格拉底"引进新神"，也并非是冤枉他，后面我们将会看到，他引进的新神就是"善本身"。

苏格拉底与格劳孔向女神献祭完毕并看了表演后就要返回雅典城，这时克法洛斯的儿子玻勒马霍斯派人叫住了他们。玻勒马霍斯仗着人多势众，告诉苏格拉底"要么留在这里，要么干上一仗"。苏格拉底认为还有第三种办法，那就是劝服他们，让他和格劳孔返回去。玻勒马霍斯的回复是，你们无法说服我们这些不愿意领教的人。④

这是非常有戏剧性，也意味深长的一幕。"说服"与"强迫"构成了这段戏剧的关键。而"正义"就是"说服"和"强迫"，或者说"理性"与"暴力"的一种混合。⑤

---

① N. 帕帕斯:《柏拉图与〈理想国〉》，朱清华译，广西师范大学出版社，2007，第22页。
② N. 帕帕斯:《柏拉图与〈理想国〉》，朱清华译，广西师范大学出版社，2007，第22页。
③ Allan Bloom, "Interpretive Essay", *The Republic of Plato* (New York, 1968), pp. 307-309.
④ 柏拉图:《理想国》，327B-C。
⑤ Leo Strauss, *The City and Man* (The University of Chicago Press, 1978), p.64.

哲学家无法说服那些不愿意领教的人,"理性"有它自然的限度。玻勒马霍斯这群人当然也不可能说服哲学家,所以他们这群人只好仗着人多势众"强迫"哲学家留下来。在后面的洞穴比喻中,哲学家重新回到洞穴也是出于一种"强迫"。

然而,苏格拉底留下来并非完全出于玻勒马霍斯这群人的"强迫"。接下来,阿得曼托斯插了一句话,他说今晚有火炬赛马。苏格拉底对此感到新鲜和好奇。玻勒马霍斯接着说,还有庆祝会,值得一看。而且还有不少年轻人,大家可以好好聊聊。当然,他还允诺了一顿晚餐。①

亚里士多德说哲学源于好奇。因此哲学家会被好奇心所诱惑,也只有这样众人才能"说服"苏格拉底。显然,苏格拉底来到比雷埃夫斯港部分出于好奇,部分出于他对神的虔诚。而他留下来谈话,则出于某种强迫和说服。在后面我们注意到,苏格拉底其实既没有吃晚饭也没有去看火炬赛马,一场关于正义的谈话取代了它们。有的学者认为,这是苏格拉底的一种节制,一种对肉体欲望和视觉快乐的节制。②

格劳孔接着说,看来我们非要留下来不可了。苏格拉底同意了,"既然你这么说了,咱们就这么办吧"③。

苏格拉底似乎是为了使格劳孔满意才最终留下来的,我们也可以想象他来到比雷埃夫斯港或许也是出于格劳孔的请求。色诺芬(Xenophon)告诉我们,苏格拉底曾经要治疗格劳孔的政治野心,而这篇对话或许就是这样一种最好的治疗。④ 因为在《理想国》中,苏格拉底为我们展示了比政治更伟大和高尚的事物。⑤

---

① 柏拉图:《理想国》,328A - B。
② Leo Strauss, *The City and Man* (The University of Chicago Press, 1978), pp. 64 - 65.
③ 柏拉图:《理想国》,328B。
④ Leo Strauss, *The City and Man* (The University of Chicago Press, 1978), p. 65.
⑤ 柏拉图:《理想国》,521B。

一 克法洛斯：正义就是"欠债还钱"和"有话实说"

一半出于强迫，一半出于说服，苏格拉底跟随玻勒马霍斯来到了他的家中，见到了玻勒马霍斯的父亲克法洛斯，他是一位侨居在此的富有的老人。克法洛斯很有礼貌地接待了苏格拉底，他希望苏格拉底有空能多来他家里坐坐，因为他希望能多听听苏格拉底讲话。他说，随着自己对肉体欲望的衰减，他逐渐地爱上了机智的清谈。[1] 苏格拉底也表示希望能和他这样上了年纪的人多说说话，这样他就可以向人生旅途中的老旅客们请教人生之路到底是崎岖坎坷还是一条康庄坦途，而且他还想知道人到晚年是否痛苦还是怎么样？[2]

克法洛斯的回答既诚实又得体。他提到了自己年轻时的各种吃喝玩乐以及一些老朋友们对失去这些快乐的抱怨。但是他还是认为人到老年可以变得心平气和，宁静寡欲。而这也未尝不是人生的一种解脱。尤其是在男女情欲方面，他特别提到了他的老朋友索福克勒斯的看法，在这位喜剧诗人看来，一个人从情欲中解脱出来就像一个人从又疯又狠的奴隶主手中逃出来一样。[3]

克法洛斯曾经是个很放纵自己欲望的人，他人到晚年喜欢清谈的很大原因在于他曾经饱受情欲之苦。苏格拉底也是个非常放纵自己欲望的人，只是这种欲望的对象是智慧，他把哲学看作一种最高的爱欲（eros）。不是每一位哲学家，当然更不可能每一个人，都能像苏格拉底那样生活。我们的情欲没有像他那样强烈。

对于克法洛斯的回答，苏格拉底说很多人或许不以为然，他们会认为克法洛斯之所以老来得福，是因为他家财万贯。对此，

---

[1] 柏拉图：《理想国》，328C – D。
[2] 柏拉图：《理想国》，328E。
[3] 柏拉图：《理想国》，329A – D。

克法洛斯说他可以像雅典著名的政治家色弥斯托克回答塞里福斯人一样回答他们。塞里福斯人诽谤色弥斯托克，说他成名并不是由于自己的功绩，而是由于他是雅典人。而色弥斯托克对此的回答是"如果我是塞里福斯人，我固然不会成名，但是，要让你是雅典人，你也成不了名"。对于那些叹老嗟贫的人同样可以拿这些话来回敬他们："一个好人，同时忍受贫困、老年，固然不容易，但是一个坏人虽然有钱，到了老年其内心也是得不到满足和宁静的。"①

克法洛斯的回答相当不卑不亢，而且非常巧妙。需要注意的是，克法洛斯本人并非雅典公民。他似乎在说就算他不是雅典人也照样可以做个好人，因此雅典人也没什么了不起。在这里，有一种对雅典相当含蓄的批评。

在钱财方面，克法洛斯并非守财奴。就自己赚钱而言，他介于祖父和父亲之间，他赚得比父亲留给他的多，但比祖父少。苏格拉底说，每个人都喜欢自己的东西。在钱财方面也是这样，大凡不亲手赚钱的人，多半不贪财。那种守财奴着实令人厌恶，他们只知道赞美金钱，别的什么也不赞美。②

接下来，苏格拉底以一种十分符合克法洛斯身份的方式提出了一个非常合适的问题，那就是，"据您看家财万贯最大的好处是什么？"③克法洛斯的回答是：

> 尽管钱财有许多好处，可是最大的则是：有了钱财就不必存心作假或不得已而骗人。当他要到另一个世界去的时候，他也就用不着为亏欠神的祭品和人的债务而心惊胆战了。④

苏格拉底这时适时地提出了"什么是正义"这个问题，而且

---

① 柏拉图：《理想国》，330A。
② 柏拉图：《理想国》，330B－C。
③ 柏拉图：《理想国》，330D。
④ 柏拉图：《理想国》，331B－C。

他把克法洛斯的"正义"观点总结为"有话实说，有债照偿"这两点。① 这是整部《理想国》中第一次提到"正义"问题，以及对于"正义"的看法。我们必须要注意：是苏格拉底提出了"正义"问题，而不是克法洛斯。因此，是苏格拉底在关心"正义"，而克法洛斯或许并不太关心，他更关心的是神的惩罚以及他对神的"虔诚"。

我们可以看到，晚年的克法洛斯之所以不存心作假，不愿意欠神的祭品和人的债务，是因为他害怕死后受到神的惩罚。他的道德的基础是传统的神学。

苏格拉底对克法洛斯"正义"观点的简单而直接的反驳是：

> 你有个朋友在头脑清楚的时候，曾经把武器交给你；假如后来他疯了，再跟你要回去；任何人都会说不能还给他。如果还给他，那倒是不正义的。把整个真实情况告诉疯子也是不正义的。②

表面上看，在这里苏格拉底仿佛并没有立刻着手对这种基于神学的传统道德观念进行批判。可是这个简单的反驳包含了"正义"到底是在"习俗"的意义上还是在"自然"上给予一个人应得之物的问题。而在后来的讨论中，我们知道，"正义"就被定义为给每一个人在其自然的天赋上就适合他的东西。③ 因此，事实上苏格拉底在这里已经开始对以神学为基础的传统习俗主义的"正义"观点进行批判了，而且也表达了他要以"自然"代替"习俗"作为基础来重新建构正义理念的基本意图。不过，如果从《理想国》的结尾来看，苏格拉底似乎重新肯定了一种"善恶报应"的神学或神话。柏拉图的政治哲学既激进又保守。

---

① 柏拉图：《理想国》，331C。
② 柏拉图：《理想国》，331C。
③ 柏拉图：《理想国》，433A。

二 玻勒马霍斯：正义就是"帮助朋友"并"伤害敌人"

克法洛斯把话题交给了他的儿子之后，就去向神献祭了。对传统的神的"虔诚"离开之后，"正义"问题的讨论继续进行。玻勒马霍斯作为他父亲的接班人并没有完全继承他父亲的论点，他仅仅提到了"欠债还钱就是正义的"，而没有提到"有话实说"。① 并且他引用诗人西蒙尼德的话来说明他父亲"欠债还钱"的原则其实不过是"给一个人以其应得的"而已，而他认为给予朋友的应该是"善"，给予敌人的无非是"恶"，于是"正义"就等于"把善给予友人，把恶给予敌人"。②

苏格拉底从如下几个方面进一步澄清并反驳了这个论点。

首先，苏格拉底把"正义"同"医术""烹饪"和"航海"这些技艺进行类比。通过这种类比，苏格拉底一方面迫使玻勒马霍斯承认只有"医生"或"舵手"这样具有知识的人才能真正地"把善给予朋友，把恶给予敌人"。③ 在苏格拉底看来，"正义"是一种技艺，这正如德性就是知识。另一方面，苏格拉底也指出了"正义"与"医术"、"航海"等技艺的不同。苏格拉底首先问，在什么情形下"正义"的人最能利友而害敌？玻勒马霍斯回答说在战争中。可是，正如人们在健康的时候医生是无用的，在不航海的时候舵手也是无用的一样，那么，在不打仗的时候难道"正义"也是无用的吗？玻勒马霍斯则认为"正义"在平时也是有用的。④ "正义"这门技艺的对象似乎与这些具体的技艺都不同，它的范围要更加广泛。在后面我们会看到"正义"是一种贯穿整个城邦和人的灵魂各个部分的一种德性，亚里士多德称"正义"为一种"全德"。

---

① 柏拉图：《理想国》，332E。
② 柏拉图：《理想国》，332A – D。
③ 柏拉图：《理想国》，332C – E。
④ 柏拉图：《理想国》，332E – 333A。

既然"正义"这门技艺在平时也是有用的，那么下面苏格拉底就列举了几种比较和平的技艺，比如种田和做鞋子。种田这门技艺的用处是为了收获庄稼，而制鞋技术则是为了做成鞋子。那么"正义"这门技艺在平时有什么用处呢？玻勒马霍斯说在订立契约这种合伙关系方面，"正义"是有用的。苏格拉底说下棋的时候，一个好的棋手比一个正义者更有用，在砌砖盖瓦的事情上，瓦匠比一个正义的人也更有用，在奏乐的时候，一个好的琴师比一个正义者也更有用。那么，在哪种合伙关系上，正义者比琴师等更有用呢？①

　　上述苏格拉底的话并不能表明"正义"不是一门技艺，而仅仅表明"正义"这门技艺所要求的知识与具体的下棋、奏乐等技艺所要求的知识都不同。

　　玻勒马霍斯认为，在金钱的关系上正义者比瓦匠、琴师等更有用。② 我们知道，金钱是一种一般等价物，在这点上它和"正义"的确很相似，因为"正义"也是一种一般性的技艺或者整全的德性。然而，金钱和正义毕竟还有不同，苏格拉底说恐怕应该把花钱的事情除外，比如在马匹交易中马贩子可能是比较好的伙伴。③

　　玻勒马霍斯认为在妥善保管钱财的时候，正义者要更管用。可是这会导致这样一个结论：当没有金钱的时候，"正义"才有用。所有的事物都是这样的情形，它们有用，"正义"就无用，它们无用，"正义"就有用。苏格拉底认为，如果是这样的话，那么"正义"也没有什么了不起。④

　　上述苏格拉底与玻勒马霍斯关于正义与技艺的类比，充分地表明了"正义"问题的困难所在。它让我们思考，"正义"这门技艺的对象到底是什么？它所要求的到底是一种什么样的知识？

---

① 柏拉图：《理想国》，333A－B。
② 柏拉图：《理想国》，333B。
③ 柏拉图：《理想国》，333B－C。
④ 柏拉图：《理想国》，333C－E。

它有什么用呢？对于苏格拉底而言，对于"正义"的这些问题，最终也就相当于对于哲学的问题。因为哲学家才是最"正义"的人。哲学不同于每一门具体的科学，它的对象是什么？它是一种怎样的知识？它有什么用处呢？在后面，苏格拉底会为我们阐释何谓哲学，以及哲学的真正魅力及作用。

接下来，苏格拉底换了一种方式继续来思考正义与技艺的问题。拥有一门具体的技艺也就相当于掌握一种特殊的知识。那些善于预防和避免疾病的人，也善于造成疾病；善于防守阵地的人也善于偷袭敌人。如果正义是一种管钱的技艺，那么正义的人也必定善于偷窃。这样正义的人就是一个小偷了。苏格拉底还把这种看法归为荷马。① 需要注意的是，把正义的人看成小偷，这和玻勒马霍斯"帮助朋友，伤害敌人"的观点并不矛盾。苏格拉底当然清楚地看到了这一点。②

如果有利于国家的安全，那么偷窃在某些情况下不也是一种"善"吗？考虑到每个国家都需要情报，因此正义的人是个小偷这似乎也没什么不对。如果"正义"是一门技艺，那么它似乎是一种超越医术、航海等特殊技艺的东西，它要求一种对于真正的"善"的知识。

下面，苏格拉底就重新审视了什么才是真正的朋友，什么是真正的敌人，以及他们与真正的"好人"和"坏人"的区别。

在玻勒马霍斯看来，一个人总是爱那些他认为好的人，而恨那些他认为坏的人。可是苏格拉底则迫使玻勒马霍斯承认有时候这是会弄错的，那就会出现把坏人当朋友，把好人当敌人的情况。这样，正义就可能会伤害好人，而帮助坏人。

因此，苏格拉底则从一种更严格、更高的标准来审视"敌人"与"朋友"，他不认为"好人"才是"朋友"，"坏人"则是"敌人"。他认为"正义"是不会伤害任何人的，因为任何动物或

---

① 柏拉图：《理想国》，333A-B。
② 柏拉图：《理想国》，333B。

人受到了伤害只能变得更坏,而好人不会用他的美德使任何东西变坏。这样,玻勒马霍斯的关于"正义"的定义就是不能成立的。①

玻勒马霍斯关于"正义"就是"帮助朋友,伤害敌人"的观点是一种很古老,也很受尊敬的观点。有些学者认为,玻勒马霍斯的看法反映了一种最有力的关于"正义"的意见——根据这种意见,"正义"意味着大公无私的精神(public-spiritedness),或者是关心"公有之好"(commongood),即完全把自己献身于自己的城邦,而自己的城邦也总是一个"特殊"的城邦,它是别的城邦的潜在的敌人,或者是爱国主义。②

不过在这里需要注意,如同布鲁姆所提醒的那样,在"正义"被理解为"帮助朋友,伤害敌人"时,玻勒马霍斯所强调的"正义"与他父亲所理解的"正义"在以下一点上有根本的不同:克法洛斯关心的是"正义"如何对自己有利,而玻勒马霍斯则关心的是"正义"对别人的好处。因此,他展现了"正义"问题的另外一面——它对共同体的好,以区别于个人。布鲁姆还认为,"正义"被理解为一个人自己的好(one's own good)与公有之好(common good),而这二者之间的关系是《理想国》持久的关怀。而克法洛斯与玻勒马霍斯则分别代表了这两极。③

因此通过克法洛斯与玻勒马霍斯父子对"正义"的不同理解,柏拉图在这里潜在地提出了这样一个根本性的问题让人思考:"正义"要么作为一个人"自己的好",要么作为城邦的"公有之好",可这二者是一回事吗?

但是,在这里需要立刻指出的是,玻勒马霍斯所理解的"公有之好"仅仅是"爱国主义"的,因此,这种"公有之好"也不过是一种"集体性的私利"罢了。这种对城邦的"公有之好"或者"正义"的狭隘理解直接导致了把"外人"当作了"敌人"

---

① 柏拉图:《理想国》,334C – 335E。
② Leo Strauss,*The City and Man*(The University of Chicago Press,1968),p. 73.
③ Allan Bloom,"Interpretive Essay",*The Republic of Plato*(New York,1968),p. 317.

或者"潜在的敌人"这一结论，以及"正义"一定会包含"伤害敌人"这个严峻的政治后果。

因为显然，世上的好东西都是稀缺的，而人的美好的生活却有赖于这些东西，一部分人占有了这些东西总是意味着另外一些人已被排除在外，反之亦然。拥有一个自己的家庭或者城邦意味着在自己人（insiders）与外人（outsiders）之间作出区分，所以外人就是潜在的敌人。这样，"正义"就要不可避免地"伤害敌人"。[1]

三 色拉叙马霍斯：正义就是强者的利益

当智者色拉叙马霍斯听到苏格拉底说"正义不会伤害任何人"时，他仿佛显得非常愤怒，并且他迫不及待地想要表达他自己关于"正义"的真正洞见。柏拉图在这里把色拉叙马霍斯表现得非常粗鲁和野蛮，就像野兽一样。[2]

色拉叙马霍斯表示不愿意听苏格拉底那些废话，他认为提问题总比回答要容易，因此苏格拉底应该自己回答"正义"到底是什么。他要求苏格拉底给"正义"一个直接了当的说法。而当苏格拉底表示对此无能为力的时候，色拉叙马霍斯则很清楚这是苏格拉底的反讽法。苏格拉底则认为"正义"除了上面他们所谈论的那样，是必要的（needful）、有用的或有利的（helpful or the profitable, or the gainful）外，他说不出别的来。色拉叙马霍斯实在是强人所难，就像人家问你 12 是怎么得来的，你却不让人回答 2 乘 6、3 乘 4、6 乘 2 或者 4 乘 3 一样。[3]

色拉叙马霍斯则自诩能给"正义"一个与众不同而又高明的说法，而且他还问苏格拉底应该受什么样的惩罚。苏格拉底认为他只能接受无知之罚。色拉叙马霍斯认为钱还得照罚。格劳孔这

---

[1] Allan Bloom, "Interpretive Essay", *The Republic of Plato* (New York, 1968), p. 318.
[2] 柏拉图：《理想国》，336B - C。
[3] 柏拉图：《理想国》，336C - 337B。

时插话，认为罚钱的事不用发愁，他们都愿意替苏格拉底分担。①这一幕非常像《申辩篇》中的一段场景，苏格拉底受到了不公正的审判，柏拉图和克力同等人都愿意替他出罚金，而苏格拉底认为如果法庭公正地按照他对雅典的功过进行处罚，他建议应该在国宾馆用餐。②

接下来，色拉叙马霍斯给出了一个关于"正义"的新的看法，他认为"正义就是强者的利益"。③那么，什么才是色拉叙马霍斯所说的"强者"呢？他把"强者"等同于"统治者"，因为在他看来，"难道不是谁强谁统治吗"？而他认为，显然"统治各个国家的人有的是独裁者，有的是平民，有的是贵族"。并且，

> 每一种统治者都制定对自己有利的法律，平民政府制定平民法律，独裁政府制定独裁法律，依此类推。他们制定了法律明告大家：凡是对政府有利的对百姓就是正义的；谁不遵守，他就有违法之罪，又有不正义之名。因此，我的意思是，在任何国家里，所谓正义就是当时政府的利益。政府当然有权，所以唯一合理的结论应该说：不管在什么地方，正义就是强者的利益。④

色拉叙马霍斯所谓的"正义就是强者的利益"，其实也无非就是说"合法的就是正义的"。他的这种观点代表了一种"习俗主义"（conventionalism）的观点，它的真实内涵其实非常保守。如果每一个国家都会要求它的公民遵守法律，那么在几乎任何一个国家里这都将是一种非常值得敬畏的意见。

苏格拉底说他也赞成"正义"就是一种利益这一见解，可是什么才是"强者"则需要认真考虑。他问色拉叙马霍斯，统治者

---

① 柏拉图：《理想国》，337C – D。
② Plato, *Apology* (Oxfordi Clarendon Press, 1867), 37A, 38B – C。
③ 柏拉图：《理想国》，338C。
④ 柏拉图：《理想国》，338D – 339A。

有没有可能犯错。当统治者们犯错的时候，他们制定的法律就会损害自己的利益。这样，法律或者正义就将不是统治者们的利益，而是一种损害了。①

在这里，就像布鲁姆指出的那样，在对统治者的理解中发生了一种从"力量"（strength）到"知识"（knowledge）的转变。②苏格拉底并没有质疑"正义就是强者的利益"这一原则，他只是要求重新理解什么才是"强者"。一般人都想当然地认为自己知道自己的真正利益所在，可是事实上并非如此。知道什么才是"善本身"的人只有少数的哲学家，大多数人都仅仅具有一些"关于意见"，觉得某些东西似乎对自己是好的或最好的，比如无数的财富、滔天的权势等。

这时候色拉叙马霍斯的朋友克勒托丰插话进来，并为色拉叙马霍斯辩护。在克勒托丰看来，色拉叙马霍斯所谓强者的利益，是强者自认为对己有利的事情，也是弱者非干不可的事情。③在布鲁姆看来，克勒托丰的观点近似于一种法律实证主义（legal positivism）观点："正义"也无非就是城邦所谓对的，没有别的。何谓真正有益的这个问题就被搁置在一边了。而且，克勒托丰的观点可以避免苏格拉底所指出的那种内在矛盾，因为所谓"强者的利益"，不过是一种表面上的，似乎有利。④

然而，色拉叙马霍斯并不打算接受克勒托丰的辩护，他要从一种严格的意义上来理解何谓真正的强者。在他看来，强者是那些不会犯错误的人。一个人在犯错误的时候，是不能被称为强者的，这正如医生治病有误，我们不会因为他看错了病而称他为医生一样。⑤

---

① 柏拉图：《理想国》，339B–E。
② Allan Bloom, "Interpretive Essay", *The Republic of Plato*（New York, 1968），p. 328.
③ 柏拉图：《理想国》，340A–B。
④ Allan Bloom, "Interpretive Essay", *The Republic of Plato*（New York, 1968），p. 329.
⑤ 柏拉图：《理想国》，340D–E。

而苏格拉底指出,一个严格意义上的医生是一个治病的人,而不是一个赚钱的人。每一门技艺都不是为了它本身,而是为它的对象的某种利益服务的,比如医术是为了健康,马术是为了马的利益等。因此,统治者的统治,也不是为了自己的利益,而是为被统治者服务的。这样,色拉叙马霍斯的定义就被颠倒过来了。[①]

需要注意的是,当苏格拉底说"统治者"的统治应该为被统治者服务时,这并不表明苏格拉底就认同某种现代的政治理念。就算统治者应该为人民服务,也是因为这是统治这门技艺的完美性本身所要求的,正如一个好的医生用他的医术能够很好地治疗病人的疾病一样。苏格拉底在这里强调的仍然是每一门"技艺"所要求的那种"知识"。人民在那个时代还没有成为神,人民成了神那是卢梭以后的事情。

色拉叙马霍斯是一位优秀的修辞学家,他接下来以"放牧"这个例子来反驳苏格拉底。在他看来,牧羊人把自己的牛羊照顾好,这绝不是为了那些牛羊的利益,而是为了他自己的利益。统治者也是一样,他们把人民照顾好,最终也是为了自己的利益。因此,他批评苏格拉底头脑简单,完全不懂正义的人和不正义的人的区别。在他看来,正义的人跟不正义的人相比,总是吃亏。"正义"不过是统治者的利益,因此那些遵守法律或"正义"的人民无异于是些伤害自己的傻瓜。而那些"不正义"的人才是最快乐的,他们是窃国者,对别人的东西,无论是神圣的还是普通人的,公家的还是私人的,肆无忌惮地巧取豪夺,统统据为己有。而一般人之所以谴责"不正义",并不是怕做"不正义"的事,而是怕吃"不正义"的亏。[②]

色拉叙马霍斯发表完这番高论后就打算扬长而去,可是苏格拉底和在座的都要他留下来。苏格拉底认为色拉叙马霍斯上面这番话说得并不是一件小事,而是牵涉到每一个人一生的道路问题——究

---

① 柏拉图:《理想国》,341C–343A。
② 柏拉图:《理想国》,343B–344C。

竟做哪种人最为有利？①

　　苏格拉底认为色拉叙马霍斯在前面对医生做了严格的定义，但却没有对牧羊人做一种严格的定义。严格地来说，牧羊技艺的完美当然在于尽善尽美地使羊群得到利益。统治者的技艺也是如此，他总是要照顾被统治者的利益。而每一种技艺的利益都是特殊的，赚钱这门技艺似乎是技艺中的技艺。统治者是为了被统治者的利益的，因此那些真正能治理城邦的人反而不愿意去统治。如果要人家担任统治工作，就要给报酬，或者给名，或者给利，或者给予惩罚。②

　　格劳孔这时插话进来，他说拿惩罚当报酬，这点他不明白。苏格拉底说好人是不肯为名利而当官的，要他们当官只能用惩罚来强制了。最大的惩罚是你不去管人，却让比你坏的人来管你。好人害怕这个惩罚，所以勉强出来做官。如果全国都是好人，大家会争着不当官，像现在大家都争着当官一样热烈。因此一个真正治国者追求的不是他自己的利益，而是老百姓的利益。所以他坚决不能同意色拉叙马霍斯"正义是强者的利益"这个说法。③后面我们知道，哲学家就是那种需要强迫才愿意当官的好人。

　　苏格拉底认为，色拉叙马霍斯把"不正义"看作是比"正义"更好的东西，这实在是一件重大的事情。下面他就开始为"正义本身是一种善"来辩护了，在他看来"正义"是善，而"不正义"是恶。需要注意的是，到目前为止我们还不知道"正义"本身是什么。④

　　色拉叙马霍斯一开始并不同意"正义"是一种善，"不正义"是一种恶。甚至恰恰相反，在他看来"正义"的人天性忠厚，天真单纯，而"不正义"的则精明强悍。因此他把"不正义"归于

---

① 柏拉图：《理想国》，344D - E。
② 柏拉图：《理想国》，345C - 346A，346E - 347A。
③ 柏拉图：《理想国》，347B - E。
④ 柏拉图：《理想国》，347E，348C。

德性与智慧一类，而"正义"不过是一种天真或愚蠢。① 为了反驳色拉叙马霍斯这个说法，苏格拉底付诸于三个论证。

首先，苏格拉底说正义者仅仅要求胜过异类，而不要求胜过同类，而不正义者则无论什么都想胜过。一个又好又聪明的人不愿意超过和自己同类的人，只愿意超过跟自己不同类而且相反的人。但是一个又笨又坏的人反倒对同类和不同类的人都想超过。而正义的人跟又聪明又好的人相似，不正义的人跟又笨又坏的人相似。那么结论只能是：正义的人又聪明又好，不正义的人又笨又坏。②

色拉叙马霍斯听完苏格拉底这番话后十分勉强地表示同意。柏拉图告诉我们，这时正值盛暑，色拉叙马霍斯大汗淋漓，满脸通红。③ 在这里，色拉叙马霍斯之所以脸红不是因为他自己"不正义"，而是因为自己"不聪明"。因为苏格拉底说"不正义"的人是很愚蠢的。苏格拉底显然非常巧妙地羞辱和教训了色拉叙马霍斯一顿。当然，色拉叙马霍斯脸红也可能是天气炎热的缘故。

然而，苏格拉底上述论证并非是没有问题的。好人不愿意胜过同类，这似乎预设了一个没有竞争的社会，可这点并非显而易见。而且，他也没有具体论证为什么正义和智慧相似，不正义就是愚蠢。还有，如果一门技艺或科学的完美性仅仅照顾对象的利益，那么人为什么还要献身于艺术与科学呢？这些问题苏格拉底在这里并没有给我们交待。④

因此，与其说苏格拉底说服了色拉叙马霍斯，倒不如说是羞辱和教训了他。苏格拉底借助的还是习俗的力量，他让色拉叙马霍斯明白，尽管这个社会离真正的正义还很远，可是公然地鼓吹不正义，把它说成是一种美德和智慧，这实在是一种不智之举。

---

① 柏拉图：《理想国》，348C – 349A。
② 柏拉图：《理想国》，349B – 350C。
③ 柏拉图：《理想国》，350C – D。
④ Allan Bloom, "Interpretive Essay", *The Republic of Plato* (New York, 1968), pp. 335 – 336.

下面我们可以看到，色拉叙马霍斯几乎保持沉默，对于苏格拉底的问话只是点点头，或摇摇头，就像敷衍说故事的老太婆一样。①

苏格拉底的第二个论证是反对"不正义是强有力的"，在他看来正义才是强有力的。苏格拉底的论证非常值得注意，他说一个城邦、一支军队、一伙强盗，或者任何团体，如果彼此相处毫无正义，相互内斗，彼此仇恨，那么肯定会导致自我毁灭。由此可见，"正义"是任何一个共同体所必需的。②

在这里，当苏格拉底说就连最不正义的匪帮也有需要正义的时候，他仿佛在说城邦的"正义"仅仅是一种"必要的恶"，是一种为了达到"不正义"的"目的"的"手段"，如果说它是一种"不可或缺"的手段的话，一个城邦的"公益"（common good）就和一群强盗的"公益"没有什么本质的区别。在这里苏格拉底与色拉叙马霍斯的唯一区别仿佛仅仅在于，后者居然幼稚地认为"正义是一种不必要的恶"。③ 如果我们不能在城邦与匪帮之间做出明确的区别，那么我们就有可能导致一种政治上庸俗的马基雅维利主义。这当然是一种很严峻的后果。

苏格拉底的第三个论证是关于"正义者是否比不正义者过得更快乐"的问题。在苏格拉底看来，正义是灵魂的一种德性，而不正义是灵魂的一种恶。而事物之所以能发挥它的功能，是因为它特有的德性，之所以不能发挥它的功能，在于它特有的缺陷。因此，"正义"的人也必定是生活得好的人，"不正义"的人必定是痛苦的。④

苏格拉底把"正义"看作人灵魂的一种德性，这和他在第二个论证中把"正义"看作城邦或任何一个共同体的"公益"有很大不同。因为"灵魂的德性"显然不是什么达到某种目的的外在

---

① 柏拉图：《理想国》，350D – E。
② 柏拉图：《理想国》，350D – 352D。
③ Leo Strauss, *The City and Man* (The University of Chicago Press, 1978), pp. 82 – 83.
④ 柏拉图：《理想国》，352D354A。

"手段",更加不是"必要的恶"。他让我们思考"城邦的正义"和"个人的正义"之间到底有何不同。

综上所述,我们可以看到,苏格拉底对色拉叙马霍斯的反驳以及对"正义"的界定都是很不充分的,这点苏格拉底在第一卷结束的时候自己也承认了。[①] 可是,尽管苏格拉底和他的伙伴们没有成功地定义"正义"的本质,但就像布鲁姆所说的那样他们却成功地定义了"正义"的"问题"。

> 与色拉叙马霍斯不充分的论证就这样结束了,并且他被撇在一边了。但是两个重要的目标已经在这种对质中取得。传统的关于正义地定义已经被还原成一片废墟,这揭示着需要一种新的开始。此外,尽管,如同苏格拉底没有戒心地承认的那样,他们没有定义正义,而是变得疑惑,他们的疑惑不再是没有目标的了——他们没有定义正义,可是他们成功地定义了正义的问题。正义或者是使一个城邦繁荣昌盛的东西,或者它是灵魂的一种德性并因而对一个人的幸福是必要的。问题在于是否这两种可能性是同一的,是否献身于公有之好导向灵魂的健康或者是否一个拥有健康灵魂的人是献身于公有之好的。它留给了格劳孔和阿德曼托斯去提出这个问题,而这个问题是整个卷一论证的精髓。[②]

四 格劳孔兄弟:正义不过是弱者的恐惧

在第二卷的一开始,格劳孔就指出苏格拉底的上述论证并没有真正地说服他们。在他看来,色拉叙马霍斯被苏格拉底弄得晕

---

① 柏拉图:《理想国》,354B-C。
② Allan Bloom, "Interpretive Essay", *The Republic of Plato* (New York, 1968), p. 337.

头转向，就像是一条蛇被迷住了似的，因此他的屈服有点太快了。他认为有必要把色拉叙马霍斯的论证重新复述一遍。或许出于谨慎，或许出于懦弱，他说的这些观点仅仅是流行的观点，不是他自己的。

格劳孔在复述这种流行的意见之前，首先把"善"分为三类。

第一类是"我们乐意要它，只是要它本身，而不是要它的后果。比方像欢乐和无害的娱乐，它们并没有什么后果，不过快乐而已。"①

第二类是"另外还有一种善，我们之所以爱它既是为了它本身，又为了它的后果。比如明白事理，视力好，身体健康。"②

第三种善则是"说起来这些事可算是苦事，但是有利可得，我们爱它并不是为了它们本身，而是为了报酬和其他种种随之而来的利益。"③

格劳孔问苏格拉底"正义"是属于哪种善，而苏格拉底认为"正义属于最好的一种。一个人要想快乐，就得爱它——既因为它本身，又因为它的后果"。④

但是，在格劳孔看来像苏格拉底所说的这种"正义"从来也没有被人证明过，倒是色拉叙马霍斯等人主张的"正义"观点颇为流行。

他下面主要是从"正义"的"起源"来看待那种流行的关于"正义"的观点的。

> 人们说：做不正义事是利，遭受不正义是害。遭受不正义所得的害超过干不正义所得的利。所以人们在彼此交往中既尝到过干不正义的甜头，又尝到过遭受不正义的苦头。两种味道都尝到了之后，那些不能专尝甜头不吃苦头的人，觉

---

① 柏拉图：《理想国》，357B。
② 柏拉图：《理想国》，357C。
③ 柏拉图：《理想国》，357D。
④ 柏拉图：《理想国》，358A。

得最好大家成立契约：既不要得不正义之惠，也不要吃不正义之亏。打这时候起，他们中间才开始订法律立契约。他们把守法践约叫合法的，正义的。这就是正义的本质与起源。正义的本质就是最好与最坏的折衷——所谓最好，就是干了坏事而不受惩罚；所谓最坏就是受了罪而没法报复。人们说，既然正义是两者之折衷，它之为大家所接收和赞成，就不是因为它本身真正善，而是因为这些人没有力量去干不正义，或者任何一个真正有力量作恶的人绝不会愿意和别人订什么契约，答应既不害人也不受害——除非他疯了。因此，苏格拉底啊，他们说，正义的本质和起源就是这样。[1]

从以上论述中我们可以看到，尽管格劳孔说这是代表色拉叙马霍斯一流的观点，可是事实上并非完全如此。因为我们可以把他们观点的差异表述如下：如果说在色拉叙马霍斯看来"正义就是强者的利益"，那么上述格劳孔的观点则是"正义不过是弱者的恐惧"。"强者的利益"当然不同于"弱者的恐惧"。不过格劳孔的这个观点和色拉叙马霍斯的观点也有一致之处，格劳孔的上述观点同样可以被看作某种"习俗主义"的正义观。因为在他看来，所谓的"正义"本质上不过是弱者们出于"恐惧"而达成的一种不互相伤害的"约定"而已，而它本身并不"好"。

正因为如此，格劳孔接下来要说明"那些做正义事的人并不是出于心甘情愿，而仅仅是因为没有本事作恶"。[2] 格劳孔认为，既然人们不过是出于怕被报复的恐惧才遵守正义，因此一旦人们可以巧妙地把自己的不义行为隐藏起来，就像吉格斯戴上了隐形的戒指，从而可以避免被惩罚的话，那么人们就会"杀人越狱，奸污妇女"，干尽一切坏事，总之"像全能的神一样，随心所欲"。[3]

---

[1] 柏拉图：《理想国》，358E – 359B。
[2] 柏拉图：《理想国》，359B。
[3] 柏拉图：《理想国》，359C – 360D。

所以，格劳孔认为那些完全"不正义"的人才是幸福的，而"正义"则不能保证给人带来幸福。他说，假如那些真正不义的人既拥有财富与权势，而且还享有"正义"的虚名，而"正义"的人如果因为不愿意做不义的事情从而遭受各种苦难的话，那情况就更加清楚了。①

格劳孔的兄弟阿德曼托斯这时补充了一点，那就是如果去除掉那些"善恶报应"的神学基础，当人们不再为来世的"奖赏"所诱惑，也不再为来世的"惩罚"而担心的时候，那么就更加可以看清楚人们是如何对待"正义"和"不正义"的了。②

以上就是格劳孔和阿德曼托斯兄弟表达的那种广为流传的关于"正义"和"不正义"的习俗主义观点。巴克和泰勒都认为，格劳孔上述表达的"正义"观念，正是智者安提丰等人极力鼓吹和主张的。③

如果我们仔细地分析一下格劳孔关于"正义"的本质不过是起源于"弱者的恐惧"的观点，我们可以看到，格劳孔实际上是继智者色拉叙马霍斯之后，进一步地解构了玻勒马霍斯。如果说智者色拉叙马霍斯通过说明在"强者和弱者"之间没有共同利益从而否定了玻勒马霍斯的"公益"或者"正义"，那么，格劳孔兄弟则进一步地通过说明就连在"弱者"们之间也不存在真正的共同利益，从而进一步地解构了玻勒马霍斯所谓共同体或城邦的"公益"。

这样，城邦的"正义"或者"公益"通过这双重的解构，完全被当成了一种习俗性的约定。这种约定，要么是强者们带有欺骗性的一种"伪善"，要么是弱者们出于"恐惧"的一种"妥协"。总之，人与人之间不存在自然上的"公益"或者"正义"。

---

① 柏拉图：《理想国》，361A – 362C。
② 柏拉图：《理想国》，362D – 367E。
③ 参见厄奈斯特·巴克《希腊政治理论：柏拉图及其前人》，卢华萍译，吉林人民出版社，2003，第98页。泰勒：《柏拉图——生平及其著作》，谢随知、苗力田、徐鹏译，山东人民出版社，1991，第385~386页。

也正因为如此，人们在内心热爱的乃是"不正义"，而不是"正义"。所以，在阿德曼托斯看来，

> 从古代载入史册的英雄起，一直到近代的普通人，没有一个人真正歌颂正义，谴责不正义，就是肯歌颂正义或谴责不正义，也不外乎是从名声，荣誉，利禄这些方面说的。至于正义或者不正义本身是什么？它们本身的力量何在？它们在人的心灵上，当神所不知，人所不见的时候，起什么作用？在诗歌里，或者私下谈话里，都没有人好好地描写过，没有人曾经指出过，不正义是心灵本身最大的丑恶，正义是最大的美德。①

格劳孔和阿德曼托斯兄弟的发言既给苏格拉底留下了一个真正严肃的任务——为正义本身是一种善辩护，也包含了对希腊传统文化的一种根本性批判——希腊的传统文化缺乏"正义"，从来都没有人真正赞扬过正义本身。在《理想国》中包含了一种柏拉图对荷马的深刻批判。在这场哲学与诗的争论中，柏拉图将表明哲学家比诗人们更正义，因此也更加智慧。

---

① 柏拉图：《理想国》，366E－367A。

第六章

古罗马哲学中的人文精神研究

——以西塞罗为中心

罗马人是天生具备政治、法律直觉的民族，他们为自己树立的种种理想和品质，极好地体现了现代国家所谓的"公共生活"的典范。从现代欧洲国家历史文明发展的角度而言，十五到十八世纪，所谓文艺复兴，很大程度上也包括对罗马文化的复兴。就现代国家的政治制度、文教思想来看，现代意义上的（欧洲）国家与古罗马也极更为接近。

但是，如果与古希腊的哲学思想相比，古罗马的哲学思想和精神魅力仿佛存在于灯盏的影子之下。或许因为古希腊哲学的智慧之光在西方哲学史上太过夺目，又或许是因为古罗马的政治和法律在西方后世影响之长久深远，相形之下，古罗马时代的哲学无论与古希腊哲学相比，还是与古罗马时期的政治成就相比，都略显黯淡。但我们却不能因此就忽略了这个时代的哲人与哲学思想，因为每个时代都以自己独特的姿态成为历史的一部分，而我们要更好地懂得人类思想与生活状况以及为何成为今天的模样，若不能很好地以史为鉴，以历史上关键阶段及其重要人物和思想为切入点，便可能会影响我们对自身及当下的理解与判断，更何况，古罗马在西方历史上曾经如许辉煌，对西方后世在现实制度层面影响如此巨大，所以，要准确认识西方当今乃至我们自身的思想问题，古罗马尤其值得关注。

我们在铺展古罗马的思想图景时，将重点介绍西塞罗的思想，因为他为古罗马做了苏格拉底、柏拉图为古希腊所做的事情，奠定了罗马人的精神底蕴。一方面，西塞罗在传播古希腊思想方面功不可没，另一方面，他又改化古希腊思想，使之融入他对政体、法律等政治哲学问题的思考。对于西塞罗哲学思想的探讨，我们将集中在他的一部重要的政治哲学思想著作——《论共和国》。

哲学并非罗马本土的产物，对于罗马人而言，哲学属于舶来品。西塞罗《论共和国》中的一位对话者曼尼利乌斯提到一个传说，几乎可以算作罗马人接触哲学的最早记录（II. 28 – 29）。[①]他提出，据说罗马的第二任国王努马是毕达哥拉斯的门生，或者至少属于毕达哥拉斯学派。但是这一传说的提出当即被斯基皮奥否定，因为根据历史年代判断，直到努马死后一百四十年，毕达哥拉斯才第一次来到意大利，斯基皮奥指斥这传说完全是愚蠢、荒谬的虚构。曼尼利乌斯得出结论："我们不是靠海外舶来的科学，而是靠本地固有的美德变得富有教养。"由此可见，古代罗马本土精神品性曾经和哲学之间存在一种微妙的张力。

公元前161年，罗马曾经发生过正式驱逐哲人和演说家的事件，事件的政治背景并不清楚，但是到老加图"驱逐"哲人一事已经有了清楚的记载。事情发生在公元前155年，希腊派遣三名哲人出使罗马，分别是学园派的卡涅阿德斯（Carneades）、逍遥学派的克里托拉乌斯（Critolaus）、斯多阿学派的第欧根尼（Diogenēs），在当时四大哲学派别中，只有伊壁鸠鲁学派没有派遣代表。西塞罗指出，之所以派这些人作为使者，大概主要因为他们的论辩技巧。[②]这些哲人不仅在外交事务中运用论辩技巧，并且也对公众发表有关哲学论题的演说。卡涅阿德斯曾经发表演说论述"正义"在公共事务中的作用，第一天的论点是"正义"在城邦中不可或缺；

---

① 西塞罗:《论共和国》，王焕生译，上海人民出版社，2006，II. 28 – 29。如无特殊说明，本书中出现的所有关于《论共和国》的注释和引文均出自此译本，书中只给出标准行段码，不再另行注释说明。

② J. G. F. Powell, *Cicero the Philosopher: Twelve Papers* (Oxford: Clarendon Press, 1995), p. 13.

第二天的演说却推翻了前一天所有的论点，并且听起来同样让人信服。这吸引了大批罗马青年。这种论辩方式对罗马传统观念和信仰都是种挑战，也许正是这个原因，老加图认为这种演说是邪恶的，遂促成元老院尽快解决希腊哲人使团的问题，让他们尽早离开罗马，这就是人们所说的老加图驱逐哲人事件。

从老加图对待哲人的态度可以看出，罗马人对于新事物以及理论学说一直怀有戒备心理。到西塞罗少年时期，依然存在对希腊文化的抵触。西塞罗将著作《论演说家》对话发生的时间设置在公元前91年9月，西塞罗本人正值年少，主要对话者安托尼乌斯和克拉苏斯担任过执政官，并且都是当时著名的演说家，他们二人精通希腊的语言和文化，但是为了不至于冒犯罗马民众，两个人都试图撇清和希腊文化的关系，前者做出对于希腊一无所知的样子，后者则"显得对希腊人持蔑视态度"。但也正是在这个时候，作为监察官的克拉苏斯通过法令惩罚拉丁修辞学教师，原因是，希腊教师除了语言练习外，还具备某种古老而杰出的智慧，具备学术理论和值得探究的知识，但新出现的拉丁修辞教师却除了狂妄无耻之外不能再教授其他什么。克拉苏斯表示，罗马人实质上完全"允许把希腊人古老而杰出的智慧移植进日常生活"，但是罗马人中没有"在这方面富有教养的人"[1]。从西塞罗的这部对话中可以看出，罗马人对希腊哲学的态度存在一个逐渐转变的过程。

罗马人对希腊文化的抵制力量逐渐弱化，直到罗马的智识阶层自觉改造、同化这一文化。到西塞罗青年时期，希腊文化传入罗马已经有几十年的时间，西塞罗之前的一代人几乎都或多或少接受了希腊文化的影响，西塞罗本人在传播、改化希腊哲学方面功不可没，影响波及后来的学者，比如塞涅卡（L. A. Seneca）和维吉尔（Publius Vergilius Maro），今天我们对于希腊时期哲学的

---

[1] 西塞罗：《论演说家》，王焕生译，中国政法大学出版社，2003，卷 III. 92 及以下。

了解，在相当程度上也要依赖西塞罗的著作。在西塞罗生活的公元前2世纪末期到公元1世纪，希腊哲学的主要流派诸如学园派、逍遥学派、廊下派（注：斯多阿派。下同。）、伊壁鸠鲁学派等几乎都在罗马思想图景中发生过影响。所以，在进入西塞罗的哲学思想之前，我们需要简要介绍一下这些学派。

一　希腊哲学各流派的思想

（一）学园派

柏拉图之后，他所创办的学园由其弟子们继续主持，人们称这些自认为传承柏拉图学说的弟子们为学园派。学园派的学说在不同时期、不同代表人物那里出现了许多变异，就思想主线而言，大体分为三个阶段，即早期学园派、中期学园派和新学园派。早期学园派的主要代表人物是斯彪西波（Speusippus）、色诺克拉底（Xenocrates）、波勒蒙（Polemon）、克拉特斯（Crates）等。早期学园派主要沿着柏拉图学说中的毕达哥拉斯的要素前进，注重数学研究。斯彪西波用数学的数代替理念，认为数是万物的永恒本原。据第欧根尼·拉尔修（Diogenēs Laertius）记载，斯彪西波"忠诚地坚持柏拉图的学说"，但是亚里士多德在《形而上学》中却批评他，"将哲学等同于数学，数学中的数是第一位的，实在的，并且将数和可感知的事物割裂开来"。[①] 斯彪西波之后主持学园的是色诺克拉底，他大概是第一个将哲学明确分成三个主要部分——辩证法、自然哲学和伦理学的哲学家。和斯彪西波一样，他也注重数学研究，认为万物的始基是"一"或者曲线和不确定的"二"或者直线，理念同时又是数学上的"数"，把世界灵魂定义为一种自我运动的"数"。他将世界分为月下世界、诸天界以及诸天之上三部分，其中都充满着善的和恶的精灵

[①]　亚里士多德：《形而上学》，李真译，上海世纪出版集团，2006，992a30-992b；1080b15-20；1086a1-5。

的力量，"这一理论在极大程度上推动了古代宗教必然的精灵化过程"①。色诺克拉底明确区分了实践智慧和科学智慧，并且在伦理学中将幸福和美德联系起来。

从斯彪西波、色诺克拉底之后的早期学园派没有大的变化，直到阿塞西劳斯（Arcesilaus）。第欧根尼·拉尔修记载：

> 中期学园（the Middle Academy）就从他那里开始；他第一个因为相反论辩的矛盾而悬置判断，第一个同时就一个问题的两个方面进行辩论，第一个修改了由柏拉图传下来的体系，还借助问答法使其更像辩论术。②

有学者指出是阿塞西劳斯"领导学园走上新路"。③ 关于阿塞西劳斯的材料非常少，我们只能通过二手甚至三手资料来了解他的学说。他认为，没有任何可以确定的东西能为我们保留下来，能保留的只有悬置判断，阿塞西劳斯甚至不愿断言这个原理也是可以确定的知识。甚至在古典时代就是这样。正是出于对确定性的怀疑与否定，阿塞西劳斯反对斯多阿派的物理学和神学，驳斥芝诺的被理解的表象（Conceptual representation）学说。西塞罗也提到过，阿塞西劳斯"极力反驳经由感觉或悟性认识事物的可能性"。④

学园派的怀疑论转向经由卡涅阿德斯达致高峰。与他的前人阿塞西劳斯同样，他也把斯多阿学派作为独断论的有力代表加以反对，不承认认识的可能性，甚至拒斥一切论证，因为论证需要有前提，但这前提本身亦需要证明，以此类推，以至无穷。在这

---

① E·策勒尔：《古希腊哲学史纲》，翁绍军译，山东人民出版社，2007，第160～163页。
② 第欧根尼·拉尔修：《明哲言行录》，马永翔等译，吉林人民出版社，2003，第244页。
③ E·策勒尔：《古希腊哲学史纲》，翁绍军译，山东人民出版社，2007，第257页。
④ E·策勒尔：《古希腊哲学史纲》，翁绍军译，山东人民出版社，2007，第258页。

一点上，他似乎比阿塞西劳斯走得更远。有史料记载，卡涅阿德斯执掌学园派期间曾经随使团出使罗马，在罗马就"正义在公共事务中的作用"发表了观点截然相反的两篇演说，其雄辩的说服力让罗马人折服，也正因此，老加图不欢迎包括他在内的几位哲学家，让他们尽快离开了罗马。

之后的学园派在"认识的可能性"这一问题上有所缓和，并且越来越倾向于伦理学问题。西塞罗的两位老师菲隆（Philon）和安提奥库斯（Antiochus）便是代表——虽然他们的观点并不完全一致。公元前1世纪时，菲隆提出"哲学要向人们指明通往幸福之路"的问题，并且试图借助"一种详尽的伦理学理论，通过抨击错误的道德见解以及传授正确的道德意见"① 找到幸福之路。他不愿彻底否定认识的可能性，试图寻求一种介乎纯粹可能性与绝对确定性之间的可靠的意见或者信念。

菲隆对确定性的事物仍然持怀疑态度，但他的继承人安提奥库斯非常坚决地反对菲隆以及之前的学园派怀疑论。安提奥库斯指出了怀疑论者的悖论，认为"证明没有任何事物可以被证明，断言没有任何事物是确定的"本身就是一种证明和断言，并且是自相矛盾的证明和断言。他认为，学园派、逍遥学派和斯多阿学派在主要观点上是一致的，只存在言辞表述上的差别。他在伦理学上"试图寻找一条介乎芝诺、亚里士多德和柏拉图之间的道路"。② 因此，有人指责他不过自称是学园派，实际上更像一个斯多阿学派，或者说，两者都不是，不过是一个折衷主义者。

（二）逍遥学派

逍遥学派因亚里士多德在吕克昂学园漫步、授课、讨论学问而得名，人们将亚里士多德及其后继者们统称为逍遥学派。与学

---

① E·策勒尔《古希腊哲学史纲》，翁绍军译，山东人民出版社，2007，第268页。
② E·策勒尔《古希腊哲学史纲》，翁绍军译，山东人民出版社，2007，第269页。

园派不同的是，亚里士多德死后，逍遥学派内部分歧并不像学园派那么大，这一学派基本上在巩固、发展和传播亚里士多德的学说。只是在不同的时期，侧重对亚里士多德学说不同方面的研究。较早的代表人物泰奥弗拉斯多（Theophrastus）对亚里士多德学说的发展和巩固贡献极大，在三段论、植物学、动物学、空间定义、伦理学等方面都扩充并发展了亚里士多德的学说。后来的斯特拉托（Strato）在物理学的很多细节上纠正了亚里士多德的假定。公元前155年前往罗马的使团中包括逍遥学派成员，公元前1世纪，这一学派的主要继承人转向了对亚里士多德著作的整理和解释，理论上没有太多的发展，代表人物是安德罗尼柯（Andronicos）。公元1到3世纪，逍遥学派也主要从事亚里士多德思想的注释和传播，少有进一步发展。

（三）廊下派

廊下派得名于创立者芝诺讲学的柱廊，据说芝诺一边在绘有彩绘的柱廊下踱步，一边讲学，希腊文 stoa 即是廊柱之意。

哲学史上通常将廊下派分为三个阶段：早期以芝诺和他的门徒为代表，活动时间主要从学派创立一直到公元前2世纪中叶，他们几乎没有任何著作留存下来，后人只能从他人的引述中了解他们的思想。中期廊下派从公元前2世纪中叶到公元前1世纪末，代表人物有波塞冬尼乌斯（Posidonius）和帕奈提乌斯（Panaetius）。晚期的代表则是爱比克泰德（Epictetus）、塞涅卡（Seneca）以及罗马皇帝马尔库斯·奥勒留（Marcus Aurelius），这一阶段的著作保存相对完整。廊下派的发展贯穿五百多年的历史，其间思想虽然也有变化，但是也还有一条贯穿前后的主线。

廊下派将哲学分为逻辑学、伦理学、物理学三部分，其中，逻辑学又分为修辞学和辩证法，他们将修辞学理解为通过讲述把道理讲得更加优美的科学，而辩证法是通过问答把道理讲得更加正确的科学。他们将修辞学和辩证法又分门别类加以细致研究，认为只有智慧之人才是真正的辩证论者，通过逻辑学才能将伦理学和物理学领域的问题加以清晰讨论和表达。廊下派将伦理学讨论的论题加以详细划分，分别是关于冲动、善和恶的划分、激情、德性、目的、基本价值和行为、责任或适当的（事物）、关于行为的趋向和回避等八个论题。① 廊下派伦理学的核心在于，将合乎自然的生活与有德性的生活以及理性的生活等同为一。廊下派认为，依据冲动行动是动物的本性，"自然的规则就是遵从冲动的引导"。但是，人分有理性，作为理性动物接受更加完善的理性引导，这样，"按照正确的理性生活就是自然的生活"。②

>……我们的个体的自然是整个宇宙的自然的一部分。而这也就是为什么目的（the end）可以定义为与自然相一致的生活的原因，换言之，这种生活与我们人类的自然相一致，也与宇宙的自然相一致；在这种生活中，我们戒绝一切为万物所共有的法则所禁止的行为，而这种法则也就是那渗透万物的正确理性（the right reason），这种理性与所有存在着的宙斯、主人和统治者相等同。当所有行为都使驻留于个体人之中的精神与宇宙的命令者的意志相和谐并得到提升时，上述那种生活就构成了幸福之人的德性和光滑的生命之流。③

这种伦理学思想与其物理学思想直接相关。他们认为，宇宙有两种原则：被动原则和主动原则。被动原则是质料，是要素，无性质可言；主动原则是内在于那些质料当中的理性，是永恒的神，是本原，是设计和构造万物者。前者有形且有始有终，后者则是无形的，不被生成，亦不会陨灭。所谓神，又和理性、命

---

① 第欧根尼·拉尔修：《名哲言行录》，马永翔等译，吉林人民出版社，2003，第437页。
② E·策勒尔：《古希腊哲学史纲》，翁绍军译，山东人民出版社，2007，第232页。
③ 第欧根尼·拉尔修：《名哲言行录》，马永翔等译，吉林人民出版社，2003，第438~439页。

运、宙斯等同为一，神创造了四种元素，即火、水、气、土，而这四种要素构成了没有任何性质的质料，所有质料都由这四种质料构成，最后又复归于此。世界是个有生命的存在，具有灵魂和理性。理性被世界中的所有事物都分有，就像灵魂渗透于我们身体的每一个部分一样，差别只在于分有理性的多少和程度。世界按照既有的规则运行，构成世界的万物皆有各自的命定之数，即神意或者命运之说。

他们认为，正义、法律和正确的理性天生存在，而不是通过习俗获得的。存在沉思的、实践的和理性的三种生活方式，而最值得选择的是理性的生活，因为理性的生活是沉思生活和实践生活的前提。他们认为，智慧之人要参与政治，因为他要抑恶扬善，这种人天生是"为"社会和行动而造的，所以智慧之人生活也不会孤独。廊下派认为，最好的政府形式是民主制、君主制和贵族制的混合。

廊下派中，有人认为逻辑学、伦理学、物理学三部分并不能截然分开，所以教授哲学时三部分并不分离。但是他们赋予这三部分不同的重要性，传授时从不同的部分开始，也止于不同的部分。例如，芝诺从逻辑学开始，然后到物理学，最后止于伦理学。但也有人从伦理学开始，比如托勒迈斯的第欧根尼；有人从物理学开始，比如帕奈提乌斯。但无论顺序如何不同，从廊下派早期到晚期，还是越来越倾向、偏重和重视伦理学的阐发，重实用而轻思辨，逻辑学和物理学越来越被忽视。

（四）伊壁鸠鲁学派

伊壁鸠鲁学派是廊下派的宿敌，两个学派之间虽然存在共同之处，但往往以相互论争的方式共存。学派的创始人伊壁鸠鲁（Epicurus）以及他的追随者们素有"花园哲人"之称，因为这个学派当时集会的地方就在伊壁鸠鲁的住宅和花园。伊壁鸠鲁学派更像在遵循某种共同观念的生活共同体。伊壁鸠鲁死后将自己的住宅和花园留给了自己的学派。

伊壁鸠鲁的学园和柏拉图的学园、亚里士多德的吕克昂学园以及芝诺的廊下派齐名，在古代颇具影响。伊壁鸠鲁著有大量著作，据说有 300 多卷，但是流传至今的只有三封书信和一部《格言集》。伊壁鸠鲁学派保存至今最为完整的文献是卢克莱修（Titus Lucretius Carus）的长诗《物性论》。人们很少像对待其他学派一样，将伊壁鸠鲁学派划分成早、中、晚期，因为这个学派相对保守、稳定，理论的发展、变化并不大。

伊壁鸠鲁学派最为人熟知的是"快乐论"，即人生的主要目的是快乐，但"快乐论"也是最容易被误解的理论。迄今为止，人们往往将放纵欲望、耽于享乐与伊壁鸠鲁学派联系在一起。其实，伊壁鸠鲁学派强调的快乐是灵魂的宁静和"不动心"。

当我们说快乐是终极的目标时，并不是指放荡的快乐和肉体之乐——就像某些由于无知、偏见曲解我们意见的人所认为的那样，我们认为快乐就是身体的无痛苦和灵魂的不受干扰。构成快乐生活的不是无休止的狂欢、美色、鱼肉以及其他餐桌上的佳肴，而是清晰地推理、寻求选择和避免的原因、排除那些使灵魂不得安宁的观念。①

伊壁鸠鲁区分了几种快乐，有的快乐强烈但并不持久，有的快乐和缓却持久，有的快乐同时带来痛苦的后果，有的快乐则安详宁静。伊壁鸠鲁在《格言集》中写道，"快乐的量的极限在于痛苦的消除。在快乐存在之时，只要它还持续着，那么，无论是身体还是心灵，或是此二者合在一起，都没有痛苦"。②

这样一种基于快乐的伦理学，其基础是伊壁鸠鲁关于世界如何构成的物理学理论。事实上，伊壁鸠鲁哲学并不愿详细探讨世

---

① 伊壁鸠鲁：《致梅诺益库的信》，转引自苗力田主编《古希腊哲学》，中国人民大学出版社，1989，第 640 页。

② 苗立田主编《古希腊哲学》，中国人民大学出版社，1989，第 641 页。

界构成的问题,他们理论的基点是德谟克利特的"原子论"。他们认为,所有的事物都由原子和虚空构成,难以数计的原子在空间中降落,如果间隔相同的距离,并且速度相同,就不会有任何冲撞和改变。但是,伊壁鸠鲁却认为,有些原子在没有任何外力的情况下,在下落时也会发生偏斜,于是就会和某些原子发生碰撞,诸多原子产生了不同的运动方式,不同的联系和排列,因此形成了我们所见的世界万物。人本身也不是被创造的、符合某种目的和秩序的产物,而同样是原子碰撞、出于偶然的产物。

伊壁鸠鲁学派从纯粹机械论解释大千世界的形成,这无疑会对传统的宗教信仰形成致命的影响。如果这个世界的本源不是神,这个世界也不是由神来创造的,那么,人和神之间就不会存在某种特定的关联。也就是说,神并不控制自然和人类的命运,我们就没有理由畏惧死后世界的种种。因为,没有人控制人,人就不用惧怕来自神的报应和惩罚,并且,既然人也是由原子的运动组合而成,死亡也就意味着原子的散开和重新组合,从而构成新的物质,所以,人死之后不会有另外一个世界,人也不再有任何痛苦的感觉。

这样一种物理学观念,可能会导致一种新的伦理取向,即不再畏惧神和死亡,不再思考诸神的命令和抽象的道德原则,而是集中在个人快乐与否的感受上,快乐是善的标准。这是一种自我中心的伦理学,关心的是个人而不是社会共同体的快乐,认为社会共同体之所以有必要存在,就在于它可以制止对个人有害、施加痛苦给个人的行为。

伊壁鸠鲁哲学很早就传到了罗马,大概在公元前150年,就已经有伊壁鸠鲁学派的拉丁文著作流传,不过,影响大、并且成系统地传播伊壁鸠鲁学派思想的还是卢克莱修,他和西塞罗生活在同一时代,具有戏剧性的是,西塞罗在著作中不遗余力地声讨伊壁鸠鲁对于政治生活的消极影响,但正是西塞罗在卢克莱修死后编辑出版了长诗《物性论》。

上述几个哲学流派,无论在具体的观念上有什么差异,它们的出现和发展却共同体现着古典哲学发展过程中一种新的取向，那就是越来越少对宇宙和城邦的宏大的和思辨性话题的讨论，越来越多地关注个人以及生存技艺等实践问题的探究。这种取向或许和当时人们的历史境况类似，抑或正是出于对生存境遇的思索。

随着古希腊文明衰落，雅典式的城邦社会趋于崩溃，个人与城邦的密切关联被另外一种关系取代，公民不再是政治共同体的重要组成部分，在政治生活中能够发挥的作用和能够左右的情形越来越微不足道。个人逐渐被吸收进一个比城邦要大得多的政治单位——罗马帝国正在崛起，而希腊不过是罗马的一个行省。原有的联系人与人之间的纽带不复存在，而个人之间以及与政治共同体之间需要建立一种新的关系，以提供生存的指导和依据。所以，"新的哲人首先引导人们去思考其自身，思考作为个体他们如何才能在更大的自然系统中获得令人最为满意的个人生活"。[①]

二　希腊化哲学中的西塞罗

在西塞罗的青年时代，希腊哲学是难以抗拒的。在老卡图时代，还发生过驱逐希腊哲人的事件，[②] 但是，到了西塞罗的时代，希腊哲学的各个派别在罗马都已具有了重要影响。这从西塞罗的朋友圈子便可见一斑。他的朋友中，小卡图（Cato Minor）是斯多阿学派，布鲁图（Brutus）和瓦罗（Marcus Terentius Varro）是柏拉图主义者，而他终生的挚友阿提库斯（T. P. Atticus）则是伊壁鸠鲁主义者。接受也好，反对也罢，西塞罗与几乎所有这些重

[①]　斯通普夫：《西方哲学史》，中华书局，2005，第146页。
[②]　公元前155年，卡涅阿德斯、克里托拉乌斯、第欧根尼作为外交使节从雅典前往罗马，当时的罗马人还不太熟悉希腊的哲学思想，老加图担心外来的新学问会侵蚀罗马年青人的勇气和德性，于是说服元老院下令让这些哲学家立即返回。但是后来斯多阿派哲人帕奈提乌斯访问罗马时受到了当时著名的斯基皮奥圈子的热情接见和款待。参见 Frank Ernest Rickwood, *Tusculanarum Disputationum Liber Primus Et Somnium Scipionis* (The Athenaeum Press, 1903), p. XXI.

要哲学派别都有关系。

西塞罗在他本人的著作《论至善与至恶》中曾经说过，他对伊壁鸠鲁学派了如指掌，他曾经听过费德鲁斯（Phaedrus）的课，但他们所说的无法让西塞罗信服，所以他不接受伊壁鸠鲁学派。首先，他认为伊壁鸠鲁的自然哲学并非原创，而是与德谟克利特相似，并且在伊壁鸠鲁跟从德谟克利特的地方，基本上没有犯什么大错，而试图改善德谟克利特的地方，总是越改越糟。伊壁鸠鲁认为世界由原子构成，并且原子都由于重力而垂直向下运动，但这无法解释原子的偏离并发生碰撞，若是按照伊壁鸠鲁所说，原子弯曲没有任何原因和外力，那么由此产生的原子的无序运动又如何能产生秩序井然的自然世界？其次，西塞罗认为，伊壁鸠鲁毫无逻辑，没有辩证法可言。伊壁鸠鲁取消了定义，没有分类的观念，没有提供任何辨析、解决逻辑错误的推论方法。伊壁鸠鲁做出判断的标准是感觉。最后，在伦理学上，西塞罗指出，伊壁鸠鲁学派将欢乐与痛苦作为行为取舍的标准，这与人的尊严相悖。西塞罗甚至还刻薄地讲，伊壁鸠鲁本人没受过教育，因为只有具备语法、修辞、逻辑、算术、几何、音乐、天文等七艺修养的才能算是受过教育的人，而伊壁鸠鲁缺乏的就是七艺修养。[1]《论至善与至恶》在场的对话者评价很准确，西塞罗完全将伊壁鸠鲁逐出了哲人之列。虽然西塞罗说自己说话的目的并非要发表观点，而是为了引出在场的一位伊壁鸠鲁学派者发言，但是，我们还是可以看出西塞罗对伊壁鸠鲁的基本观点。除此之外，西塞罗在诸多作品中几乎从未对这个学派表示过任何好感，并且毕生不遗余力地揭示这一学派的缺点和危害。

据记载，西塞罗听讲的第一位哲学家就是伊壁鸠鲁学派的费德鲁斯[2]，费德鲁斯言辞优美，个人性格极具魅力，这曾经吸引

---

[1] 西塞罗:《论至善与至恶》，石敏敏译，中国社会科学出版社，2005，第13~15页。

[2] 皮埃尔·格里马尔:《西塞罗》，董茂永译，商务印书馆，1998，第24页。

了年轻的西塞罗。但是，伊壁鸠鲁哲学主张个人远离公众事务，过隐居平静的生活，而最高的幸福则是个人的快乐无忧。这与古罗马勇武好斗、追求功成名就的古风相龃龉，也与青年西塞罗的追求格格不入，要知道，西塞罗很早就懂得追求荣誉，他崇拜自己的同乡马略（Caius Marius），[1] 要在罗马共和国有所作为，所以，西塞罗很难接受并且后来始终批判伊壁鸠鲁学派，大概主要原因就在此。

西塞罗与伊壁鸠鲁学派之间的关系中，有一个问题不得不面对，即西塞罗为什么整理出版了卢克莱修的长诗《物性论》——这几乎是伊壁鸠鲁学派保存最为完整和系统的著作？研究者麦克金德里克（Paul MacKendrick）没能完全回答这个问题，但也提供了些有益的解释。麦克金德里克认为，西塞罗自己的一生是为什么伊壁鸠鲁建议远离政治的最好例证——西塞罗远离政治，作为思考的哲人，生活可能要平静和幸福得多。西塞罗一方面赞许卢克莱修写作的天分和技巧，一方面他本人的心境也被伊壁鸠鲁学派的清静无扰吸引。[2] 也许出于上述种种原因，他整理出版了伊壁鸠鲁学派的作品。

与对伊壁鸠鲁学派的批评与排斥相反，西塞罗对廊下派的思想似乎有种天然的亲近感，或者换句话说，西塞罗接受和吸收了廊下派的某些观念。西塞罗对廊下派的历史发展非常熟悉，他的著作中介绍了大量廊下派的观点，甚至有人将西塞罗本人归于廊下派。[3]《论义务》一书的题材以及某些伦理学观念，就是受到晚期廊下派帕奈提乌斯的启发。但是，西塞罗对廊下派的态度并不

---

[1] 马略，出身社会下层，以卓越的军功跻身上层，在罗马共和国的征战中多有建树。公元前129年任保民官；公元前116年任西班牙行省总督；从公元前107年至公元前87年间，曾7次当选执政官。

[2] Paul MacKendrick, *The Philosophical Books of Cicero*（Palgrave Macmillan, 1989），p. 12.

[3] 苗力田先生在《古希腊哲学》中将西塞罗归于中期廊下派。参见苗力田主编《古希腊哲学》，中国人民大学出版社，1995，第597页。当然这种说法还有值得商榷之处。

是简单的接受,还有批评。西塞罗认为,廊下派的主要观点与学园派和逍遥学派没有实质性的区别,只是术语上的改变。与其说芝诺是新思想的发明者,还不如说是新术语的发明者。因为,关于伦理学、逻辑学和自然科学,早期的学园派和逍遥学派都建立了丰富而完备的理论体系,而廊下派在阐述相似的理论观点时方式不对,太过琐屑。廊下派使用新奇的术语表述,但理论内容并无新意,旧瓶装新酒而已。"术语上的愚拙"是廊下派理论的"罪魁祸首",使得廊下派在发展过程中越来越"粗糙、不雅,风格甚至态度上都充斥着粗鲁和暴躁"。①

在廊下派哲人中,西塞罗推重帕奈提乌斯,他认为帕奈提乌斯有感于廊下派的论证的琐屑和粗涩,力图避免廊下派沿着风格粗糙、有欠文雅的方向发展,借鉴柏拉图、亚里士多德、色诺克拉底、泰奥弗拉斯多、狄开库斯等人的理论,使得廊下派的论证风格趋于清晰。也正因此,西塞罗认为廊下派中,帕奈提乌斯的理论比较成熟。

帕奈提乌斯是小斯基皮奥(Publius Comelius Scipio Aemilianus Africanus Numantius)的朋友,与小斯基皮奥周围的文化圈子过从甚密。也有学者认为,是帕奈提乌斯改造廊下派以适应当时的罗马发展及其策略。廊下派形成于传统的城邦社会败落、解体的阶段,当时亚历山大里亚取代了雅典成为新的文化中心,这座城市不是传统意义上自然形成的城邦,而是在废墟上人工设计建成的大都市。这里的学者可以接触到各种文化,但又不从属于任何一种文化。人们不再是拘囿于某个城邦的政治动物,也失去了对政治共同体的参与、归属之感,成为一个更大的政治单位的一分子,或者叫做世界公民(cosmopolitan)。在廊下派的观念中,所有人都是兄弟,都从属于一个整体,都遵从自然的法则,是宇宙的一部分。这种观念自然为罗马帝国的扩张提供了理论解释,任何一个城邦都可以作为帝国的行省纳入罗马的版图,所有罗马制

---

① 西塞罗:《论至善与至恶》卷四,石敏敏译,中国社会科学出版社,2005。

下的人们遵从的不再是城邦间不同的礼法，信奉的不再是城邦自己的神，他们可以拥有共同的法律和信仰。小斯基皮奥的朋友中对西塞罗颇具影响的另外一个廊下派人物是历史学家波利比乌斯（Polybius），他在自己的历史著作中分析了罗马的政体，认为罗马是君主政体、贵族政体和民主政体的完美混合。西塞罗在《论共和国》一书中对混合政体的分析虽然与波利比乌斯不尽相同，但是依然能看出后者的影响。

上述廊下派对西塞罗的影响都是借著作以及理论的传播实现，而波塞冬尼乌斯对西塞罗的影响却是直接的。西塞罗不仅认识他本人，并且在罗得岛期间曾就受教于波塞冬尼乌斯，这是位百科全书式的人物，著有关于历史、地理、气象、数学、物理、医学、人类学等方面的著作。麦克金德里克在《西塞罗的哲学著作》中提出，在西塞罗的哲学著作中波塞冬尼乌斯的影响几乎无处不在。

西塞罗作品中出现的以下观念都有浓重的廊下派味道：
（1）存在诸神和神意（divine providence）。
（2）灵魂富有神性并且不朽。
（3）人的意愿（will）可以是自由的（见《论命运》）。
（4）遵循自然（Nature）（见《论义务》）。
（5）宇宙受控于自然法（见《论共和国》与《论法律》）。
（6）美德＝理性。
（7）美德自足（见《图斯库鲁姆对话录》卷5以及《论至善与至恶》卷5）。
（8）义务要求我们活得值得尊敬，但是义务和利己之间存在冲突（见《论义务》）。①

可以看出，西塞罗主要在自然的神性，自然与人类礼法、信仰、伦理等的关系问题上受到廊下派的影响，并且，他接受和吸收的主要是中期廊下派的思想，重点不是难以企及的智慧和美德

---

① Paul MacKendrick, *The Philosophical Books of Cicero* (Palgrave Macmillan, 1989), p.10~11.

理想，而是如何在切近的目标上关切实际生活。

即便在西塞罗的作品中依稀可以看出廊下派的影子，但西塞罗从未将自己置身廊下派之列（虽然有些学者这样做），相反，他表示忠于柏拉图及其学园——"宁肯跟着柏拉图犯错，也不和那伙人一起正确"。① 他在自己的许多作品中都直接对柏拉图表示敬意，甚至在作品的形式及处理的主题上都在模仿这位先哲。西塞罗有部著作《学园派哲学》，重点是介绍学园派重要代表——菲隆和安提奥库斯师徒在观念上的分歧。菲隆秉承一种温和的怀疑主义，认为应该思考同一论题的正反双方，倾向更高的可能性，但却不匆忙得出结论，也不宣称事物的确定性。而安提奥库斯脱离了新学园派，提出所谓回归"旧学园派"，但实质上，安提奥库斯融合了柏拉图主义、亚里士多德主义以及斯多阿派的观念，普鲁塔克（Plutarch）认为安提奥库斯吸引西塞罗的地方不是哲学观念的标新立异，而是演说之雄辩和用词之典雅。西塞罗曾经师从这两个学园派导师，我们很难说西塞罗到底追随的是菲隆还是安提奥库斯，笔者认为，在他身上，同时有两个人的影子。在处理法律和政治事务时，他需要应变自如，拥有灵活的技巧，这一点上他的确得益于菲隆；而涉及到西塞罗自己的哲学观点时，他再三表示自己追随柏拉图，在政治哲学元问题，例如最佳政制和最好的生活方面，他是位柏拉图主义者，并且，中年之后的西塞罗，在道德原则和对政治哲学问题的探究中亦有斯多阿派的痕迹，在这一点上，他更像安提奥库斯。

我们很难截然分清西塞罗受了学园派中谁的影响。同样道理，我们也很难将西塞罗简单地归为哪一个哲学派别。所以，与其给他划分流派，不如厘清西塞罗在众多哲学流派中的取舍选择，这对于理解他的哲学思想非常重要。通过上述西塞罗与三个主要哲学流派之间关系的简单描述，笔者认为，西塞罗的哲学思想是希腊主要哲学流派的扬弃与综合，或者换句话说，西塞罗的

---

① 西塞罗：《图斯库卢姆清淡录》，I. 17. 39。

哲学思想是结合罗马的实践，对希腊主要哲学流派的罗马化。如果非要给西塞罗冠之以某某派或者某某主义的头衔的话，笔者宁愿选取"折衷主义"的说法，但这一说法本身并不严谨。我更愿意通过西塞罗著作，进入西塞罗所关注与探讨的问题本身。

三 西塞罗的《论共和国》

《论共和国》的开篇文字是缺失的。并且这种文本的残缺是我们在阅读《论共和国》时不得不一直面对的问题，所以，有些细节含混的地方，我们无法穷其究竟，只能顺着文脉、结合西塞罗其他作品，辅以后人对他作品的引述，来发现西塞罗阐发的问题及其阐发方式。面对残缺的文本，我们应该具备最低限度的信心，那就是，如果读者无法获知西塞罗究竟如何解决问题，或者探究问题的某个环节是中断、跳跃的，我们至少可以发现西塞罗所探究的是什么问题，这问题是否和他的哲学前人有着某种联系？

在正式开始转述《论共和国》中人们之间的对话之前，西塞罗对书中所要探究的问题加以说明，第一卷前面的十二段问题都属于这种预先说明。他在第十二段总结道，这几卷书中讨论的是"国家问题"，为了使讨论不至于徒劳无用，或者说，为了让讨论真的起到某种预期作用，西塞罗开篇的文字要解决的问题是，"消除对是否从事国务活动存在的疑问"。

西塞罗的观点非常明确，人们当然应该从事国务活动。现存的段落从西塞罗列举历史上为罗马的安宁和发展（或者说扩张）而奋战的罗马人开始，首先列举了八位英勇作战、抗击敌人的罗马将领，然后又以老卡图为例，这是一位把人"引向勤奋和美德"的人，他直到暮年也没有享受清闲舒适的生活，而是在政治的风浪中激荡颠簸。列举这些从事国务活动的人，西塞罗是要强调一点，他们之所以选择政治生活，是出于"自然"（natural）。

自然"赋予了人类如此强烈的德行追求，如此强烈的维护公共安宁的热情，其力量能够战胜一切欲望和闲适产生的诱惑"(《论共和国》I.1)。

投身政治是出于使生活更安全、更富裕的欲望，而这种欲望是自然本身激发的(《论共和国》I.3)。

其实，对于勇敢的人们来说，一个人被自然和老年耗尽比有机会为保卫国家而贡献自己的生命更为不幸，因为那生命反正迟早都是要归还给自然的(《论共和国》I.4)。

以"自然"作为参与政治生活的理由，这里依然有令人费解的地方。更多的现代人倾向于这样从自然的角度理解人，即人生来就有自我保存的冲动，追求个人的利益和享受，这是苏格拉底和柏拉图所反对的智术师们的论调。沿着这条路径发展下去，就是"所有人对所有人的战争"，所以为了其他人的利益不被侵害，人们之间就有必要建立契约，限制人自私的利益冲动。按照这种思路理解，西塞罗所说的出于"自然"，人类追求德行，维护公共安宁，为公共福祉贡献生命就显得有悖"自然"了。但是，西塞罗所说的是上述所讲的"自然"吗？这个问题恐怕要到他开始论述对国家和法律的理解时才能得到更好的解决。

暂且不论西塞罗对"自然"出于何种理解，他的目的是要说明人应当从事政治生活，与此同时，他将政治生活与另外一种生活对立起来，试图分出政治生活与哲学生活的高下。西塞罗提出，美德是否存在全在于是否运用，如果我们具备某种技艺，比如酿酒，即便我们不酿酒，这种技艺依然存在，但是，若是我们在行动上没有表现得勇敢，就很难说我们具备勇敢的德行。他提出，对美德的最好运用在于管理国家，并且是在行动上而非口头上的议论。西塞罗认为，"有些人以自己的智谋和威望掌管那些城市，他们也理应由于自己的智慧而比那些丝毫不参与国家事务的人更受敬重"(《论共和国》I.3)。这里所说的在美德的运用层面，政治家高于哲人，政治生活优于理论生活，前者比后者更应受到敬重，有一个不可以忽略的前提，即"哲学家们议论的东西没有什么未曾被为国家立法的人所发现和肯定"。如果哲学思考从来没有超出过政治确立了的东西，只是解释和阐发政治实践，那么哲学一定比政治生活低，西塞罗的结论就是正确的——"如果一个公民能够利用自己的行政权力和法律惩处迫使所有人去做那些哲学家们以自己的讲演只能说服少数人去做的事情，那么这样的公民理应受到比探讨那些问题的学者们更大的尊敬"。但是，我们是不是可以说，哲学也可能是政治的前提呢？试想，若是那可以靠习俗和立法确立正义、公平、虔敬、羞耻等观念的立法者不能正确地知道何谓正义、公平、虔敬和羞耻，那政治生活岂不差之毫厘，谬以千里？懂得这"何谓"的，一定是哲人，从这个意义上讲，是不是哲人又高于政治家了呢？若是说上述观念只在已经建立的政治社会中存在，那么，说出"何谓"的哲人还是没有说出超出既有政治的东西。这样争论下去，我们似乎又陷入"鸡和蛋"的怪圈。那么，是不是可以这样说，如果存在一个理想的政治共同体，那么这个理想共同体的创立者，一定懂得"何谓"，也就是说，这政治家和哲人是一体的。西塞罗的政治生活和哲学生活的高下之分，追根溯源也许是个假问题。如果不存在一个理想的政治共同体，那么最好的可能是，哲人可以充当立法者的老师，也就是说，哲人还是要说服那些有能力迫使所有人的人。这样看来，对于公共的安宁和福祉而言，政治家和哲人都是不可或缺的，这就很难分出高下。

那西塞罗为何还要有意为之呢？他矛头所指，也许是某些哲人。正如他自己在书中所言，对于老卡图放弃安宁和清闲投身政治生活，是"有些人"认为他失去了理智。

> 由于我们总是渴望不断增强人类生存所需的努力，努力运用自己的智慧和劳动使人们的生活变得更安全、更富裕，并且我们的这种欲望是自然本身所激发的，因此，让我们循着所有最优秀的人们一向遵循的这条道路循行不息吧，不要听从**有些人**奏起的撤退信号，他们甚至企图使已经沿着这条

道路前进的人们回头。

西塞罗所提到的"有些人"指的是当时的伊壁鸠鲁学派。[①]他称这些人是"与我们观点相左"的人。这个学派的哲学家们强调，政治生活意味着辛劳和危险，而幸福的生活需要"身体的无痛苦和灵魂的无纷扰"。从事政治生活，对于个人灵魂的自由而言是一种羁绊，在他们看来，"智慧之人不应该接受管理的缰绳"。脱离政治生活，与志同道合者索居他处才能过自由宁静的生活。不仅如此，他们认为大部分从事国务活动的人不配做高尚之事，甚至不愿意与从政者相提并论。他们列举了希腊、罗马的政治家遭受的不幸，西塞罗称其中也包括他本人。

伊壁鸠鲁学派是西塞罗劝导政治生活高于哲学生活面临的最大对手，因为他们所说的灵魂的安宁无扰是许多人追求的状态，而西塞罗针对伊壁鸠鲁学派为政治生活做出的辩护似乎也并不十分让人信服。西塞罗本人也承认政治生活不得不面临的风浪、危险和辛劳，他只不过是认为这些代价的报偿更为值得。他的不幸所"获得的荣誉超过了辛劳，获得的荣耀超过了忧伤"（《论共和国》I.7）。就像他自己所说的，

> 尽管我由于从小便从事各种令人快慰的研究，本可以或者从自己的闲暇中获得比他人更多的享受，或者即使大家遭遇到更为严重的不幸，我也不会遭受什么特别的命运变换，而只会与众相同，但我为了拯救公民，却毫不动摇地去迎接无比强烈的风暴，甚至几乎是雷击，让自己承受危险，使其他人获得安宁（《论共和国》I.7）。

[①] 参见西塞罗：《论共和国》，页17，注8；页23，注1。另参见 Cicero, *On the Commonwealth*, translated by George Holland Sabine and Stanley Barney Smith（Macmillan Publishing Company）p.105，注4。

西塞罗曾经把投身政治生活归于一种自然的倾向，但是，从他说明自己选择政治生活的理由而言，似乎政治生活却并非出于自然欲望，而是理性中的责任和义务。

西塞罗甚至从功利策略层面进行说服，他认为国家为我们提供静谧的生活，但条件是我们要拿出一大部分时间、精力和智慧来为之服务。只有在满足了国家的需要后，我们才能利用剩余的闲暇来钻研哲学，陶冶性情。有德行、有能力之人倘若不愿听命于邪恶之徒，不想让那些人把国家毁灭，就得投身政治，否则只能眼睁睁地看着不希望发生的事情发生。当国家处于危险时刻，除非处于决断的位置，有决断的权力，否则再有智慧也无济于事。针对自乐自足的哲人，西塞罗反复劝勉：

即使智慧之人通常确实并不自愿，从事管理国家的工作，除非为形势所迫，那时才不拒绝改造这种职责，但是，我仍然以为，智慧之人不应该蔑视国务科学，因为他理应掌握一切说不定什么时候他便需要运用的东西（《论共和国》I. 10）。

《论共和国》的前言部分对照政治生活与哲学生活，目的是"消除对是否应该从事国务活动存在的疑问"，政治生活出于"自然"，即便不是最令人快慰的生活，但所得的荣耀却是种报偿，投身政治是种美德。最后他缓和了政治生活与哲学生活之间的对立，似乎说明，政治生活与哲学生活之间并非是非此即彼的选择，这两种生活方式或许是交叉重叠的。西塞罗指出，有些人本人并没有管理过国家，但是他们却研究国家问题，撰写过著作，这仍然是为国家尽了某种责任。希腊的七贤中，有哲人、诗人和政治家，西塞罗更是认为他们都曾经投身过国务活动，而七贤的身份表明，他所推崇的生活，或许是政治生活与哲学生活的完满结合，或者是合而为一。在前言结尾处，西塞罗指明，"要知道，人类的德性在任何事情中都不及在建立新国家或者保卫已经建立的国家中更接近神意"(《论共和国》I.2)。

西塞罗的政治生活与哲学生活孰高孰低依然没有答案,或者,人生活的"更接近神意""更荣耀"和"更幸福"根本就不是一个统一的标准,不同的标准可能意味着不同的选择,政治生活与哲学生活之间的张力,贯穿始终,到书的结尾试图解决,但依然存在。

西塞罗在《论共和国》前言中论及哲学生活与政治生活的关系,是要为这本书所要讨论的国家问题做好铺垫、消除疑问。但是两种生活方式的高低优劣西塞罗并未得出定论,所以,毋宁说,他这本书的目的就是要在政治与哲学的张力中探讨国家问题。

《论共和国》是哲学作品,却并非哲学论文,这部作品以对话的方式写就。西塞罗在前言结尾部分告诉我们,鲁孚斯(Rufus)向西塞罗及其兄弟昆图斯(Quintus)转述了这场对话,《论共和国》是西塞罗对鲁孚斯转述内容的回忆和记述。对话的写作形式我们并不陌生,西塞罗所敬仰的前人柏拉图几乎所有作品都以对话形式写就。不同的是,柏拉图从来不参与对话,而西塞罗的作品中,他本人不但在作品中出现,有时还是主要的对话者(例如《论法律》)。西塞罗本人曾经提到过为什么采用对话方式来写作,他选择苏格拉底曾经采用的,柏拉图使之不朽的对话和讨论方式,是因为这种方式可以隐藏个人的观点,帮助他人免于错误,同时尽可能接近真理(或者说问题的最终解决方式)。[1]

面对所有对话作品,我们都不能忽略一个问题,即"如何说(how)"和"说什么(what)"同样重要。对话作品构成的要素,例如,人物、时间以及人物言语发生的语境,都是理解作品不可或缺的部分。西塞罗将《论共和国》中对话发生的时间设置在公元前129年,那个时候的罗马刚刚结束了战乱频仍的状态,斯基皮奥取得第三次布匿战争的胜利后,罗马暂时没有了外患的威

---

[1] Cicero, *Tusculan Disputations*, J. E. King trans., p.435.

胁，空前安全。对话发生的具体时间为1月末至2月初的拉丁节，① 这个节日容易让人联想到日后罗马帝国主义的发展和成熟。当时哲学刚刚引入罗马不久，而罗马人正需要化育和平时期的德性。罗马共和国的衰落证明，斯基皮奥那代人并未成功——对于罗马人而言，塑造和引导和平时期的德行比武力征伐似乎还要困难，到西塞罗时期，罗马共和国的道德堕落已病入膏肓。但是，西塞罗在共和国危亡之际仍然试图做前代人的未竟之事，探究最好的政制和理想的政治家的问题，而西塞罗塑造的斯基皮奥就寄托了他本人对理想的政治家问题的思考，或者说是对最好的公民的教育和引导。

对话发生在斯基皮奥在罗马郊外的庄园。参加这场谈话的人除了斯基皮奥之外，还有八个人——其中四位年长者是斯基皮奥的好友，另外四位是风华正茂的年轻人。这四位年轻人中后来有三位担任了罗马的执政官，谈话发生的当时，他们堪称精英。这些年轻人正是斯基皮奥教育的对象。

这场对话依然是从两种问题之间的张力开始，是谈论自然（哲学）问题还是谈论政治问题？

最早来到斯基皮奥庄园的是年轻人图贝罗（Tubero），他希望在其他人到来之前谈论一下自然问题，想在私人场合知道斯基皮奥如何解释为何天空会出现两个太阳？随着谈话者陆续到来，"两个太阳"的问题还没来得及回答，就转变为"关于应该谈论什么问题"的争论。一方认为，研究过家庭和国家的问题之后，才适宜探讨天上发生的事情，或者说，在节日的空闲，谈谈"自然"问题也未尝不可，这种观点的代表是德高望重的莱利乌斯（Laelius）；另一方则认为，我们需要知道世界发生了什么，而这个世界是所有人共同的居所和家园，对这个世界不了解则无从了

---

① 一说拉丁节是纪念罗马人向拉丁人地区第一次扩张的节日，一说拉丁节是纪念拉丁同盟的保护神尤皮特的节庆。但不管是纪念罗马人的扩张，还是拉丁同盟的敬神节日，都和罗马帝国的发展有关。

解许多重要问题,这一方的代表是菲卢斯(Philus)。

斯基皮奥面对两种观点,开始回忆战争中的事件,像是在顾左右而言他,实际上,他是在向两种主张说明同样的道理——哲学问题和政治问题也许在某种层面上相关。天文学家伽卢斯(Gallus)当选执政官的前一年曾出征在外,用自己的天文知识解释了月食现象,平息了军中的恐惧;雅典人伯里克利斯(Pericles)在与斯巴达人作战期间做了同样的事情,杜绝了国民的混乱。这无异于在讲哲学在政治当中的功用,沉思生活对于政治生活的作用。哲学思考不仅是政治闲暇时的消遣(《论共和国》I.20),政治生活需要哲学思考,正确的知识可以使政治恢复正常秩序——毕竟,对于天体的正确知识取代错误的意见,让慌乱和无知的士兵成为勇敢的战士。斯基皮奥本人也承认,自己和朋友甚至在努曼提亚城①下探讨"自然"问题。这就和斯基皮奥本人表示认同的苏格拉底的话产生了矛盾——探讨"自然"问题或是超出人的智慧能力的许可,或是与人类生活毫不相关——探讨"自然"问题和政治生活息息相关。

哲学只是在政治功用层面上才有意义吗?不尽然。

斯基皮奥在表明政治需要哲学之后,还给了哲学(人)更高的地位。他所说的"观察过神界王国的人"具备更高的视界,懂得真正不朽的是什么,而人类事业在他们看来是短暂而微渺的,这样的人遵循的不是各自共同体的公民契约,而是按照更高的普遍原则——自然法②判断要求什么归自己所属。斯基皮奥告诉大家"观察过神界王国"的是怎样的人。这种人不会在意人间的物质财富,按照自然法判断事务的归属,参与政治不是出于理想而是出于责任——是为了"完成必须完成的事情,而不是为了实现希望实现的事情";他排除了一切心灵烦忧,视智慧为最宝贵的。

---

① 据王焕生先生译注,努曼提亚城位于西班牙中部,公元前133年斯基皮奥率军占领该城。这里所说的城下,应该指的是斯基皮奥征战过程中。
② "自然法"一词在《论共和国》卷1.27第一次出现。我们将在下文涉及共同体的法律和正义的时候详细论述。

这样的人生活得更幸福、更幸运、心态更加优越。显而易见，斯基皮奥在这里推崇的是哲人和哲学生活。

斯基皮奥的话并没有让在场谈话者的意见达成一致，莱利乌斯依然认为政治问题更为重要，哲学只不过是"稍许锻炼和激发青年人的智慧"，让他们研究更为重要的政治问题时更加得心应手。他坚持要斯基皮奥谈论国家及其最为优越的政制。在赞美过哲学生活之后，接下来斯基皮奥的谈话还是从政治问题开始。

《论共和国》的写作形式与柏拉图的《理想国》极为相似，都是对话作品，并且内容涉及对理想政体的探讨。不同的是，正如书中的主要谈话者之一斯基皮奥所说，他谈论的是现实中的罗马共和国，而不是像柏拉图那样给自己臆造一个城邦。柏拉图的对话是哲人教育和引导城邦中满腔热情但尚没有从政经验的青年精英，而西塞罗的对话则是基于政治家圈子[①]，他们多有从政经验，这次谈论共和国的对话者九人中有一半以上都担任过执政官，其中也有期待讨论自然现象的青年。西塞罗的政治理想寄托于《论共和国》历史、现实、政治与哲学混杂的气息之中。就像西塞罗借斯基皮奥之口道出的，他对希腊哲人就最佳政制问题的思考并不满意，同时不无谦逊地承认自己并不比希腊先贤的看法更为完善——他虽然接受过希腊学说的广泛教育，但他的知识主要来自实践，而不是书本。

西塞罗强调自己与希腊先哲尤其是柏拉图的区别，表明他对最佳政制的论述是现实中最可能实现的，而柏拉图是在言辞中的城邦中实现最佳政制的。正如这场对话中的菲卢斯赞美斯基皮奥时所说的，斯基皮奥在国家事务上的经验远远胜过别人，并且也对此有所研究，因此，斯基皮奥的话会比希腊作家所写的更有用。

西塞罗在关于国家定义中指出，国家乃人民的事业。这个定

[①] Scipio Circle，斯基皮奥圈子。斯基皮奥家族是古罗马的名门望族，这里指的是小斯基皮奥（Scipo Africanus Minor），他参加了第三次布匿战争并摧毁了迦太基（公元前146年）。

义强调了人民聚合的基础,即"法"的一致和利益的一致,这种一致性是共和国得以存在的必要前提。在此前提下,还可能存在不同的聚合形式。西塞罗接下来解释了这个问题,用很长的篇幅探讨政体组织形式。

> 任何一个如我所描述的作为人们的这种联合的人民,任何一个作为人民组织形式的公民社会,任何一个如我所说作为人民的事业的国家,为了能长久地存在下去,都需要某种协议性机构来管理。(《论共和国》1.41)

西塞罗借斯基皮奥之口道出,这种协议性机构的构成形式决定了国家政体的差异。但之所以需要这种机构,是因为政治共同体追求"长久"的存在,"长久"在这里成为了追求目的。这很容易让人联想到亚里士多德在他的《政治学》开头的表述。

> 我们见到每一个城邦(城市)各是某一类的社会团体,一切社会团体的建立,其目的总是为了完成某种善业——所有人类的每一种行为,在他们自己看来,其本意总是在求取某一善果。①

在亚里士多德这里,城邦(注:即政治共同体)追求的目的是"善"。那么,"善"和"长久"这两种不同的目的之间是否存在品质上的差异?他们之间有什么关系?很难设想,一个不以善业为追求目标的政治共同体能长久存在下去,但若问题反过来问似乎就不太容易回答——一个能够长久存在的政体一定是善的吗?或者进一步问,存在最为长久的政体一定是最善的吗?如果回答是否定的,那么最佳政制又是怎样的?

斯基皮奥在应菲卢斯和莱利乌斯的要求论述最佳政制之前,

---

① 亚里士多德:《政治学》,吴寿彭译,商务印书馆,1992,第3页。

先从政体的演化开始讲起。因为，上述"协议性机构"的管理职能，可能授予一个人，即王制；或者授予挑选出来的一些人，即少数的杰出公民，这就是贵族制；或者许多人，即所有人都是统治者，也就是民主制。他认为，三种单一的政体，虽然都不能说是最好的，但都还可以接受。即便是他最不认同的民主制，只要"不掺入不公正和贪欲"，就仍可以稳固存在。

西塞罗分析了三种单一政体的优缺点，笔者认为可以根据公平、自由及智慧和美德三种标准来比较王制、贵族制和民主制的长短。西塞罗对这些政制的分析，有相当部分直指现代政制的弊端。

以公平为标准，斯基皮奥分别以居鲁士（Cyrus II of Persia）在位时的波斯（王制）、马栖利亚人（贵族制）和雅典民主制为例，指出在王制之下，尽管国王智慧而公正，国家还是由一个人的意志和权力来管理，国王之外的太多其他人被排除在公共司法和协议之外；贵族制下，尽管挑选出来的少数人足够杰出，可以公正治理政治共同体，但是人民所处的状态仍然类似于奴役，民众没有参与任何公共审议和行使权力的可能；当一切都按照人民的意愿进行，即便公正而且温和（即没有转变为暴民统治），但是还不能算作公平，因为，如果不存在任何地位和等级的差异，本身就是不公正的，人在智慧和德行上总是有差异的（《论共和国》卷 I. 43-44）。

如果以自由为标准，王制和贵族制下，人民的奴役地位是显而易见的，最为自由的政制应该非民主制莫属。但在宣称人人都享有自由的国家里，也做不到真正的自由，因为若不能做到人人平等地享有自由，自由就不可能存在。斯基皮奥认为，的确没有什么能比自由更美好，但是，"除非一个国家民众权力无比强大，否则在任何国家都不可能有自由可言"（《论共和国》卷 I. 47）。接下来的分析，强调了民主政制中"人人自由"只不过是一个假象。在民主政制下，民众都参加选举，从而委托权力和官职给少数人，这与现代民主政治社会是同样的。民众甚至被人央求支持某些人，被要求行使自己的民主权力，但是民众要给出的支持和让渡的权力是"不得不"的，虽然存在选择，但民众所能做出的选择不存在任何质的差异。民众本身"并不享有行政权力，不能参与审议国事，不能参加被挑选出来的法官组成的审判"（《论共和国》卷 I. 47）。那么，不公正前提下的自由，无异于伪自由。所以，西塞罗借斯基皮奥之口道出：

> 既然法律是公民联盟的纽带，由法律确定的权利是平等的，那么，当公民的地位不相同时，公民联盟又靠什么法权来维系呢？要知道，要是公民们不愿意均等财富，要是人们的才能不可能完全一致，那么作为一个国家的公民起码应该在权利方面是相互平等的。就这样，公民社会若不是公民的法权联盟，又是什么呢？（《论共和国》卷 I. 49）

如果是这种法权的联盟，自由的民众将自己托付给最优秀的人，那么这样的公民社会更加美好。可是，怎样的人才算是最优秀的人呢？——"智慧和德性超群者"（《论共和国》卷 I. 51）。自然也是同样安排，让"智慧和德性超群的人统治较为软弱的人，而且让较为软弱的人乐意听命于最优秀的人"。那么谁能在芸芸众生中判断出哪个或者哪些才是最优秀的人呢？只有少数人才能"认识和评鉴它"，那么，如果不经人民同意，这"最优秀的人"谁会接受？所以，上述"自愿听命"非常重要，这也就说明，由"最优秀的人统治"，在以智慧和德性为标准的政制下，王制和贵族制都可能，而最不可能的就是民主制。拉丁文 optimates 原本的意思是"最优秀的""最杰出的"，但是，这个词越来越成为"贵族"的代名词。最优秀的人享有财富和名望并不是问题，可问题在于，如果财富和名望不与智慧相伴随，便会滋生傲慢和丑恶。把最富裕的人视为最优秀的人的统治形式最为丑陋，西塞罗这一将近两千年前的观念，至今仍然适用。公民社会中，若视财富为优秀，并由于体制或者民众的错误认识，误将某些难符其实的人视为最优秀并授之以统治之位,这"最优秀的人"追求的必然还是财富,这样的社会充斥着欲望和贪婪。在西塞罗那里,最优秀的人不为任何欲望所动,德性堪为民众表率,己所不欲,不施于人,自己遵守不了的法律从不加诸民众,而教导民众做到的必身身先士卒。斯基皮奥提出,如果有这样的人,一人可以承担一切,就无需许多人一起当政,如果许多人能够一致断定什么是最好的,那同样也不需要挑选出优秀的人们来统治。

决策的困难导致政权由国王转向多人,人民的谬误和轻率则导致政权由民众转向少数人。因此,贵族占据了个人掌权的软弱和许多人掌权的轻率之间的适中地位,那是一种最富有节制的统治状态(《论共和国》卷I.52)。

在斯基皮奥看来,以智慧和德性为标准,最好是一个人统治,若是一个人无法胜任,贵族制则是较为稳妥的替代。莱利乌斯问斯基皮奥:三种政体中哪一种形式最好?斯基皮奥回答,任何单独一种他都不赞赏,三种政体的混合才是最好的。但接下来斯基皮奥并未继续解释混合政体的问题,而是转入对王制的论述,因为,在他看来,除混合政体之外,仅就三种单一的政体而言,王制最好,但他又语带犹疑,如果三选其一,他"可能"选择王制。对三种单一政体的论述,西塞罗把最长的篇幅给了王制。

斯基皮奥解释为什么他最尊崇王制。首先,在宗教和习俗中,都自然有王的统治。对朱庇特(Jupiter)的信仰使人无论是否有知识,都以朱庇特为天神和凡人唯一的王,并且,远从荷马开始,各个民族都曾经认为没有哪个人会比国王更好。显然,西塞罗笔下的政治家需要宗教和习俗中的意见,但斯基皮奥本人并不信服。宗教在他看来,是统治者为了在实际生活中树立巨大的权威所为。道破宗教的实质对于民众而言是个危险的话题,但我们知道,斯基皮奥的谈话是私下的,对象是未来的政治家。其次,希腊和罗马的历史说明,在民族的童年,都有国王统治,并且一个民族中富有智慧的人都曾希望王的统治。斯基皮奥认为这是人的天性。最后，根据人的天性，对灵魂内部构成要素进行分析可知，人的灵魂包含多种因素，有智慧、欲望、愤怒和理性。愤怒是心灵的某种纷乱，需要用理性加以克制。人的欲望则多种多样，有贪欲、权欲、情欲、荣誉欲，只有智慧是灵魂中最优秀的部分，如果人的灵魂中存在王权，也就是智慧的一元统治，才能控制欲望、愤怒，等等，人才可能是最幸福的状态（《论共和国》卷 I. 60）。斯基皮奥认为对于国家而言也同样，如果许多人掌权，就不存在主导性权力；"如果权力不是单一的，便任何权力都不可能存在"。最后，斯基皮奥又以家庭管理、航船、医病为例，强调了单个人行使权力要好过多人掌权。值得注意的是，他在不止一处强调，王制好过其他统治形式的前提是掌权的人是公正的（《论共和国》卷 I. 60，64）。但是，这种政制，往往会因为一个人的不公正，败坏了整个体制。

接下来，斯基皮奥开始分析政制的变化。值得注意的是，在谈到混合政体之前，斯基皮奥认为必须详谈国家的变化，那么，他之所以认为混合政体最好，是因为他的稳定不变，还是因为混合政体最能体现智慧和德性？标准是什么？

王制最不可避免的变化产生于国王的不公正，王制崩溃而沦为僭主制，僭主制是最坏的也是接近于最好的一种政体。贵族制会因为贵族变为阴谋集团滑向寡头制；而民主制会因为人民的放纵和狂暴沦为暴民统治。政权的循环，在西塞罗这里，不是线性的发展，而是存在许多可能性的循环。

> 国家政权犹如一个球，僭主们从国王手里夺过来，然后一些显要人物或者民众又把它从僭主们那里夺过去，而后又由派别集团或僭主从他们那里夺走，某一种国家体制从不可能长久地存在下去。（《论共和国》卷 I. 68）

这里说的循环交替，并没有穷尽一种政制变化为另一种政制的可能性。例如，败坏的王制成为僭主制，取而代之的有可能是健康的也有可能是变质的单一政体，有可能被贵族或者民众取代，也有可能被寡头集团和暴民取代，因为西塞罗用的是"显要人物"和"民众"，并未言明其本质。并且，即便是公正的国王或者贵族，也有可能发生变化——"人民对公正的国王使用暴力或剥夺其王权"，或者因为贪欲品尝贵族的鲜血。斯基皮奥认为，平抚放纵无度的民众比抑制大海和火焰还要困难。西塞罗重又引用柏拉图的话，说明败坏了的民主制将会酿成的恶果。在放纵无度、过于自由的政制下，家庭不服从政权，父不慈、子不敬，人不知廉耻，公民与外邦人毫无差异，教师迁就阿谀学生，学生无视教师，年轻人持重又无活力，老年人轻浮而不庄重。而这败坏了的民主制又会被其他或好或坏的政制取代。

说国家政权犹如一个球非常形象，并且，这个球的滚动变化，毫无方向可言。既然每种政体都会腐坏变质，那么最佳政体应该是什么样的？西塞罗还是借斯基皮奥之口道出，最好的政体是上述三种政体的混合——由王制、贵族制和民主制"平衡、适度地"混合而成。混合政体既包含王制的卓越，又把一些事情托付给杰出贵族们的智慧和权威，同时，还将一些事情保留给民众协商决定。这种政体公平，能够实现权力、义务和职责的均衡分配，并且，混合政体非常稳定——三种因素各归其位，互相协调，国家便会坚固永存。混合政体中"不存在可以变更的原因，也不存在它可以趋向崩溃和毁灭的政体形式"。

关于混合政体，柏拉图和亚里士多德都有过论述。但柏拉图是在论述"次好"政体的《法义》中提到混合政体。在柏拉图那里，最为理想的应该是哲人为王的政体。亚里士多德认为，"凡能包括较多要素的总是较完善的政体，所以那些混合多种政体的思想应该是比较切合于事理"。(《政治学》1266a5)[①] 混合政体只是现实中比较"完善"、比较"合于事理"的政体，而非亚里

[①] 亚里士多德：《政治学》，吴寿彭译，商务印书馆，1922，第67页。

士多德的理想政体。柏拉图和亚里士多德都承认"混合政体"是现实中可以实现的优良政体，但都不认为混合政体是最好的，他们推崇的是王制，只是王制在现实中不易实现和保持。在西塞罗看来，王制、贵族制或者民主制中任何一种单一政体，都不及"混合政体"，王制只是除"混合政体"之外三种单一政体中最为优越的（《论共和国》1.69）。亚里士多德在《政治学》中，追问城邦是以存在为限还是以优良的生活为限的问题，并且明确指出，"城邦不仅为生活而存在，实在应该为优良的生活而存在"（《政治学》1280a30）。① 在西塞罗这里，关于政治共同体的"善"，即优良的生活变得隐而不彰，而"存在"或者说持久的存在却变得尤为重要，这也是他称道混合政体的重要原因；或换种说法，在西塞罗这里，对于国家而言，政体的稳定比对善业的追求更为重要。

西塞罗指出，"混合政体"比任何一种单一政体都要优越，而历史上罗马共和国就是这样一种理想政体。施特劳斯曾经说过，古典政治哲学和当今政治科学最为泾渭分明的差别是，何谓最好的政治之学是古典政治哲学的导引性问题，而当今的政治科学则对这个问题置之不理。② 就此意义而言，西塞罗对混合政体的探讨，依然属于柏拉图、亚里士多德一脉相承的古典政治哲学。

每个哲人的个人思想气质、思想经历、所处历史语境以及面临的问题都存在差异，那他们思考相同的问题就未必得出相同的答案。西塞罗作为政治家和演说家，生活在罗马共和国由鼎盛走向衰落之际，他曾出任过古罗马最高行政官阶执政官，而在出任共和国的各种任职的同时，又著有大量作品，传之后世。他的哲学沉思和政治实践紧密结合，这种结合让我们得以重新审视亚里士多德在《尼各马可伦理学》结尾处略带伤感的哀叹，"在政治学方面，声称教授政治学的智者们从来不实践。从事实践的是政

---

① 亚里士多德：《政治学》，吴寿彭译，商务印书馆，1992年，第137页。
② 列奥·施特劳斯：《什么是政治哲学》，华夏出版社，2011。

治家们，但他们所依赖的是经验而不是理智。我们从来看不到他们写或者讲政治学的问题（尽管这种活动比写法庭辩词和公民大会演说词更高贵）"[1]。西塞罗作为富有实践经验的哲人，并未像亚里士多德感叹的那样疏于探讨政治理论，西塞罗著作的鲜明特征即是结合罗马的历史和现实来探讨哲学问题。美国的萨拜因（G. H. Sabine）在他的《政治学说史》中说，西塞罗的书有一个绝对不容忽视的优点：无论谁都要读。一种思想一旦能保存在西塞罗的著作里，它就可以为未来的读者保存下来。

西方的古典哲人都探求共同体的最佳政制和立法问题，柏拉图、亚里士多德、西塞罗莫不如此。也许有人认为西塞罗很难与柏拉图、亚里士多德比肩，他有时也被认为是"哲学史上的二流人物"，更有甚者，认为他并非哲人。关于西塞罗在哲学史上的地位，虽然并非本章要旨，但在阐述《论共和国》所思考问题的同时，也说明了西塞罗在思想史上的重要性。可以肯定的是，西塞罗的确是在沿着柏拉图和亚里士多德的方向思考同样的问题，他在不止一处表达自己对先哲柏拉图的崇拜，甚至连写作的形式和构架也在模仿柏拉图。同时，他所处的历史语境和他本人的思想气质，又决定了他的政治哲学思想极富延展性，对政制与法律问题的思考，在现代政治科学思想中也有共鸣。

---

[1] 亚里士多德：《尼各马可伦理学》，廖申白译，商务印书馆，2003，第316页。

第七章

现代西方哲学中的人文精神研究

——以萨特与梅洛-庞蒂现象学比较为中心

萨特（Jean-Paul Sartre）与梅洛-庞蒂（Maurice Merleau-Ponty）是法国现象学早期的代表人物。20世纪三四十年代，法国哲学以观念论者莱昂·布伦茨威格（Léon Brunschvicg）为代表的新康德主义为主流。萨特与梅洛-庞蒂都不满于法国哲学中普遍存在的理性精神，都认为现象学提供了一个可以将哲学重新带回到地面上，并与活生生的经验相联系的机会。① 但是，在如何理解现象学、如何理解胡塞尔（Edmund Gustav Albrecht Husserl）以及如何构建自己的现象学体系等问题中，两人的思想也存在着深刻的区别。

本书试图撷取萨特与梅洛-庞蒂的现象学思想的几个方面进行比较研究。萨特与梅洛-庞蒂同是在法国思想界的"3H 时代"成长起来的哲学家。② 他们先后进入巴黎高师，在高师相识；20世纪 30 年代前后，相继接触到现象学，并深受其影响；又在1945 年共同创立《现代》（Les Temps modernes）杂志，在很长一段时间里并肩作战；后来，在对待马克思主义、朝鲜战争等问题

---

① Margaret Whitford, *Merleau-Ponty's Critique of Sartre's Philosoph* (French Forum Publishers, 1982), p. 10.
② 法国哲学有 "3H" 时代、"3M" 时代之说。黑格尔、胡塞尔、海德格尔简称 "3H"，H 取自三者姓名首字母；马克思、弗洛伊德、尼采简称 "3M"，M 为 "怀疑大师" 的法语原文（maîtres de soupcon）首字母。

上，二人有着深刻的分歧，关系一度冷淡，直到梅洛－庞蒂猝然辞世前夕才有所缓和。萨特与梅洛－庞蒂的哲学思想相互影响又彼此回应，因此，对二人的思想进行比较研究是很有意义的。

一　生平与著作

（一）梅洛－庞蒂

莫里斯·梅洛－庞蒂1908年3月14日出生于法国南部的罗歇福尔。他的父亲于1913年去世，此后，他和他的兄弟及妹妹三人一起由其母亲独自抚养长大。

1926年，梅洛－庞蒂考入巴黎高等师范学校学习哲学，并在那里结识了萨特和西蒙娜·德·波伏瓦（Simone de Beauvoir）。尽管在以后的岁月里，梅洛－庞蒂与萨特的关系变得很贴近，并且两人的关系对梅洛－庞蒂的生活和思想都产生了深刻的影响，但在高师读书期间，他们的关系却如同萨特所说的那样，仅仅知道彼此，尚未成为朋友。

1930年，梅洛－庞蒂获得学士学位。同年7月，获得中学哲学教师资格证书。之后，他加入过军队、服过兵役，并在中学里教过几年哲学。最后，他以教师的身份又回到巴黎高师，在那里一直到二战开始。

早在巴黎高师读书的时候，梅洛－庞蒂就已经接触到了胡塞尔的思想。梅洛－庞蒂在高师的主要老师是观念论者莱昂·布伦茨威格。1928学年至1929学年间，他在埃米尔·布雷耶（Emile Bréhier）的指导下撰写了关于普罗提诺的论文。

梅洛－庞蒂与萨特一度成为朋友，并于1945年共同创办《现代》（*Les Temps modernes*）杂志。朝鲜战争爆发之后，由于对朝鲜战争问题看法上的分歧，这段友谊在1952年宣告结束。

相比于萨特在漫长的时代中被人们奉为精神领袖，追随者络绎不绝，梅洛－庞蒂更加倾向于退居书斋，潜心学问。虽然与胡塞尔现象学的相遇无论对于梅洛-庞蒂还是对于萨特都具有非凡意义——在他二人看来，现象学提供了一种与众不同而崭新的哲学运思方式和启迪，但显然，两人思想上的不同点更加值得人们关注。

萨特主要吸收和接纳了胡塞尔前期的现象学观点，梅洛-庞蒂则对胡塞尔后期的"生活世界"等思想情有独钟。尽管两人的思想核心都在于要求助于"经验"这个哲学中的生存论的元素，尽管他们在其著作中都着重强调"被我们所经验的世界"（例如，他们看重的不是作为科学客体存在的生理学意义上的身体，而是作为被经验着的生活着的意义上的身体），但是，梅洛-庞蒂和萨特的视角却很不同：对于萨特来说，人是自由的；对于梅洛-庞蒂来说，人则是历史的。[①]

胡塞尔一直对笛卡尔的"我思"问题很是热衷，尽管他提出了对笛卡尔"我思"的批判，但他的批判思路却仍然带有很强烈的笛卡尔色彩。萨特正是顺着胡塞尔的这一思路出发，并将其深入下去，将"反思"深入到"反思前的我思"（the pre-reflective cogito），甚而深入到他最为著名的"自在"（en-soi）与"自为"（pour-soi）之分这一问题中。梅洛-庞蒂也对"我思"问题很有兴趣，但他并不赞成胡塞尔和萨特的批判思路。尤其对于萨特对"自在"与"自为"的两分，更是无法认同。在梅洛-庞蒂看来，萨特将存在二分为"自在的存在"与"自为的存在"，实际上仍然没有摆脱经验主义和理智主义曾经犯下的错误，只不过是这些传统偏见的另一种形式而已。梅洛-庞蒂将萨特的哲学描述成一种"俯瞰式的沉思"（pensée en survol），其中，心灵只是在观察着这个世界，而不是栖居于世界之中。

1952年，梅洛-庞蒂就任著名的法兰西学院（le collège de France）的教授职位，这个职位一度由亨利·柏格森（Henri Berg-

---

[①] Margaret Whitford, *Merleau-Ponty's Critique of Sartre's Philosoph* (French Forum Publishers, 1982), pp. 13–14.

son）担任，而且在梅洛-庞蒂之前，从来没有人如此年轻就能够担任此职。

1961年5月3日，梅洛-庞蒂因病突然去世。他的英年早逝，无论对于现象学，还是对于法国哲学，都是一个不小的遗憾。在去世之前，梅洛-庞蒂还在写作《可见的与不可见的》，这本尚未完成的书稿是梅洛-庞蒂的遗作。从中我们可以看出，梅洛-庞蒂在其生命的最后，还在试图修正和加深他在早期就已建立起来的哲学体系。

梅洛-庞蒂的著作包括《行为的结构》（1942）、《知觉现象学》（1945）、《意义与无意义》（1948）、《辩证法的历险》（1955）、《符号》（1960）、《眼与心》（1964）、《可见的与不可见的》（1964）、《哲学赞词》（1965）、《Résumés de cours, Collège de France, 1952-1960》（1968）、《L'union de l'ame et du corps chez Malebranche, Biran et Bergson》（1968）、《世界的散文》（1969）、《La nature, Notes. Cours du Collège de France》（1995）、《知觉的首要地位及其哲学结论》（1996）、《Notes de cours 1959-1961》（1996）、《Parcours 1935-1951》（1997）、《Parcours deux 1951-1961》（2001）、《Psychologie et pédagogie de l'enfant. Cours de Sorbonne 1949-1952》（2001）、《L'institution, La passivité. Notes de cours au Collège de France (1954-1955)》（2003）等。

（二）萨特

让-保罗·萨特1905年6月21日生于巴黎，父亲在他出生后不久就因肠热病猝然离世。年仅20岁的母亲带着尚在襁褓中的萨特回到萨特的外祖父家，和他的外祖父以及外祖母一起生活。外祖父丰富的藏书让萨特终日沉浸在书堆中，对萨特的一生产生了深远的影响。

母亲再婚以后，萨特也随之离开了巴黎，与母亲和继父生活在法国西海岸的拉罗舍尔（La Rochelle）。几年之后，萨特又返回巴黎，先后在亨利四世中学和路易大帝中学读书，并于1924

年以第七名的成绩考上了巴黎高等师范学校。

最初吸引萨特的哲学家当属柏格森,他对萨特的哲学运思产生了深远的影响。早在大学预科的文科预备班时期,萨特就撰写了题名为《什么是持续》的论文。①"萨特曾经承认,他哲学写作的灵感来自于对柏格森《时间与自由意志》(Time and Free Will)的阅读。……从一开始,在萨特已发表的哲学著作里出现的时间的向心性以及时间化的意识等思想中,这位令人钦佩的法国理论家的在场就是十分明显的。这些 20 世纪 30 年代的作品,在《想象心理学》(Psychology of Imagination,1940)一书中达到顶峰,它们展现了对于与实证科学的机械的或量化的现象相区别的活生生的经验的敏锐的感受性(一种广为人知的柏格森式的主题),也展现了与他在索邦的信奉新康德主义的教授们的观念论哲学的深刻对立。"②

萨特对胡塞尔现象学的关注要早于梅洛-庞蒂。1933 年至 1934 年,萨特专程到柏林法兰西学院(the French Institute in Berlin)做研究,着重研究了胡塞尔的现象学思想,并在研究期间撰写了《论自我的超越性》等论文。

不同于梅洛-庞蒂一直在学院里研究现象学,萨特则很早就放弃了教书的职业,专门从事写作。他的文学作品曾为他赢得了诺贝尔文学奖。1980 年 4 月 15 日,萨特在巴黎与世长辞。

萨特的著作包括《影象论》(1936)、《自我的超越性》(1937)、《恶心》(1938)、《墙》(1939)、《情感理论概要》(1939)、《想象》(1940)、《存在与虚无》(1943)、《苍蝇》(1943)、《密室》(1944)、《自由之路》(1945)、《死无葬身之地》(1946)、《存在主义与人道主义》(1946)、《恭顺的妓女》(1946)、《境遇 I-X》(1947 - 1976)、《什么是文学》(1948)、

---

① 高宣扬:《萨特的密码》,同济大学出版社,2007,第 59 页。
② 理查德·柯尔内主编《20 世纪大陆哲学》(劳特利奇哲学史第八卷),鲍建竹、李婉莉等译,中国人民大学出版社,2016,第 77 页。

《肮脏的手》(1948)、《辩证理性批判（第一卷）》(1960)、《词语》(1964)、《辩证理性批判（第二卷）》(1985)，等等。

二　不同的现象学之路

如前所述，20 世纪 30 年代前后，德国现象学思想开始传入法国。从最初接触现象学的时间来看，梅洛－庞蒂要早于萨特，但萨特要比梅洛－庞蒂更早关注胡塞尔的现象学，而且在使现象学法国化并根据胡塞尔的思想创立法国现象学这一点上，主要功绩应归于萨特。特别是他于 1936 年发表在《哲学研究》上的第一篇论文，以及他写于 1936 年至 1940 年之间的论想象与情感的单行本著作。[①]

早在巴黎高师读书的时候，梅洛－庞蒂就已经接触到了胡塞尔的思想。1928 年到 1930 年，梅洛－庞蒂在索邦参加了乔治·古尔维奇（Georges Gurvitch）的现象学讲座，此讲座主要讲授胡塞尔、舍勒（C. W. Scheele）和海德格尔（Martin Heidegger）的现象学，这让梅洛－庞蒂对现象学有了初步的了解和认识。1929 年 2 月 23~25 日，胡塞尔在索邦进行了为期四天的演讲，梅洛－庞蒂有幸在场，亲耳聆听了胡塞尔本人的讲座。这些讲座主要讲授的是胡塞尔前期的现象学。与萨特初识现象学就怦然心动明显不同的是，在高师上学期间以及之后的几年，梅洛－庞蒂对胡塞尔的现象学尚未产生特别浓厚的兴趣。

因此，在他学术生涯的早期，胡塞尔现象学思想的影响并没有占据十分重要的地位，真正影响他的是当时心理学、病理学特别是格式塔心理学等学科的研究成果。从其早期《行为的结构》（本书完成于 1938 年，但直到 1942 年才出版发行）以及更早前他为了向国家科学资金管理处申请研究资助而提交的《关于知觉的本质的研

[①] 赫伯特·施皮格伯格：《现象学运动》，王炳文、张金言译，商务印书馆，1995，第 601 页。

究计划》(1933年4月8日)和《知觉的本质》(1934年4月21日)等文献中可以看出,此时他更加热衷于对知觉问题的探讨,而他对知觉问题的热情,恰恰是因为当时心理学、病理学等方面的科学成果影响了他,使他格外热衷于从心理学的角度出发来探讨知觉问题。例如,在《关于知觉的本质的研究计划》中,梅洛-庞蒂认为,在目前所进行的神经学、实验心理学(特别是心理病理学)及哲学的研究中,有必要重新探讨知觉尤其是"我自身"(corps propre)的知觉问题。[1] 而在《知觉的本质》中,他又重申对知觉重新进行研究的必要性源自当代哲学与实验科学的新发展。[2] 值得注意的是,在此文中,梅洛-庞蒂提到了胡塞尔的现象学。但在此时他所探讨的主要是现象学与心理学的关系,认为不要因现象学运动启发了实验科学研究而感到吃惊。人们还可以认为胡塞尔的分析直接促进了格式塔心理学的诞生。再者,人们仍旧从更广泛的意义上将所有"描述"心理学称为现象学……现象学以及受其影响的心理学应该引起极大的注意,因为它们能帮助我们修正意识与感觉这样的概念,并以别样的方式去构想意识的"划分"。[3]

这里要特别提出,梅洛-庞蒂在其早期的哲学研究中,就对格式塔心理学情有独钟。在《关于知觉的本质的研究计划》和《知觉的本质》中,都提到了格式塔理论,特别是在《知觉的本质》里,更详细地阐述了格式塔心理学。他认为,"一个新的知觉心理学(格式塔心理学)在德国发展起来"。[4] 并且他提到,在过去一年中,他自己的很大一部分时间都用来钻研格式塔心理学。

---

[1] 莫里斯·梅洛-庞蒂:《知觉的首要地位及其哲学结论》,王东亮译,生活·读书·新知三联书店,2002,第77页。

[2] 莫里斯·梅洛-庞蒂:《知觉的首要地位及其哲学结论》,王东亮译,生活·读书·新知三联书店,2002,第83页。

[3] 莫里斯·梅洛-庞蒂:《知觉的首要地位及其哲学结论》,王东亮译,生活·读书·新知三联书店,2002,第89~91页。

[4] 莫里斯·梅洛-庞蒂:《知觉的首要地位及其哲学结论》,王东亮译,生活·读书·新知三联书店,2002,第83页。

该文从"物体""空间与运动""格式塔心理学与儿童心理学""格式塔心理学与认识论"四个方面探讨格式塔心理学。①

格式塔心理学是一个深受胡塞尔现象学思想影响的心理学流派，它和胡塞尔后期现象学有很大程度上的异曲同工之处，正因如此，尽管梅洛-庞蒂早期哲学研究并没有过多关注现象学特别是胡塞尔现象学，但后来，当梅洛-庞蒂接触到胡塞尔后期现象学，并且阅读了胡塞尔后期的哲学手稿之后，立刻对胡塞尔的后期发生现象学产生了浓厚的兴趣。

如前所述，梅洛-庞蒂开始对胡塞尔的现象学思想产生浓厚的兴趣是在胡塞尔去世以后。1938年，胡塞尔去世，《国际哲学杂志》(Revue internationale de philosophie) 随后出版了悼念胡塞尔的特刊。在1939年的早些时候，梅洛-庞蒂开始了解到这份特刊。在这份特刊中，欧根·芬克（Eugen Fink）提到了胡塞尔最后的著作《欧洲科学的危机与先验现象学》(The Crisis of the European Science and Transcendental Phenomenology)，尤其激起了梅洛-庞蒂的兴趣，使其想对这部著作进行更深入的研究，但当时这部著作只有第一部分印刷出来。4月初，梅洛-庞蒂作为第一位参观者，前往比利时鲁汶的胡塞尔档案馆，正是在这里，他阅读了《欧洲科学的危机与先验现象学》一书的全部、《观念II》(Ideas II)，以及大量的未刊稿。这一短暂的邂逅无疑对于梅洛-庞蒂如何借用胡塞尔后期的思想并将其融入自己哲学的核心思想产生了决定性的影响，② 并为他提出自己的身体现象学思想打下了基础。

萨特错过了胡塞尔在巴黎的讲座，和梅洛-庞蒂相比，与现象学结缘要晚了几年，但是，他却比梅洛-庞蒂更早地对胡塞尔现象学产生浓厚的兴趣。在《现象学运动》一书中提到，西蒙娜·德·波伏瓦关于萨特最早接触现象学的记述，是他（萨特）和他

---

① 莫里斯·梅洛-庞蒂：《知觉的首要地位及其哲学结论》，王东亮译，生活·读书·新知三联书店，2002，第91～101页。
② Richard Kearney, Twentieth Century Continental Philosophy Vol. VIII, Routledge History of Philosophy (Routledge, 1994), pp. 106 - 107.

的同学雷蒙·阿隆（Raymond Aron）在咖啡馆里的那场著名的谈话。① 波伏瓦在她的回忆录《岁月的力量》中写道：1933年的某个晚上，雷蒙·阿隆在柏林的法兰西学院研究一年后返回巴黎，对萨特谈论胡塞尔。"那天晚上，我们在蒙帕纳斯街'灯嘴'酒吧相聚，要了这家酒吧独具特色的杏黄鸡尾酒。阿隆指着自己的酒杯说：'你看，小伙伴，你如果是现象学家，你就可以谈论这种鸡尾酒，这就是哲学。'"萨特激动得脸色发白……这正是他几年来所希望的：谈论一些事情，就像他触摸到的一样，而这就是哲学。阿隆让他相信，现象学正好回答了他所思虑的问题：超越唯心论和实在论的对立，同时肯定意识的至高无上和世界的存在——就像它向我呈现的一样存在。② 当晚，萨特就去书店买下了勒维纳斯（Emmanuel Lavinas）的《胡塞尔现象学中的直观理论》(*The Theory of Intuition in Husserl's Phenomenology*)。在悼念梅洛-庞蒂的文章《梅洛-庞蒂永生》(Merleau-Ponty Vivant)中，萨特曾提到，他是通过勒维纳斯邂逅现象学的，他还特意前往柏林，并在那里逗留了一年的时光。③ 1933~1934年，萨特前往柏林的法兰西学院研究现象学，阅读了胡塞尔、海德格尔、雅斯贝尔斯（Karl Jaspers）等现象学家的著作。从德国回国时，萨特抱着这样一种信念，认为胡塞尔的《观念》是他所见到的最重要的一部著作。他就是以这样的精神向他的朋友梅洛-庞蒂推荐这部书的。④

所以说，萨特虽然比梅洛-庞蒂较晚接触到胡塞尔的现象学，但是，接受现象学并迅速地运用现象学来阐释自己的理论，萨特要先于梅洛-庞蒂。还在柏林做研究的时候，萨特就开始着

---

① 赫伯特·施皮格伯格：《现象学运动》，王炳文、张金言译，商务印书馆，1995，第669页。
② 西蒙娜·德·波伏瓦：《波伏瓦回忆录第二卷：岁月的力量（一）》，黄荭、罗国林译，作家出版社，2012，第102页。
③ Jon Stewart, *The Debate Between Sartre and Merleau-Ponty* (Northwestern University Press, 1998), p. 567.
④ 赫伯特·施皮格伯格：《现象学运动》，王炳文、张金言译，商务印书馆，1995，第670页。

手写作《自我的超越性》(La Transcendance de L'égo),对胡塞尔的观点和概念进行论证和批判。后来,这篇论文发表在 1936 年的《哲学研究》上。正是这篇论文的发表,标志着 1936 年成为现象学法国本土化的开始。

萨特的早期作品以心理学的著作为主,就关注心理学问题而言,这一点与梅洛-庞蒂是相似的。除了《自我的超越性》之外,萨特最早出版的哲学著作还包括《想象》(Imagination)(1936)、《情绪理论概说》(Sketch for a Theory of Emotions)(1939)以及《想象心理学》(1940)等,无一不是关于心理学的。这些著作都强调想象在我们精神生活中的作用,都深入地致力于阐释胡塞尔的论点,即意向性是心理的决定性的特征。这些著作都在萨特接下来的著作中保持着影响力。[1]

1941 年,梅洛-庞蒂与萨特重遇,此时,两人的思想都开始走向成熟,对现象学也都有了自己的观点和看法。如萨特所说,在两人之间,"关键的词语已经讲出来了:现象学、存在主义。我们发现了我们真正关注的东西。由于两个人都过于个人主义、我行我素,不能把我们的研究集中起来,所以,我们既相互受益,也保持分离。我们两个都是各自独立地轻易地被说服去理解现象学的观点……胡塞尔成为我们之间的纽带,同时也是我们之间的分歧之所在"[2]。

相比于萨特在漫长的时代中被人们奉为精神领袖,追随者络绎不绝,梅洛-庞蒂更加倾向于退居书斋,潜心学问。虽然,与胡塞尔现象学的相遇,无论对于梅洛-庞蒂还是对于萨特都具有非凡意义——在他二人看来,现象学提供了一种与众不同而崭新的哲学运思方式和启迪,但显然,两人思想上的不同点更加值得人们关注。

如前所述,萨特主要吸收和接纳了胡塞尔前期的现象学观

---

[1] Richard Kearney, *Twentieth Century Continental Philosophy Vol. VIII: Routledge History of Philosophy* (Routledge, 1994), p. 80.

[2] Jon Stewart, *The Debate Between Sartre and Merleau-Ponty* (Northwestern University Press, 1998), p. 568.

点,梅洛-庞蒂则对胡塞尔后期的"生活世界"等思想情有独钟。尽管两人的思想核心都在于要求助于"经验"这个哲学中的生存论的元素,尽管他们在其著作中都着重强调"被我们所经验的世界"(例如,他们都不看重作为科学客体存在的生理学意义上的身体,而是作为被经验着的生活着的意义上的身体),但是,梅洛-庞蒂和萨特的视角却很不同:对于萨特来说,人是自由的;对于梅洛-庞蒂来说,人则是历史的。[1]

胡塞尔是一个具有古典气质的现象学家,这一点可以从他对笛卡尔、康德等人的推崇上看出来。胡塞尔一直对笛卡尔的"我思"问题很是热衷,尽管他提出了对此的批判,但他的批判思路却仍然带有很强烈的笛卡尔色彩。萨特正是顺着胡塞尔的这一思路出发,并将其深入下去,将"反思"深入到"反思前的我思",甚而深入到他最为著名的"自在"(en-soi)与"自为"(pour-soi)之分这一问题中。梅洛-庞蒂也对"我思"问题很有兴趣,但他并不赞成胡塞尔和萨特的批判思路。尤其对于萨特对"自在"与"自为"的两分,更是无法认同。在梅洛-庞蒂看来,萨特将"存在"二分为"自在的存在"与"自为的存在",实际上仍然没有摆脱经验主义和理智主义曾经犯下的错误,只不过是这些传统偏见的另一种形式而已。如前所述,梅洛-庞蒂将萨特的哲学描述成一种"俯瞰式的沉思"(pensée en survol),其中,心灵只是在观察着这个世界,而不是栖居于世界之中。

在《可见的与不可见的》一书中,梅洛-庞蒂认为,纯否定的思维或纯肯定的思维是一种"俯瞰式的沉思",它思考的是本质或对本质的纯否定、思考有固定意义并且它所拥有的术语。[2]在这里,梅洛-庞蒂的批判对象是萨特。"萨特确实说过,在他的书(即《存在与虚无》)的结尾,将可以转到存在的更广的意

---

[1] Margaret Whitford, *Merleau-Ponty's Critique of Sartre's Philosophy* (French Forum Publishers, 1982), pp. 13 – 14.

[2] 莫里斯·梅洛-庞蒂:《可见的与不可见的》,罗国祥译,商务印书馆,2008,第90页。

义上，这个存在包括存在和虚无。"① 然而，梅洛-庞蒂认为，"这并不意味着原初的对立被超越了，相反，原初的对立仍然保持着它所有的严格……不言而喻的是，这本书从头到尾谈论的都是同一个虚无，同一个存在，而且唯一的旁观者（spectateur）是发展过程的见证者，这个旁观者不处于这个过程中……"② 对传统哲学中一种普遍采用的局外的旁观者（spectateur étranger）的态度进行批判，这是梅洛-庞蒂哲学伊始就开始的。③ 而在他看来，尽管萨特早就提出了"反思前的我思"、"自在"与"自为"等概念，试图重新为意识与世界之间的关系建立联系，但不可幸免地，萨特哲学也同样采用的是这种局外旁观者的态度。当萨特的"意识"只是一个局外的旁观者，俯瞰意识对象的时候，尽管萨特已经将"反思"深入到"反思前的我思"阶段，但他试图消除意识与世界之间的二元对立的努力依然是徒劳的。

三　意识与身体
——梅洛-庞蒂与萨特现象学比较

（一）意识的超越性

如前所述，正如波伏瓦在她的回忆录里所说的，萨特初识现象学，就发现"现象学正好回答了他所思虑的问题：超越唯心论和实在论的对立，同时肯定意识的至高无上和世界的存在——就像它向我呈现的一样存在"。这句话准确地说出了萨特现象学研究的初衷，以及始终贯穿萨特哲学思考的主张和线索。梅洛-庞蒂在《行为的

---

① 莫里斯·梅洛-庞蒂：《可见的与不可见的》，罗国祥译，商务印书馆，2008，第90页。
② 莫里斯·梅洛-庞蒂：《可见的与不可见的》，罗国祥译，商务印书馆，2008，第90~91页。
③ Merleau-Ponty, *La Structure du Comportement* (Paris: Presses Universitaires de France, 1942), p. 175. Merleau-Ponty, *Phénoménologie de la Perception* (Gallimard, 1945).

结构》开篇就提出,"我们的目的是理解意识与自然——有机的、心理的以及社会的自然——之间的关系"①。与此相同,关注意识与世界,重新思考意识与世界之间的关系,这也是萨特哲学研究的目的所在。而对于梅洛-庞蒂和萨特两个人来说,现象学无疑为他们重新理解意识与世界之间的关系提供了崭新的可能性。

萨特对胡塞尔现象学的理解和批判基本围绕胡塞尔前期的现象学展开。更准确地说,是围绕胡塞尔的《观念 I》展开。胡塞尔在《观念 I》中认为,算术世界对我存在,只有当我采取算术的态度时。然而,自然世界,在该词通常意义上的世界,一直对我存在,只要我继续自然地生存着。只要情况如是,即我处于"自然态度"中,这二者当然意思相同。② 胡塞尔认为按自然态度中所见到的只是自然世界,必须进行现象学的悬置,从自然态度中走出来,才能使纯粹意识以及现象学世界为我们所理解。③

萨特却拒绝胡塞尔的现象学悬置。《存在与虚无》是用自然态度的观点写出来的,外部世界的存在问题并没有被悬搁起来。④ 早在写作《想象》(*Imagination*)(1936)一书时,萨特就已经不赞成胡塞尔的"加括号"的观点。萨特认为在现象学领域,"一旦还原进行,如果想象和知觉的材料是相同的,则很难用意向性区分二者……例如,一旦进行现象学还原,如何区分我想象的怪兽和我知觉的开花的树?在还原之前,我们在这个虚无本身中找到了一种区分虚构和知觉的途径:开花的树在我们之外的某个地方存在,我们能够触摸它,把握它,离开它,然后又往回走,在同一个地方又找到它。怪兽则相反,它不在任何地方,既不在我之中,也不在我之外。可是,如果物—树被置于括弧之中,我们

---

① Merleau-Ponty, *La Structure du Comportement* (Paris: Presses Universitaires de France, 1942), p. 1. Merleau-Ponty, *Phénoménologie de la Perception* (Gallimard, 1945).
② 胡塞尔:《纯粹现象学通论》,李幼蒸译,商务印书馆,1997,第92页。
③ 胡塞尔:《纯粹现象学通论》,李幼蒸译,商务印书馆,1997,第100页。
④ Margaret Whitford, *Merleau-Ponty's Critique of Sartre's Philosophy* (French Forum Publishers, 1982), p. 17.

只是把它认作我们当下知觉的意向对象,这样的一个意向对象就如同怪兽一样是一个非真实物。①"也就是说,一旦进行了胡塞尔的"加括弧",进行现象学悬置,则我们就失去了如何区分想象和真实知觉的标准。只有当我们推翻了现象学还原的藩篱,我们才能找到一个真实的世界和一个想象的世界。②

正因为萨特在接触胡塞尔现象学之初就反对胡塞尔将自然态度、真实的世界悬置,或者如同波伏瓦所说,希望同时"肯定意识的至高无上和世界的存在——就像它向我呈现的一样存在"。所以,在对待胡塞尔现象学的核心概念"意向性"上,萨特也在胡塞尔的基础上进行了批判和创新。

在胡塞尔那里,"意向性"是现象学"不可或缺的起点概念和基本概念"。所谓"意向性",首先指的是,所有的意识都是关于某物的意识。在胡塞尔看来,"意向性"意味着纯粹意识的"意向构造能力和成就",意味着在现象学角度上对主客体关系的最简略描述:"意向性"既不存在于内部主体之中,也不存在于外部客体之中,而是整个具体的主客体关系本身。在这个意义上,"意向性"既意味着进行"我思"的自我极,也意味着通过"我思"而被构造的对象极。这两者在"意向性"概念的标题下融为一体,成为意向生活流的两端:同一个生活的无内外之分的两个端点。③

在萨特这里,意向性概念不再仅仅囿于意识的领域,甚至不再意指整个具体的主客体关系本身,而是具有了超越性。"意识是对某物的意识,这意味着超越性是意识的结构;也就是说,意识生来就被一个不是自身的存在支撑着"④。萨特认为,"如果说一切意识都是对某物的意识,这意味着,意识是一个超越的对象

---

① 让-保罗·萨特:《想象》,杜小真译,上海译文出版社,2008,第113~114页。
② 让-保罗·萨特:《想象》,杜小真译,上海译文出版社,2008,第115页。
③ 倪梁康:《胡塞尔现象学概念通释》,生活·读书·新知三联书店,1999,第249~251页。
④ 让-保罗·萨特:《存在与虚无》,陈宣良等译,杜小真校,生活·读书·新知三联书店,2007,第20页。

的位置（position），或者可以说，意识是没有内容的……因此，哲学的第一步应该把事物从意识中逐出。恢复意识与世界的真实关系，这就是指，意识是对世界的位置性意识。所有意识在超越自身以图达到对象时都是位置的，毋宁说它干脆就是这个位置。我的现实意识中所有的意向，都是指向外面，指向桌子的；我的所有判断或实践活动，我此刻的所有情感，都超越自身，指向桌子，并被它吸引。"[1]

在这里，可以看到萨特与胡塞尔明显的不同。萨特认为，意识是对某物的意识，这里的某物，并不存在于意识中，它从来都在意识之外。意识不是像胡塞尔所言那样，囿于主客体之间的认识结构中，而是超越了主客体的结构，直接指向了意识之外。正因如此，在意识活动中，意识所指向的对象，比如"一张桌子，即使是作为表象，也不在意识中。桌子在空间中，在窗户旁边，如此等等"[2]。正因为意识所具有的这种超越性，使得意识中的意向性直接指向意识之外，换句话说，意识本身并不包含对象，"意识是轻的，是半透明的"[3]，"意识没有实体性，它只就自己显现而言才存在，在这种意义上，它是纯粹的'显象'（apparence）。但是恰恰因为它是纯粹的显象，是完全的虚空（既然整个世界都在它之外），它才能由于自身中显象和存在的那种同一性而被看成绝对"[4]。

（二）梅洛-庞蒂的身体现象学

胡塞尔的影响

与胡塞尔的后期现象学相遇，对于梅洛-庞蒂来说，是一次非

---

[1] 让-保罗·萨特：《存在与虚无》，陈宣良等译，杜小真校，生活·读书·新知三联书店，2007，第8~9页。
[2] 让-保罗·萨特：《存在与虚无》，陈宣良等译，杜小真校，生活·读书·新知三联书店，2007，第8页。
[3] 让-保罗·萨特：《自我的超越性——一种现象学描述初探》，杜小真译，商务印书馆，2001，第9页。
[4] 让-保罗·萨特：《存在与虚无》，陈宣良等译，杜小真校，生活·读书·新知三联书店，2007，第14页。

凡的邂逅，正可谓"不期而会，适其时愿"。在此之前，梅洛-庞蒂正热衷于对格式塔心理学、知觉病理学、儿童心理学等学科的研究，这些研究成果，特别是关于格式塔心理学的试验和理论，促使他用一种全新的眼光来审视"知觉"，阐释"知觉"。在他看来，"由心理学家们了无成见地对知觉所进行的研究最终揭示：被知觉的世界不是科学意义上的物体的总和，我们与它的关系也不是思想者与思想对象的关系，并且多种意识针对被知觉物所达成的统一性并不等同于多位思想家所承认的定理的统一性，而被知觉物的存在也不等同于观念的存在。因而，我们不能对知觉进行习惯上的形式与物质的区分，也不能将知觉的主体构想成一个'解释''破译'并'安置'可感物质并掌握其观念规则的意识……一切知觉都在某一视域并最终在'世界'中发生……"。①

梅洛-庞蒂认为，心理学的研究成果告诉我们，知觉是在我们生活的世界之中发生的，知觉的主体不是笛卡尔意义上的纯粹意识，知觉与被知觉的世界之间的关系也不是以往绝然两分的思想者与被思想的对象之间的关系。二者毋宁说是在世界之中实际地出现在我们面前。自然、情境、甚至被知觉物，因为被整合进知觉之中而使本身具有了一种意义。可以说，正是因为这个"知觉"，世界变成了有意义的世界，一个模糊晦暝却混含生机的意义世界。

所以，梅洛-庞蒂致力于深入到笛卡尔"我思"的背后，深入作为"非思"的最原初的意识里，去寻找克服自然与观念、客体与主体之间二律背反的方法，去寻找最具有生机和意义的世界。在他看来，心理学特别是格式塔心理学为深入"我思"的背后、深入最源初的意识提供了可能，并为如何深入提供了思路，但也展现出心理学解释的不足。怎样克服心理学解释的不足，为这种崭新的"知觉"思想提供哲学的解释，使"知觉"如其所愿地在哲

---

① 莫里斯·梅洛-庞蒂：《知觉的首要地位及其哲学结论》，王东亮译，生活·读书·新知三联书店，2002，第3~4页。

学中居于首要地位,成为梅洛－庞蒂需要解决的难题。而胡塞尔的后期现象学所揭示的"生活世界"等思想,恰恰为梅洛－庞蒂解决这个难题提供了有利而明晰的理论基础。这就难怪当梅洛－庞蒂于1939年阅读到《国际哲学杂志》悼念胡塞尔的专辑,了解到《欧洲科学的危机和先验现象学》要传达的关于"生活世界"的理论之后,立即专程赶往比利时鲁汶的胡塞尔档案馆,用六天时间潜心翻阅胡塞尔后期的著作和未发表的作品了。①

庾信在《后唐望美人山铭》中曾歌曰:"树里闻歌,枝中见舞。恰对妆台,诸窗并开。遥看已识,试唤便回。"大约心有戚戚之感的会心领悟,都会这般轻易和畅怀吧。正是胡塞尔的后期现象学,为梅洛－庞蒂拓开了一个宽广的视野,使他重返现象,直接面对事物本身,从而创造出自己非常富有特色和原创性的身体现象学。

同时,也不能忽视心理学特别是格式塔心理学对梅洛－庞蒂的影响。梅洛－庞蒂从一开始就对心理学情有独钟。在他写作《行为的结构》《知觉现象学》以及《知觉的首要地位及其哲学结论》等著作的早期学术生涯中,始终对心理学、病理学等科学成果格外地关注。可以说,梅洛－庞蒂后来的现象学思想之所以如此独特而具有魅力,一个主要原因就在于其早期对心理学的关注和钻研。从这一点看来,我们有理由说,梅洛－庞蒂是从对心理学的研究和热衷走上哲学乃至现象学道路的。尤其是格式塔心理学的研究成果和思想,直接启示了梅洛－庞蒂关于"知觉"等问题的思考,对他创造出自己的独特的现象学思想起到了很大的启迪和推进作用。这样说是有道理的,因为格式塔心理学诞生自德国,这一心理学流派的诞生和发展,实际上也受到了现象学思想的深刻影响。格式塔心理学家们在对知觉、行为等问题进行考察时,始终坚持整体的观点,主张用整个的心物场、知觉场这一场域性的概念来把握知觉、体察行为,因而在格式塔心理学那

---

① 杨大春:《杨大春讲梅洛－庞蒂》,北京大学出版社,2005,第6页。

里，场域性、境域性同样占据极其重要的地位。在这一点上，可以说，格式塔心理学家们的思路和胡塞尔的现象学思想有着很多异曲同工之处。而梅洛－庞蒂之所以对格式塔心理学格外关注和感兴趣，也正是因为这个原因。在他的著作中，曾很多次提到格式塔心理学的贡献。在他看来，正是格式塔心理学的研究成果，使我们得以重返现象场，"使我们意识到作为力线贯穿视觉场和身体——世界体系，以一种无声的和神奇的生命力使这个体系变得有生气……"。①

如前所述，格式塔心理学曾经在各个侧面启发了梅洛－庞蒂的哲学思考。作为一个独特而富有创见的心理学流派，格式塔心理学创始至今不仅拥有很多重要的代表人物，更积累了丰富而广博的研究成果和博大精深的心理学思想。格式塔心理学在现象学的启发下，通过大量实验，在与以往经验主义等心理学完全不同的意义上，重新阐释了知觉的概念，并且提出了知觉场、心物场等有关场域性的理论，这与胡塞尔后期现象学中关于境域性的问题在很大程度上不谋而合，深深启发了梅洛－庞蒂关于知觉、身体等问题的阐释和研究。

我们曾说过，胡塞尔在后期的现象学中，提出了"生活世界"等概念，将概念、判断后面的丰富且活生生的经验世界展现了出来，从而格外突出了"境域性"的特征。而梅洛－庞蒂正是在这样的基础上，以全新的视角来研究"身体"，从而提出了他的极富特色的身体现象学。

重返现象

事物在世界里悄然地生长、发生，我们却往往对此视而不见。如何让它们被我们"看见"？如何让不可见的来到我们眼前，成为可见的？如何让我们像诗人和画家一样，重临物、真、善为我们构建的时刻，见识到初生状态的"逻各斯"、见识到在场的、

---

① 莫里斯·梅洛－庞蒂：《知觉现象学》，姜志辉译，商务印书馆，2003，第78页。

鲜活的存在？显然，当梅洛－庞蒂与胡塞尔后期发生现象学相遇之后，他找到了答案。

梅洛－庞蒂格外关注胡塞尔现象学中有关境域性的问题，关注在判断和科学的背后，那个作为基底而存在的视域结构。用胡塞尔的话来讲，也就是从判断的明证性回溯到经验的明证性，回溯到"生活世界"，回溯到最原初的发生视域之中。可以说，梅洛－庞蒂在《知觉现象学》的开篇，就在倡导和回应着胡塞尔的这一思想，他认为，"我的关于世界的所有知识，甚至包括科学知识，都是从我自己的独特视角获得的，或者就是从对世界的某些体验中获得的，没有这些体验，科学符号就会毫无意义。整个科学的世界就是构筑在被直接经验到的世界之上的。如果我们想严格地思考科学本身，准确地评价科学含义和意义，那么我们必须重新唤起对世界的这种最基底的体验，科学则是这种基本体验的第二层次的表达"①。

回到生活世界、回到事物本身、重返现象，这是梅洛－庞蒂积极倡导的现象学，也是他自己的现象学运思的起点和最终目标。他非常敏锐地抓住了胡塞尔后期现象学中这一境域性的特征，并且用"身体"的概念将胡塞尔的这一境域性凸现了出来。用他称为"第三类存在"（a third genus of being）的"活的身体"（the lived body）来克服自在存在（being in itself）和自为存在（being for itself）之间的矛盾，来体现人的"在世界中存在"。正是有了胡塞尔后期现象学的启迪和影响，梅洛－庞蒂才重新思考"身体"，并赋予"身体"崭新的意义，使"身体"成为体现他将现象学有所发展和创新的一个关键性的概念。

知觉与格式塔

梅洛－庞蒂的哲学研究起始于对"知觉"问题的考察，他认为"知觉"在哲学和科学中都居于首要地位。在他看来，"知觉，

---

① 莫里斯·梅洛－庞蒂：《知觉现象学》，姜志辉译，商务印书馆，2003，第3页。

是借助身体使我们出现在某物面前,该物在世界的某处有其自身的位置,而对它的破译旨在将其每一细节再置放到适合它的感知境域之中"①。

早期的梅洛-庞蒂深受格式塔心理学、知觉病理学、儿童心理学等科学研究成果的启迪,尤其是德国的格式塔心理学派,极大地影响了梅洛-庞蒂对知觉问题的关注。格式塔心理学派认为我们所经验的不是事物孤立的片断,而是事物有意义的、完整无缺的形态。例如,我们并不是像印象派画家修拉在画中所展现出来的那样,只看到玫瑰色、黄色、绿色、深蓝色等微小细碎的斑点,我们看到的,直接就是人的身体、池塘或草地。格式塔心理学还认为,知觉和感觉是有区别的,知觉以某种方式被构造出来,因而经由知觉,我们的经验更加结构化、组织化,等等。这些思想都给梅洛-庞蒂在思考"知觉"概念的时候以启迪。正因为"知觉"是整体的、有结构的,所以,物就不是作为真显现于所有智性,而是作为真实显现于所有与我处于同样情形的主体。也就是说,被知觉物不是一个如几何学概念一样可以被智性占有的观念统一体,而是一个整体,向着由无数视角组成的境域开放。知觉不是一种智性行为,因为"智性行为或以可能性或以必然性来把握物体,而在知觉领域,物体是'真实'的,它显示为一系列不确定视角的无限总和,其中每一个视角都与它有关,但任何一个视角也不能将其穷尽"②。当我看一盏灯的时候,我用不着将我看不见的部分表象(représente)出来,我只需伸出手,触摸这盏灯,我只需用手触摸我看不见的那一面就够了。

格式塔心理学与传统心理学特别是行为主义等心理学流派最截然分明的区别,就在于它向我们描述了一个知觉场,从而让我们的行为不再是机械的、简单的、毫无差异的刺激和反射,而是

---

① 莫里斯·梅洛-庞蒂:《知觉的首要地位及其哲学结论》,王东亮译,生活·读书·新知三联书店,2002,第73页。
② 莫里斯·梅洛-庞蒂:《知觉的首要地位及其哲学结论》,王东亮译,生活·读书·新知三联书店,2002,第11页。

在一个场域性的环境中，与心理、生理、地理、物理等各种因素结合在一起的行为，是一个生动而富有意义的行为。正是因为这样，格式塔心理学所阐释的行为，是一种在心物场中发生的行为，而它所阐释的知觉，也是在场域性中的知觉。格式塔心理学对心物场、知觉场的揭示，使我们将行为重新放回到了鲜活的当下，放回到了属于最原初的心与物相交接的境域。而行为也只有在这种去存在、去发生的境域中，才有了更多侧身回转的余地。无疑，这与当时的哲学探索是相通的，特别是与胡塞尔后期的发生现象学以及海德格尔的哲学思想，都有很大的相通之处。对一个心物场、知觉场的揭示，也为梅洛－庞蒂从崭新的视角来考察行为、考察知觉提供了良机。

从这里，我们可以看出，在对"知觉"的阐述中，梅洛－庞蒂走上了一条不同于传统知觉理论的道路。正是这样的知觉经验使我们重临物、真、善为我们构建的时刻，为我们提供了一个初生状态的"逻各斯"。而也正是在这样的知觉中，我们才发现，被知觉物从根本上讲是在场的，并且是鲜活的。因为对"知觉"的重新考察和发现，我们得以始终面对着在场的、鲜活的存在。

现象学视域中的身体

梅洛－庞蒂在考察"知觉"的时候认为，"在知觉中有一个内在性与超验性的悖论。内在性说的是被知觉物不可外在于知觉者；超验性说的是被知觉物总含有一些超出目前已知范围的东西"[①]。在这里，梅洛－庞蒂显然受到胡塞尔现象学思想的影响。胡塞尔在其后期的现象学中，突出了境域性的问题。他认为，对单个对象的任何把握，对知识的任何进一步证实，都是在"世界"这一基础上进行的。正是在"世界"这一背景下，我们对任何事物的认知和经验，不管多么素朴和原初，都已经包含了比这次的认知更加多的东西。"世界对于我们总是已经有知识以各种

---

① 莫里斯·梅洛－庞蒂：《知觉的首要地位及其哲学结论》，王东亮译，生活·读书·新知三联书店，2002，第13页。

各样的方式在其中起作用的世界；因而毫无疑问，没有任何经验是在某种物的经验的最初素朴的意义上给出的，那种最初把握这个物、将它纳入知识中来的经验，关于这个物所已经'知道'的仅止于它进入了知识而已。任何在本来意义上总是有所经验的经验，即当某物自身被观看（Gesicht）时的经验，都不言而喻地、必然地具有正是对于此物的某种知识和共识（Mitwissen），也就是对于此物的这样一种在经验尚未观看到它时即为它所固有的特性的某种知识和共识。"① "任何经验都有自己的经验视域；任何经验都有其现实的、确定的知识取向（Kenntnisnahme）的核心，有其直接由自身被给予的确定性内涵，但超出这一确定的如此存在的核心、超出这一本来作为'亲自'（Selbst da）被给予物的核心，经验仍有自己的视域。"② 正因为每一个经验都有自己的视域，每一个经验都是在世界的基础上进行的，所以，"我"对这个世界从来不是完全无知的，它与"我"互相牵连，并且隐含着"我"对它的认知和经验的可能性。这样一来，我们可以看出，胡塞尔向我们展现出来的世界从来就不是孤立于作为主体的我以外的冷冰冰的客体的世界。这个世界是和"我"的经验相互交融、相互影响的生机勃勃的世界。梅洛-庞蒂敏锐地抓住了胡塞尔现象学思想中这个境域性的问题，并且将这种境域性十分痛快淋漓地引向知觉和身体。用知觉，特别是身体，将这种境域性生动鲜明地展现了出来。在梅洛-庞蒂那里，"我"的知觉、身体和被知觉物以及整个世界是氤氲聚合、生机勃勃地交织在一起的。

因此，可以说，正是因为与胡塞尔现象学的相遇，才激发出梅洛-庞蒂思想中最具原创性、最具魅力的东西。梅洛-庞蒂反对通过考察事物与其外在的因果关系来进行研究，而是主张返回到胡塞尔的"生活世界"，也就是返回到前面提到的那个与"我"

---

① 胡塞尔：《经验与判断：逻辑谱系学研究》，邓晓芒、张廷国译，生活·读书·新知三联书店，1999，第47页。
② 胡塞尔：《经验与判断：逻辑谱系学研究》，邓晓芒、张廷国译，生活·读书·新知三联书店，1999，第48页。

的经验相互交融、相互影响的生动的世界,并且将这样的返回称之为海德格尔曾经提到的"在世界中存在"(être-au-monde)。他说:"当我们以为可以将人视作一个可由过程和因果的交叉来解释的对象时,我们对他是真正客观的吗?当我们试图通过典型行为的描述来建构一个真正的人类生命科学时,我们是不是更客观呢?"①

在《知觉现象学》中,梅洛-庞蒂举了幻肢现象和疾病感缺失症等例子,来说明心灵与身体的浑然不分、心灵与身体在存在的运动中的每时每刻的结合。幻肢现象说的是病人的四肢被截去一段之后,他仍然感觉这段被截去的肢体还在,甚至一位战争受伤者还在他的幻肢中感觉到被炸断的弹片。疾病感缺失症指的是病人明明身体有病,但却否认这个病的存在,比如右手瘫痪了,他们一向感觉不到这个右手,当人们要他们伸出右手的时候,他们却伸出了左手。梅洛-庞蒂认为,"疾病感缺失和幻肢既不接受心理学解释,也不接受生理学解释",实际上这是由于身体对其有疾病的部位有一种"前意识的知识"②。病人在患病的时候,并不是在说"我想……",而是他们的身体作为一个知觉场在为他们做出这种选择。因此,梅洛-庞蒂说,"灵魂和身体的结合不是由两种外在的东西——一个是客体,另一个是主体——之间的一种随意决定来保证的。灵魂和身体的结合每时每刻在存在的运动中实现"③。

可见,当梅洛-庞蒂痛快淋漓地将胡塞尔的境域性问题引向"身体"的时候、当他直接用"身体"来体现海德格尔的"在世界中存在"的时候,他已经赋予了"身体"这个概念完全崭新的意义。"身体"不仅成为躯体与心灵的最本源的结合,而且是一

---

① 莫里斯·梅洛-庞蒂:《知觉的首要地位及其哲学结论》,王东亮译,生活·读书·新知三联书店,2002,第29页。
② 莫里斯·梅洛-庞蒂:《知觉现象学》,姜志辉译,商务印书馆,2003,第114~115页。
③ 莫里斯·梅洛-庞蒂:《知觉现象学》,姜志辉译,商务印书馆,2003,第125页。

个知觉和意义相纽结的知觉场。

看与被看

当我们发现了"我"的身体,也在同时发现了他人的身体,甚至,"我"的身体就是"我"所特有的进入世界的入口。身体在世界面前笔直地站着,世界在"我"的身体前面笔直地站着,两者之间存在着的是一种拥抱关系。在这两个垂直性的存在之间有的不是边界,而是接触面。

身体作为心灵与躯体的最本源的结合、作为知觉和意义相纽结的知觉场而"在世界中存在",当梅洛-庞蒂为我们揭示出这一点之后,我们会看到,"我"的身体和他人的身体以及世界的关系,就发生了变化。对"我"来说,他人的身体并不是冰冷而陌生的他者,世界也不是孤立于"我"之外的客体的存在,而是彼此之间发生了可以逆转、可以互相凝视和互相触摸的关系。

梅洛-庞蒂认为,这种凝视与被凝视、触摸与被触摸的可逆性关系,存在于"我"的身体、他人乃至世界之中。他后来提出了"肉"(chair)的概念,作为其可逆性思想的核心概念。在他看来,"肉"并不是缠附在躯体概念之上的质料性的东西,而是直接就意味着"可逆性"本身。它不是物质,而是接触者与被接触者、凝视者与被凝视者之间的缠绕与重叠。正是在这个意义上,"我"的身体和世界都是同样由"肉"组成的。

在《可见的与不可见的》中,梅洛-庞蒂首先提到了触摸与被触摸的可逆性,"我如何将能让我感到织物的粗糙和柔细的动作的程度、速度、方向给予我的手呢?在探究和探究告诉我的东西之间,在我的动作和我触摸到的东西之间,应该存在着某种原则的联系,某种亲源关系,按这种亲源关系,我们的这些动作……向着触感世界开放。……只有当我的手从内部进行感觉的时候也可以被从外部接近,即它本身也是可触的时候,向触感世界的开放才会发生,比如,对我的另一只手来说,如果它在它所触之物中占有了一席之地,它就在某种意义上是那些物中之一,就最终向它所属的可触的存在开放了"。① 可逆性让手向触感的世界开放。当"我"的手触摸织物的时候,"我"能够在"我"的手感知织物的质感的同时,也感知到是"我"的手在触摸;在"我"的手触摸织物的过程中,"我"的手既是感知到织物质感的触摸者,同时也是被"我"所知所感的被触摸者,在触摸的时刻,它同时面向事物和"我"自身,引领着"我"去触摸事物,也引领着事物来到"我"面前。正是在这一意义上,触感的世界向"我"开启了大门。

可见的世界同样如此。眼睛在看世界的同时,我们也在感知着眼睛的看,视觉将我们看的世界与我们对看的感知联系了起来。"我"的手能够向可触的世界开放,能够感受到可触的世界,就在于"我"的手既是可触的,也是能触的;同理,"我"的眼睛、"我"的视觉之所以向可见的世界开放,也在于"我"的视觉、"我"的眼睛既是可见的,也是能见的。"我"借由"我"的身体而存在于此时此地的视域中,视觉不是俯瞰的视角,而是从"我"出发到达世界万物,是视觉走向万物、到达万物,而非万物借由上帝之光走到眼睛里来。

可逆性使身体同时具有了主体和客体双重属性,同时,也使得身体之外的世界发生了改变。当身体不再是笛卡尔意义上的与心灵截然两分的客体存在,而是同时具有主体和客体两重属性的时候,当身体既是主体又是客体的时候,我们有理由相信,我们的身体具有和世界的构成材料相同的属性,或者说,世界的构成材料也可以在我们的身体中被发现。身体和世界是由相同的材料构成的。用梅洛-庞蒂的概念来说,身体和世界都是由元素"肉"构成的。"我的身体是可见的和可动的,它属于众事物之列,它是它们中的一个,它被纳入到世界的质地(tissu)之中。"②

---

① 莫里斯·梅洛-庞蒂:《可见的与不可见的》,罗国祥译,商务印书馆,2008,第165页。
② 莫里斯·梅洛-庞蒂:《眼与心》,杨大春译,商务印书馆,2007,第37页。

(三) 身体的暧昧性

现象学是什么？这是梅洛-庞蒂在《知觉现象学》的开篇就提出的问题。《知觉现象学》出版于1945年，此时的梅洛-庞蒂已经对胡塞尔现象学思想（无论哪一阶段）有了深刻的了解。他在该书的开篇就重新提出"现象学是什么"这个问题，显然有他自己的用意。搞清楚他对这个问题的回答，就为我们领会他的身体现象学提供了一把关键的钥匙，也为我们理解他在法国现象学界、哲学界的重要地位提供了启示。

在梅洛-庞蒂看来，现象学固然是关于本质（essence）的研究，但更为重要的，现象学还是将本质重新放回到存在（existence）的哲学。它是一种先验的哲学，将我们从自然态度中产生的论断悬置起来，但同时，它也是这样一种哲学——世界总是在反思开始以前，作为一种不可剥夺的在场而"已经在那里"了。作为这样一种哲学，其所有的努力无非是使我们重新获得与世界的一种直接的、原初的接触和联系。这样的现象学虽然是一种"严格的科学"，但它同样是关于我们"生活"于其中的空间、时间以及世界的论述。[1]

深入到反思开始以前的境域中去，在那里，在我们开始"看"世界以前，世界已经在"看着"我们了。梅洛-庞蒂认为，在这样的境域中，我们与世界的关系必须从"实际性"（facticity）出发来理解：我们总是被抛到世界之中，"我"与周遭的关系，并不是一个纯粹的心灵、精神关系，像一个淡然超脱的旁观者一样打量着周围的一切，而是"我"作为有肉身的人，自来就生活在这个围绕着"我"的情境之中。"我"的感觉、"我"的意识不再是纯粹内在的东西，它们始终与周围的情境、世界打着交道。而它们之所以能够与世界打交道，不是因为意识可以构成外在的物体、"我思"可以作为一切客观事物存在的清晰确然的基础，

---

[1] 莫里斯·梅洛-庞蒂：《知觉现象学》，姜志辉译，商务印书馆，2003，第1页。

而是因为深入这种前反思的情境中，抛开一切现成的、科学的物我关系的成见，我们会发现，"我"的意识始终离不开"我"的身体，而且"我"对事物的感知活动中总是存在着具体的结构和关系：现在，当我站在一盏灯前，对于这盏灯的看不见的那一面，我会将它"表象"出来，或者说，在这盏灯的看得见部分的视域边缘，我可以对看不见的那部分怀抱一种信念并相信它的存在。然而，一旦我们让自己回到反思活动以前，回到我们与世界最原初的关系之中，我们会发现，其实，我可以直接伸出手转一下这盏灯，或者自己走到这盏灯的背后，这时，所有看不见的部分就立刻显露在我的面前了。

正是深入到反思以前的境域，我们才豁然发现，在我们的感知活动中，在我们的知觉中，确实存在着具体的结构和关系，而且这些结构和关系还需要我们身体的参与，我们的知觉与我们的身体从来都是分不开的。我们不是作为一个旁观者观察（survey）着这个世界，而是作为肉身化（incarnate）的"人"栖居在这个世界之中，在世界中存在。所以，"我"与世界的关系，就不再是以往的内在心灵和外在物体之间的关系，一旦"我"发现了"我"的身体，一旦心灵、意识被具身化（embodied）了，那么，我们和世界的关系就再也不是绝然两分、截然独立的心灵和物体之间的关系，不再是自为的存在与自在的存在之间的关系。在这两者之间，出现了第三种存在，那就是，身体。

梅洛－庞蒂在"自在"与"自为"之间，又提出了"身体"。他在重返现象、重新研究"现象学是什么"这个问题之后，在我们与世界最直接、最原初的接触中，为我们发现了"身体"。而正是这个被梅洛－庞蒂称为心灵和物体之外的第三种存在的"身体"，打破了近代以来身心截然两分的僵硬关系，为"身心二元"这个自笛卡尔以来的哲学难题提供了一个独特而极富启发意义的解决办法。

"身体"的意义还不止如此。"现代西方哲学或思潮的最大特点和大趋向在于对于一个唯一的现象世界的可能性或可直接理解性的关注。"① 因此，重返现象，在现象世界中重新考察物我关系，考察诸多哲学问题、社会学问题、人类学问题、语言问题，等等，成为现代西方哲学家特别是结构主义以来的法国哲学家们热衷的思路。在这一点上，梅洛－庞蒂的身体现象学无疑具有极为重要的启迪作用。胡塞尔后期发生现象学开始探讨生活世界、探讨科学背后的经验视域这个最奠基的基底。此时，胡塞尔的现象学展现出了境域性的特征。人不再是被固定在科学框架中的纯粹的心灵和意识，而是生活在鲜活而生动的体验之中、经验之中。因为有了可以生活、发生的视域，因为有了可以回旋转身的现象场，"人"格外有了意义。梅洛－庞蒂在胡塞尔的这一思想上进一步引申，将这种境域性直接体现在肉身化的知觉之上，体现在身体之上，因而极富创造性地继承和发展了现象学。梅洛－庞蒂被人誉为法国现象学界最为杰出的代表，原因大概也在于此吧。

如前所述，在萨特那里，意识由于自身的超越性，使得意识中的意向性直接指向意识之外，继而使意识自身成为了透明的，成为了"虚无"（néant）。萨特试图通过把事物从意识中逐出来恢复意识与世界的真实关系，而这样的意识恰是梅洛－庞蒂所批判的。梅洛－庞蒂认为，萨特从来没有真正建立起意识与世界之间的联系。相反，在萨特那里，意识是彻底的他者，它处于存在之外……② 而且，当萨特认为所有意识在超越自身以图达到对象时都是位置的，毋宁说它干脆就是这个位置的时候，这样的意识本身是空的，是没有内容的。

梅洛－庞蒂认为，现象学是这样一种哲学，即在反思开始之前，世界作为"不可剥夺的在场"，"已经存在于那里了"。这一现象学的所有的努力都是为了重新获得一种与世界的直接的原初

---

① 张祥龙：《当代西方哲学笔记》，北京大学出版社，2005，第 2 页。
② Margaret Whitford, *Merleau-Ponty's Critique of Sartre's Philosoph* (French Forum Publishers, 1982), p. 23.

的联系,并给予这种联系一个哲学的地位。① 可见,要建立这样的现象学,必须要返回到前反思的境域中,仅靠萨特式的透明的意识是达不到的。当现象学深入到前反思的境域,发现了人的"在世界中存在",那么此时的存在,必然是要以身体涉世的。

> 之所以存在着知觉,仅仅因为我由于我的身体而属于世界;我之所以能够给予历史一种意义,是因为我在那里占据了一个停靠点……真正介入到世界和历史中的意识不是绝缘的。在感性和历史的厚度中,意识已经感觉到了别的在场的移动,就像一支挖地道的团队听到了迎面而来的另一支团队的劳动一样。它们并不是,像萨特式的意识一样,仅仅对于他人是可见的;它能够看到他人,至少用眼角看到。在它的视角和他人的视角之间,存在着有规律的交接和过渡,仅仅因为其中的每一个视角都试图把其他的视角包含在内。②

因此,现象学若要真正建立意识与世界之间的崭新的联系,仅靠萨特式的透明的意识是不行的,必须以身体涉世,用具身性的知觉来解决。可见现象学走向身体现象学,探讨身体性在世界中存在,是其发展的一种必然趋势。

萨特曾在《存在与虚无》中详细探讨过身体的问题。不过在他看来,身体依然只是我们认识的对象,我们与身体之间的关系依然是一种认识和被认识的关系。萨特认为,身体从来都是没于世界向"我"显现的。"我"的身体首先是"我"的为他的身体。"从医生能对我们的身体所作的检查出发,就是从没于世界的、作为为他的我的身体出发。我的为我的身体,不是没于世界

---

① Merleau-Ponty, *Phénoménologie de la Perception* (Gallimard, 1945), p. 1.
② 莫里斯·梅洛-庞蒂:《辩证法的历险》,杨大春、张均尧译,上海译文出版社,2009,第234页。

地向我显现的。"① "当我用我的手指触摸到我的腿时,我感觉到我的腿也被触摸到了……触摸和被触摸,人们能触摸的感觉和被触摸的感觉,是两类现象……它们是根本不同的,而且它们是两个互不相关的层次上存在着的……发现我的作为对象的身体也揭示了它的存在。但是这样向我揭示的存在是它的为他的存在"。②对于萨特来说,身体,无论是"为我的身体"还是"为他的身体",都是一种客观的存在,我们与身体的关系始终是一种清晰的认识与被认识的关系。

梅洛-庞蒂则发现了身体的模糊暧昧性,他的现象学因而也具有模糊暧昧的特征。事实上,梅洛-庞蒂是在有意识地拒绝清晰和透明。因为深入到前反思的境域,即梅洛-庞蒂所谓的"沉默的我思"(cogito tacite)的境域,此时,身体、知觉与世界处于一种前反思的关系中,身体不是如同饼干筒里的饼干一样存在于世界中,肉身化的知觉也不是对世界清晰明确地把握和占有,为此,梅洛-庞蒂曾提出了"身体图式"的概念。梅洛-庞蒂认为,我们之所以知道我们的肢体在哪里,我们之所以不用去想、去寻找这些肢体的位置,就在于我们拥有一个包括身体所有部分在内的"身体图式"。身体图式体现了身体的空间性,因而是一个有意义的世界得以存在的重要条件。通过身体图式,我们知道我们的身体不是作为客观的对象处于客观的空间之中,而是作为超越物理性的存在而模糊暧昧地栖居于自身体验与习惯的空间之中,栖居于情境之中。"真正的主体必须首先拥有一个世界,或者在世界之中,也就是在自己的周围应该有一个意义系统……"③因而,正是身体特有的空间性使得一个有意义的世界得以产生,使得一个与身体在前反思的境域里水乳交融的世界得以产生。

---

① 让-保罗·萨特:《存在与虚无》,陈宣良等译,杜小真校,生活·读书·新知三联书店,2007,第377页。
② 让-保罗·萨特:《存在与虚无》,陈宣良等译,杜小真校,生活·读书·新知三联书店,2007,第378~379页。
③ Merleau-Ponty, *Phénoménologie de la Perception* (Gallimard, 1945), p. 150.

所以，通过身体概念的模糊暧昧性，梅洛-庞蒂为我们提出了一个重新建立意识与世界的联系的可能性。相比萨特提出的透明的意识这一途径，梅洛-庞蒂的方式似乎更具有现象学上的启迪意义。这也是为什么梅洛-庞蒂批判萨特的现象学，认为萨特并没有成功地克服二元论，甚至批评萨特让所有常见的二元论（主体与客体、心灵与身体、内在与外在、意识与世界、积极与消极、存在与虚无）得以恢复的原因之所在。①

四 对时间问题的探讨

尽管梅洛-庞蒂对萨特的时间观有着诸多批判，但不可否认，他与萨特在时间问题上也有很多相同的地方。作为将现象学引介到法国以及使现象学本土化的代表，萨特和梅洛-庞蒂的时间观念都是以接受和吸收胡塞尔和海德格尔这两位德国现象学家的理论为基础的。现象学被看成一种追求原初经验的哲学，与这种追求相呼应，胡塞尔和海德格尔的时间理论有一个共同的基础：他们都认为，有一种原初被经验的时间，它与我们日常生活中经验的、在哲学之外人们早已熟知的时间不同，甚至对立。海德格尔在《时间与存在》一文中将其称为"本己时间"，其意思是，按其原初的占有中是如何显现的样子来理解的时间。② 可以说，在探讨时间问题上，萨特和梅洛-庞蒂都在追问这种原初被经验的时间——"本己时间"。

除此之外，萨特和梅洛-庞蒂都发现了主体性与时间性之间的密切关系。在萨特关于时间的现象学描述中，有着一种依照主体性来显示时间的整体性的企图。时间的各个时刻是通过我们在追逐不可能的自我同一性的无止境的运动中联系在一起的。和萨特一

---

① Margaret Whitford, *Merleau-Ponty's Critique of Sartre's Philosoph* (French Forum Publishers, 1982), p. 23.
② 克劳斯·黑尔德：《时间现象学的基本概念》，靳西平等译，上海译文出版社，2009，第48页。

样,梅洛-庞蒂也认为时间是主体的一个维度。① 他在《知觉现象学》中说到,我们需要思考时间本身,正是通过追随时间内在的辩证法,我们才能够被引领着去修正我们关于主体的观念。② 他进而提出,我们必须将时间理解为主体,将主体理解为时间。③ 这是因为,主体不是在时间之中,而是主体活在时间里,是与生活结合在一起出现的。④ 梅洛-庞蒂认为,对时间进行现象学的分析是解决主体性问题的钥匙,因为我们已经在时间和主体之间发现了更加亲密的关系。时间不仅是主体的特征,更是主体性本身。所有《知觉现象学》一书之前所解释的存在的维度——空间型、性感、语言等,之所以最终导向时间问题,是因为它们都指出了作为时间性而存在的主体,指出了主体是时间性的存在。⑤

尽管二者都发现了主体性与时间性之间的密切关系,但是,在萨特那里,主体是"自为",是与"自在存在"对立的"自为存在";而在梅洛-庞蒂那里,主体是模糊暧昧地生存于世的肉体化的知觉。前者更关注本体论,后者则是现象学。因此,二者虽然有着相似的开端,但因为着重点不同,其时间观的走向也不同。前者的"自为"是要不断谋划、不断做决定的,因而它的连续性、自我同一性就难以达到,那么时间最终在那里就是碎片化的,不是连续的。后者的主体是肉身化的知觉主体。梅洛-庞蒂所谓的知觉要求一种身体自身的综合,这种综合牵涉到空间性和运动性,而空间性和运动性的存在就暗含着时间的存在,因此,时间性暗含在梅洛-庞蒂全部的关于知觉的现象学描述中。⑥ 在

---

① Margaret Whitford, *Merleau-Ponty's Critique of Sartre's Philosoph* (French Forum Publishers, 1982), p. 90.
② Merleau-Ponty, *Phenomenology of Perception* (Routledge Classics, 2002), p. 477.
③ Merleau-Ponty, *Phenomenology of Perception* (Routledge Classics, 2002), p. 490.
④ Merleau-Ponty, *Phenomenology of Perception* (Routledge Classics, 2002), p. 491.
⑤ Scott L. Marratto, *The Intercorporeal Self——Merleau-Ponty on Subjectivity* (State University of New York Press, 2012), p. 117.
⑥ Monika M. Langer, *Merleau-Ponty's Phenomenology of Perception: A Guide and Commentary* (Macmillan Press, 1989), p. 123.

批判萨特的时间观的时候，梅洛-庞蒂提出了将前个人的时间，即身体的时间，作为个人的时间的基础，从而保证了时间的连续性。

（一）时间的三种绽出

海德格尔将过去、现在和将来称为时间性的绽出，认为时间性是源始的、自在自为的"出离自身"本身。时间性的本质就是在诸种绽出的统一中到时。而流俗的时间观念则把时间当作一种纯粹的、无始无终的现在序列，而在这种作为现在序列的时间中，源始时间性的绽出性质被敉平了。① 萨特与梅洛-庞蒂的时间观都接受了海德格尔的绽出的观念。时间不是别的，只是一种从自身的飞离。时间在消蚀着、具有分离性，它在分离，在逃逸。② 这种飞离，就是海德格尔的绽出。对于时间的这三种绽出的分析，萨特和梅洛-庞蒂之间有着很多相似的地方。

过去

萨特将时间看作一个整体，认为时间性明显地是一个有组织的结构。过去、现在、将来应该被当作一个原始综合的有结构的诸环节。否则，我们首先就会碰到这样一个悖论：过去不再存在，未来尚不存在，至于瞬间的现在，众所周知，它根本不存在。③ 因为时间是一个整体，所以不能孤立地去看其中的每一个环节。萨特批评笛卡尔和柏格森，因为二者都是把过去和现在孤立起来，单独地研究过去的结局的。萨特说，人们不能赞同的是他们不能把过去和现在联系起来，因为他们如此这般所设想的现在将全力摒弃过去。假如当时他们从整体出发考虑瞬时的现象的话，他们就应看到"我的"过去首先是我的"过去"，就是说，我的过去是根

---

① 马丁·海德格尔：《存在与时间》，陈嘉映、王庆节合译，熊伟校，生活·读书·新知三联书店，2006，第375页。
② 让-保罗·萨特：《存在与虚无》，陈宣良等译，杜小真校，生活·读书·新知三联书店，2007，第176页。
③ 让-保罗·萨特：《存在与虚无》，陈宣良等译，杜小真校，生活·读书·新知三联书店，2007，第145~146页。

据我所是的某种存在而存在。过去不是乌有,也不是现在,而是属于它自身的根源,就如同与某一现在、某一将来相联系着一样。①

换句话说,如果在过去形式下的存在的暂留不是一开始就从我今天的现在中涌现出来,如果我昨天的过去不是作为我今日的现在之后的一种超越性,我们就丧失了旨在把过去与现在相连的一切希望。② 在萨特看来,过去是一种自在存在,如果从过去出发去研究现在与过去的关系,那么我们就永远也不能建立它们之间的关系。过去与现在之间的关系不是一种外在的联系。比如,我们可以说我有一辆汽车,我有一匹赛马,可是我却不能这样说:"我有一个过去",这样说的结果,就将过去和汽车、赛马一样,变成外在于我的东西了。而事实上,过去"可以完全被设想为在现在之中的存在物,但是,人们已经没有方法去介绍这种内在性,它完全不同于沉在河底的一块石头的内在性。过去可以不断纠缠着现在,但它不是现在,它是那个是它的过去的现在。"③

因此,萨特认为,只存在对某一现在而言的过去,这个现在如果没有它的过去跟在后面,就不能存在,就是说,只有那些在其存在中与其过去的存在相关的存在才拥有一个过去,而且它们将要成为它们自己的过去。如果我们说把过去赋予生命,这只是证明了生命的存在是一个包含过去的存在。所以,我们可以这样认为,正是通过"自为",过去到达世界,因为"自为"的"我是"是以一种"我跟随我"的方式而存在的。④ 萨特将过去看做"自在"的存在,而"我"是一种"自为"的存在。若要探寻"我"的过去,就必须从现在的"我"出发。正是通过"自为"的

---

① 让-保罗·萨特:《存在与虚无》,陈宣良等译,杜小真校,生活·读书·新知三联书店,2007,第149~150页。
② 让-保罗·萨特:《存在与虚无》,陈宣良等译,杜小真校,生活·读书·新知三联书店,2007,第151页。
③ 让-保罗·萨特:《存在与虚无》,陈宣良等译,杜小真校,生活·读书·新知三联书店,2007,第153页。
④ 让-保罗·萨特:《存在与虚无》,陈宣良等译,杜小真校,生活·读书·新知三联书店,2007,第154页。

"我"的现在,过去才得以到达世界。

过去可以被设想为在现在之中,过去缠绕在现在之中,过去在现在中现身。萨特的这一观点与梅洛-庞蒂是相似的。梅洛-庞蒂认为,我们对于过去有一种身体上的储备(a bodily storage of the past)。举例来说,桌子上有我过去生活的痕迹,我在上面刻下了我的名字,在上面洒下了墨水,但是,这些痕迹并不涉及过去,它们就是现在。至于我在它们身上发现了某些"以前的"事件的记号,是因为我从别的地方得到了我过去的感觉,因为我自身就带着这种特殊的感觉和意义。① 梅洛-庞蒂认为,回忆不是过去的构成的意识,而是在暗含的基础上,重新打开包含在现在中的时间。而身体,是我们与时间和空间联系的媒介。②

现在

萨特认为,与"自在"的过去不同,"现在"是"自为"。"自为"是"现在"赖以进入世界的存在,而"现在"的意义,就是"面对……在场"。③

"我的现在",就是"面对……在场",是"自为的我"面对"我"此时此刻面前的一切、周遭的一切,面对"我"之外的所有"自在"存在而在场。所以说,所谓"现在","就是一个自为在向诸存在显现时,自为与诸存在的共同在场"。④ "自为"从一开始就面对存在在场,因为就其自身而言,它就是共同在场的证明。而且,萨特认为,"面对……在场"是存在的一种内在关系,这存在是与它对之在场的诸种存在同在的。在任何情况下,这都不会是一

---

① Merleau-Ponty, *Phenomenology of Perception* (Routledge Classics, 2002), p. 480.
② Ted Toadvine & Lester Embree, *Merleau-Ponty's Reading of Husserl* (Kluwer Academic Publishers, 2002), p. 150.
③ 让-保罗·萨特:《存在与虚无》,陈宣良等译,杜小真校,生活·读书·新知三联书店,2007,第163页。
④ 让-保罗·萨特:《存在与虚无》,陈宣良等译,杜小真校,生活·读书·新知三联书店,2007,第165页。

种简单的外部接近的关系。[1]

可见,在萨特这里,"现在"是一种"自为"与其面对的所有存在之间的共同在场。"现在"不是一个时间上的点,而是有着一种场域性的特征。在这一点上,萨特和梅洛-庞蒂的看法是一致的。

梅洛-庞蒂认为,时间于"我"是存在的,因为"我"拥有一个现在。一个时间的维度不能从其他的维度中推演出来,但是,现在(广义上讲,包括原初的过去和未来的视域)具有这样的优先权(priviledge),因为现在是一个地带(zone),在这里,意识和存在是一致的。[2]包括过去、现在和未来三个维度的时间的整体被包含在每一个现在之中。

梅洛-庞蒂批判俗常的时间观念,认为后者将时间比喻成自在存在的河水或喷泉,因而凝固了时间。这种比喻让时间崩塌,因为它认为过去和未来都不是真实存在的,而现在则变成了完全瞬时的瞬息存在,因而完全没有延展性,几乎等于不存在。[3]为此,梅洛-庞蒂提出了"在场域"(field of presence)概念[4],正是在"在场域"中,"我"与时间接触,并学着领会它的过程。所以,在梅洛-庞蒂看来,时间不是一条线,而是相互重叠的意向性之网。在这个意向性之网中,我们以我们的具有原初意向性的身体性知觉,领会着时间的各个维度之间的联系。在这里,"我们可以在预期中达到未来,也可以在回忆里回到过去,就是因为我们的现在在自身之上不是封闭的,而是在未来和过去的两个维度都超过了自身"。[5]

---

[1] 让-保罗·萨特:《存在与虚无》,陈宣良等译,杜小真校,生活·读书·新知三联书店,2007,第163~164页。

[2] Merleau-Ponty, *Phenomenology of Perception* (Routledge Classics, 2002), p. 492.

[3] Monika M. Langer, *Merleau-Ponty's Phenomenology of Perception: A Guide and Commentary* (Macmillan Press, 1989), p. 124.

[4] Merleau-Ponty, *Phenomenology of Perception* (Routledge Classics, 2002), p. 483.

[5] Monika M. Langer, *Merleau-Ponty's Phenomenology of Perception: A Guide and Commentary* (Macmillan Press, 1989), p. 127.

将来

萨特认为,"将来"是"我"要成为的东西,正因为"我"可以不是它。① 所以,首先要指出"自在"不能成为"将来",也不能包含将来的某一部分。当我注视新月的时候,圆月只有在向着人的实在进行自我揭露的"在世界之中",才是"将来"。"将来"是通过人的实在来到世界上的。② 没有人的实在,则无所谓"将来"。因为与"自为"没有联系的"自在"的存在是没有"将来"的。

萨特还认为,对"我"表现为"现在"的"自为"之意义的通常是与"我"共有"将来"的存在,因为它面对"将来"的"自为"被揭示为这个"自为"将面对其在场的东西。比如,我在写作,那是因为我意识到这些字,把它们视作可写之物,作为应被写出的东西。而就是这些字表现出在期待着我的那个将来。③ 而且,"将来"并不仅仅是"自为"面对一个超乎存在之外存在处境的在场,它是某种期待着我所是的自为到来的东西,这某种东西就是我自己。"我"将我自己投向将来是为了与我所欠缺的东西一起融合于将来之中,就是说对我的现时的综合添加物会使我成为我之所是。这样,作为面对超乎存在之外的存在的在场,"自为"所要成为的,就是它自己的可能性。"将来"就是理想之点,在其中,人为性(过去)、自为(现在)及其可能(未来)急剧的无穷的紧缩使作为自为的自在存在的自我最后涌现出来。④

在萨特这里,"将来"不仅和"自为"相关,而且,它预示着

---

① 让-保罗·萨特:《存在与虚无》,陈宣良等译,杜小真校,生活·读书·新知三联书店,2007,第169页。
② 让-保罗·萨特:《存在与虚无》,陈宣良等译,杜小真校,生活·读书·新知三联书店,2007,第167页。
③ 让-保罗·萨特:《存在与虚无》,陈宣良等译,杜小真校,生活·读书·新知三联书店,2007,第171页。
④ 让-保罗·萨特:《存在与虚无》,陈宣良等译,杜小真校,生活·读书·新知三联书店,2007,第172页。

各种可能性。可见，在与时间各个维度的关系上，萨特和梅洛-庞蒂一样，都倾向于探寻主体与时间的密切关系。不过，对梅洛-庞蒂而言，只有将主体看作具有原初的意向性的身体-主体，才能更深刻准确把握我们与时间的关系。在他看来，作为身体-主体的我们，从来也不被密封在任何一个单个的时间维度中，而是作为所有时间维度的活生生的综合而存在。时间就是我们与世界之间的活生生的关系。因此，如果我们缺少这种与世界的活生生的关系，那么我们将既不能回忆到达过去，也不能预期到达未来。

（二）时间性与自为

在《辩证法的历险》中，梅洛-庞蒂认为，萨特在研究时间问题时，破坏了时间的连续性，将连续性碎片化了。萨特的哲学是"一种把一切都放置在瞬间中的直观哲学"[1]

时间的连续性问题是萨特所不能忽视的，他也曾试图解决这个问题。

如前所述，萨特认为，作为绽出的时间，就是一种分离、一种不断地飞离。在谈到时间的分离时，萨特说，实际上正是时间把"我"与我各种欲望的实现分离开。"我"之所以不得不期待着这种实现，那是因为这种实现是处于其他一些事件之后的。要是没有若干个"之后"的系列，那"我"就会立即成为我要是的，那么"我"与我之间的距离就没有了，行动与梦想之间的分离也就没有了。从根本上说，小说家和诗人们所强调的正是时间的这种分离性：即一切"现在"都注定要变成一种"过去"。时间在分离，在逃逸。而且，一切存在都必然需要分解成一一相继的无穷的"之后"系列。即使是那些经常性的东西，即使是这一张在我改变时它不改变的桌子，也应该在时间的分散之中显示并折射它的存在。时间把我与我自身分开，与我曾经是的东西分开，与我

---

[1] Merleau-Ponty, *Les Aventures de la Dialectique* (Paris: Gallimard, 1955), p. 275.

要成为的东西和我要做的事情分开,与事物和他人分开。①

时间的分离使一切存在都必然被分解为无穷多的"之先""之后"系列,而且,"之先"的存在不能保证"之后"依然存在,时间的连续性链条是境况堪忧的。

萨特接着讨论到,时间被选择出来是为了作为距离的实际量度:人们到某一城市需要一个半小时,到另一个城市则需要一个小时,完成某一项工作需要三天时间,等等。从这些前提中就会得出:世界和人们的一种时间的观念必将消散成为之前和之后的一种碎屑。这一碎屑的聚合,时间的原子,就是瞬间;瞬间的位置是居于某些已定瞬间之前和某些瞬间之后的中间,而在其自身形式的内部并不包含前与后。瞬间是不可分的,是非时间的,因为时间性是连续性,然而世界却分崩离析为无穷瞬间的尘埃。②

如果时间必将消散成无穷的瞬间,那么,我们就无法保证时间的连续性。这是因为,在某一特定瞬间存在过的事实不能构成在随之而来的瞬间存在的一种权利,甚至也不是对未来的一种抵押或选择。而自为存在于时间中的某一时刻这一事实,也并不能保证它将继续存在于后来的时刻。但是,尽管时间分崩离析成无穷的瞬间,我们依然要面对这样的难题,即我们必须要解释"有一个世界存在",就是说要解释在时间中的互相联系着的变化和恒久性。③

如何解释有一个世界存在?如何解释在时间中互相联系着的变化和恒久性?对于时间中的之前、之后关系,很显然,我们不能从外部找到支撑,不能建立一种外在的联系,而是要到时间的内部去寻找这种前后相继的联系,从而保证时间的连续性。

---

① 让-保罗·萨特:《存在与虚无》,陈宣良等译,杜小真校,生活·读书·新知三联书店,2007,第175~176页。
② 让-保罗·萨特:《存在与虚无》,陈宣良等译,杜小真校,生活·读书·新知三联书店,2007,第176页。
③ 让-保罗·萨特:《存在与虚无》,陈宣良等译,杜小真校,生活·读书·新知三联书店,2007,第177页。

萨特认为，若到时间内部去寻求时间连续性的证据，我们就必须求助于建立这种前—后关系的见证者。这个见证者必须能够同时存在于先后关系中，它必须自身就是时间性的。否则就只能像康德和笛卡尔的解决方法，让这个见证者通过相当于非时间性的一种时间的普遍存在能力超越时间。在笛卡尔那里是上帝及其连续不断的创造，在康德那里则是"我思"及其综合统一的种种形式。不管怎样，正是一种非时间性的东西（上帝或我思）提供了时间性的非时间性的东西（诸瞬间）。时间性在种种非时间性的实体之间成为一种简单的外在抽象关系；人们要用无时间性的物质把时间性重新全部恢复起来。①

但是，非时间性的东西怎么能够在不失去其任何非时间性的情况下分泌出这种连续来呢？这种连续又是怎样从非时间性的东西中产生而又没有粉碎它呢？萨特认为，"时间性因为既是分离的形式，同时又是综合的形式，它就既不能由一种非时间性的东西中派生出来，又不能从外部强加于诸种非时间性的东西"。②

所以，最后只能求助于这样的见证者，这个见证者必须能够同时存在于时间的先后关系中，它必须自身就是时间性的。这个见证者就是"自为"。

萨特认为，时间性并不存在。只有具有某种存在结构的一种存在在其自己的存在统一之中才可能是时间性的。先与后只能作为一种内在关系才是可以理解的。换句话说，时间性应该有自我性的结构。实际上，这仅仅是因为自我是彼处的脱离了自我的自我，在其存在之中它才能是先于或后于自我的，才能在其存在之中有之前和之后。时间性之存在只能是作为一个要成为其自己存在的存在之内部结构，就是说作为"自为"的内部结构。这并非说自为对于时间性有一个本体论的优先性，而是说时间性是"自

---

① 让-保罗·萨特：《存在与虚无》，陈宣良等译，杜小真校，生活·读书·新知三联书店，2007，第178~179页。
② 让-保罗·萨特：《存在与虚无》，陈宣良等译，杜小真校，生活·读书·新知三联书店，2007，第180页。

为"之存在，因为"自为"要以绽出的方式存在。所以说，时间性并不存在，但"自为"在存在的过程中自我时间化。对过去、现在和将来所作的现象学的研究使我们可以表明，"自为"只能以时间的方式才能存在。①

萨特认为，将时间的三个绽出（过去、现在、未来）不可逃避地绑在一起的本体论链条，就是在其永远不断地飞离中的"自为"。因此可以说，是自为保证了时间的连续性。② 正是这个只能以时间的方式存在的"自为"，挽救了时间的连续性。

在这里，可以说，萨特以自己的方式解决了时间的连续性问题。但在梅洛-庞蒂看来，还远远不够。

"自为"的概念更多地存在于萨特的本体论当中，"自为"是"存在先于本质"的，"自为"存在，在它可能是其存在基础的意义上讲，它就不是它固有的存在，它需要穷尽一生去创造它自己的本质。也就是说，萨特赋予"自为"的使命，是本体论上的，而不是现象学的。这就注定了萨特在希望用"自为"来保证时间的连续性上是不能成功的。

在《自我的超越性》中，"自为"也即意识的超越性。在这里，"素朴的自我"（ego）概念将自我看作源泉，从这里发散出意识行动、感受和性情、气质。而且，自我与这些性质、状态的关系既不是流溢的关系，也不是现时化的关系，而是一种诗意创造的关系，或可以说是创造的关系。③ 我们通过自我创造我们的性情、气质。

因此，对萨特来说，我们意识生活的每一个瞬间都是创造的瞬间。甚而，我们没有本质，我们必须每时每刻不断地再度创造

---

① 让-保罗·萨特：《存在与虚无》，陈宣良等译，杜小真校，生活·读书·新知三联书店，2007，第183页。
② Margaret Whitford, *Merleau-Ponty's Critique of Sartre's Philosoph* (French Forum Publishers, 1982), p. 84.
③ 让-保罗·萨特：《自我的超越性——一种现象学描述初探》，杜小真译，商务印书馆，2001，第29页。

自己，我们必须重新选择自身以及我们的在世界中存在。[1]

梅洛-庞蒂正是针对此问题批判萨特的时间理论。他将萨特关于时间的论述称为一种纯粹创造的理论，并认为，对萨特而言，我们必须每时每刻都要不断重新创造自己。如果果真如此，那么这将危害我们谋划的连续性。[2] 如果我们不断地再创造、再发明我们对世界的反应，连续性将成为不可能，因为太不确定了。不仅如此，当一个存在的自由是他不得不每时每刻不断选择自身，当他因而不能使用他的经验，这时，甚至历史对于这个存在来说都是没有意义的。

（三）前个人的时间——身体的时间

梅洛-庞蒂认为，如果要解决萨特时间观念中的连续性问题，就有必要引入"前个人的时间"（prepersonal time）[3] 这一概念。个人的时间必须被前个人的时间所支撑。在他看来，有一种前个人的时间，它属于我们与世界的前个人的黏合，将我们从时刻不停的创造和做决定中解放了出来。做决定的时刻是间歇性的、断断续续的，它们是由前个人的时间所支撑的。谋划的连续性并不依赖于最初刺激它的情感，因为情感有可能快速地消失或褪去，而依赖于被不断流逝的前个人化时间所支撑的决定。而且，梅洛-庞蒂还认为，这个前个人的时间就是身体的时间，它是属于我们身体的。这是因为，身体的节奏和韵律并不依赖于我们的谋划，也不能被我们的谋划和决定所左右。例如，我们并不是决定呼吸才去呼吸。[4] 身体本身内在的节奏使我们可以不依赖我们自为的谋划去生活。梅洛-庞蒂认为，正是这种前个人的时间，也即我

---

[1] Margaret Whitford, *Merleau-Ponty's Critique of Sartre's Philosoph* (French Forum Publishers, 1982), p.78.
[2] Margaret Whitford, *Merleau-Ponty's Critique of Sartre's Philosoph* (French Forum Publishers, 1982), p.79.
[3] Merleau-Ponty, *Phenomenology of Perception* (Routledge Classics, 2002), p.526.
[4] Margaret Whitford, *Merleau-Ponty's Critique of Sartre's Philosoph* (French Forum Publishers, 1982), p.82.

们身体的时间，将我们从不断地做决定的必须中解放了出来。

将时间深入到前个人的时间，深入到身体的时间，这或许是梅洛-庞蒂与萨特时间理论的最大不同之处。梅洛-庞蒂认为，在时间的问题上，萨特忽略了身体。萨特的本体论缺少一种个性化的原则，这种个性化的原则可以解释为什么需要一个我的实际性。这种缺少造成的后果就是，身体的定义、特别是我的实际性，都被模糊成关于自在的一般定义，因而也就没有了将身体看作我的实际性的优先部分的区分标准。①

如前所述，萨特和梅洛-庞蒂都发现了主体与时间之间的密切关系，对于主体，他们也都分别作出了独特而深刻的分析。萨特的主体概念是一种自为的存在，梅洛-庞蒂的主体概念则是以肉身化的知觉在世界中存在。对主体的认识不同，使他们的时间观走向殊途。

梅洛-庞蒂在《知觉现象学》中说，在现在中和在感知中，我的存在和我的意识是一致的，这不是因为我的存在还原到我拥有的知识的水平，或者它在我面前清晰地陈述自己——相反，感知是不透明的，因为它在我所知道的下面，在启动着我的感觉领域，这个感觉领域是我与世界的原始的联合——而是因为"在感知"（to be conscious）不是别的，就是"处身于……"（to-be-at, être à），因为我的存在的意识并入真实的"生存的"姿势之中。②"在感知"就是"处身于……"，就是肉身化的知觉处身于世界之中。从这里可以看出，梅洛-庞蒂的"知觉"概念不同于胡塞尔的先验的意识，不同于萨特的透明的意识，知觉是处身于世的，是以身体处身于世界中的。这样的知觉是具身的，是肉身化的知觉。

在梅洛-庞蒂看来，如果没有具身的知觉作为基础，那么，世界的深度和时间的深度都不能被表达。我们知觉性地向存在开

---

① Margaret Whitford, *Merleau-Ponty's Critique of Sartre's Philosoph* (French Forum Publishers, 1982), p. 93.

② Merleau-Ponty, *Phenomenology of Perception* (Routledge Classics, 2002), p. 493.

放,这是空间和时间的基础。梅洛-庞蒂所谓的时间,是被在世界中存在的肉身化的知觉原初地生活着的时间。仅仅因为主体是作为肉身化的知觉处身于世界中的,时间才得以存在。"原初的基础性的时间,是在一个给定的处境中生活着的肉身化的知觉的时间。"①

正因如此,当我们说主体性是时间性,我们的意思是,主体作为时间性,总是发现自己已经处在世界之中。时间性与在世界中存在是不可分的,"在世界中存在的暧昧性是由身体的暧昧性表现出来的,而这是经由时间的暧昧性被理解的"。② 主体,在知觉的意义上,不是别的,只是时间性。这是因为,空间的综合和客体的综合都基于人自身的身体所产生的时间的显露。③ 在知觉场的时间的厚度中,以及在从过去经验而来的习惯的形式中,经验预期了它的正在显露地未来,保留了已经完成的过去。④

我们的知觉经验内在地是时间性的,肉身化的知觉以其原初的意向性,暧昧地在世界中存在,正是在这暧昧的肉身化知觉这里,在身体-主体这里,时间得以显露,我们与世界之间的活生生的联系得以恢复。可以说,正因为梅洛-庞蒂的"主体"是肉身化的知觉主体,它以其前反思的身体意向性处身于世界中,才可以为我们打开一种前个人的时间,从而为我们保证了时间的连续性,也为我们挽救了经验(acquis),让我们得以拥有历史和意义。

---

① Christopher Macann, *Four Phenomenology Philosophers* (Routledge, 1993), p. 198.
② Merleau-Ponty, *Phenomenology of Perception* (Routledge Classics, 2002), p. 98.
③ Ted Toadvine & Lester Embree, *Merleau-Ponty's Reading of Husserl* (Kluwer Academic Publishers, 2002), p. 151.
④ Scott L. Marratto, *The Intercorporeal Self——Merleau-Ponty on Subjectivity* (State University of New York Press, 2012), p. 113.

第八章
中西人文精神比较研究
——以人性论研究为例

对人本性的探讨一直是中西人文精神研究所关注的一个焦点。人的本性是善还是恶似乎只是对这一探讨的简单化描述，而对人本性内在动力机制的探讨则更能揭示出人如何在现实的道德实践中做出应然之判断与抉择。就广为探讨的荀子人性论来说，荀子是否真的认为人的本性是恶？如果人的本性不是恶，那对于荀子来说又是什么呢？如果我们从古希腊亚里士多德的人性论出发，或许能够对这些问题作出更为深切的思考和回答。

一 亚里士多德的理性人性观

在古希腊哲学中，首先对人性问题做出系统深入探讨的是苏格拉底。《阿尔基比亚德Ⅰ篇》的副标题即是"论人的本性"。该篇主要探讨的是有关人的灵魂问题。苏格拉底首先认为人应该认识自己，才能使自己变好。然而，究竟什么才是自己呢？是我们可以看得见、摸得着的肉体吗？是人的各种欲望和情感吗？实际上，苏格拉底认为要认识人自己，就必须要认识那隐藏在人的外表之下的内在本质，也就是人的灵魂。苏格拉底认为，使用者和所使用的工具是不同的，就像演奏乐器的人和乐器本身是不同的一样，人的灵魂和肉体本身也是不同的。人的灵魂是肉体的主宰，而肉体则正如灵魂的工具。

在此基础上，苏格拉底认为，人可以分为三个部分——灵魂、肉体和由这二者结合而成的整体。在这三个部分当中，肉体是被统治的对象和工具，而由灵魂和肉体结合而成的整体也不能参与统治，只能被统治。只有灵魂是统治者，是统治肉体和灵魂与肉体结合体的主宰。因而，我们所说的人自身，就只是在说人的灵魂，而不是肉体或灵魂与肉体的结合体。这样，认识人自己，就是认识人的灵魂，而真正对人的爱，就是对人的灵魂的爱。那么，人的本质既然就是人的灵魂，人的灵魂的本质又是什么呢？苏格拉底认为人的灵魂的本质就是"智慧"（phronesis）。灵魂中的这个部分才是最神圣的，只有认识它，才能真正认识人自己。苏格拉底认为，人的理性就是人的灵魂的本质，只有通过理性，人才能认识人自己，这正如瞳孔就是人的眼睛的本质，只有通过瞳孔，人才能认识人自己。[①]

既然人的理性就是人的本质，那么人的理性又是什么呢？苏格拉底认为，人的理性就是人区别于其他动物的能力。其他动物也有灵魂，但是它们的灵魂中并没有理性，而理性恰恰是人才具有的独特能力。这种理性其实就是以"善"为目的的，人通过理性才能追求善的目的，而整个宇宙秩序也是通过理性来达到"善"的目的。苏格拉底说：

> 我的好朋友，你应该懂得，既然你身体中的努斯能够随意指挥你的身体；那么你也应当相信，充满宇宙的理智也可以随意指挥宇宙间的一切。……神具有这样的能力和本性，能够看到、听到一切事情，同时存在于各处，而且关怀一切存在。[②]

在这里，苏格拉底显然已经认为，充斥于宇宙中的理性或努斯支配着一切事物——不只是人，而且还有其他所有动物、生

[①] 汪子嵩等：《希腊哲学史》第2卷，人民出版社，1997，第412~414页。
[②] 色诺芬：《回忆苏格拉底》，吴永泉译，商务印书馆，1984，第31~32页。

物、物体以及空间和时间的秩序。事实上，这种理性或努斯就是他所说的"神"。"神"支配着一切，但却不是以那种类似于人的脾气和性格的方式。他是用理性的方式来运转所有事物，而只有人才是承袭理性的唯一物种。因而，人和神在这个意义上是相通的。

虽然人具有这种独特的天赋理性，但却会因为沉溺于感官的享受和欲望的沟壑之中无法自拔而泯灭了这种理性能力。苏格拉底正是在这个意义上提出了要通过道德教育来引导人们寻找自己迷失的本性，从而恢复人的理性，不断趋向美德。

同苏格拉底一样，柏拉图也同样认为人的灵魂是人最重要的部分，而灵魂只有摆脱肉体的束缚，才能获得纯粹永恒的状态。灵魂的这种纯粹永恒的状态就是智慧。比苏格拉底更进一步，柏拉图将人的灵魂分成了三个部分：理智、激情和欲望。他认为，人的灵魂中有得到某种事物的欲望，这种欲望是非理智的，但同时人的灵魂中也有阻止这种欲望的能力，这就是智慧或者理智。除了这两个方面，人的灵魂中还存在着激情。激情并不是欲望，而是帮助理智制服欲望的力量。当人的欲望超越理智时，激情就可以帮助理智来战胜欲望。而人的激情并不就是理智本身，因为年轻人的激情就缺乏理智。柏拉图认为：

> 这两者（理智和激情）既受到这样的教养、教育并被训练了真正起自己本份的作用，它们就会去领导欲望——它占每个人灵魂的最大部分，并且本性是最贪得财富的——它们就会监视着它，以免它会因充满了所谓的肉体快乐而变大变强不再恪守本分。……这两者联合一起最好地保卫着整个灵魂和身体，不让它们受到外敌的侵犯，一个出谋划策，一个在它的领导下为完成它的意图而奋勇作战……[1]

---

[1] 柏拉图：《理想国》，郭斌和、张竹明译，商务印书馆，1986，第169~170页。

所以，激情应当被看作是与理智一起，克服欲望，保卫灵魂的力量。激情在理智的指导下就可被称作勇敢。值得注意的是，柏拉图虽然认为理智相比欲望是应居于统治地位的，但他并没有因此而完全否认欲望的合法性。柏拉图说：

> 不正义应该就是三种部分之间的争斗不和、相互间管闲事和相互干涉。灵魂的一个部分起而反对整个灵魂，企图在内部取得领导地位——它天生就不应该领导的而是应该象奴隶一样为统治部分服务的，——不是吗？我觉得我们要说的正是这种东西。不正义、不节制、懦怯、无知，总之，一切的邪恶，正就是三者的混淆与迷失。①

从这里我们可以看出，柏拉图显然认为虽然灵魂中的理智和激情是支配欲望的统治者，但同时也并没有因此而认为欲望本身就不应该存在。欲望本身是合理的，它应该处于理智和激情的驾驭之下，唯有如此才能形成一种和谐的支配与被支配关系。所谓的正义，并不是将欲望完全摒除，而是使欲望置于理智和激情的统治之下而已。这正如陈康先生所言：

> ……由于他内心里的和洽，即理智决定取舍，毅力（注：即"激情"）推动此决定，情欲恭顺地奉行。理智、毅力和情欲各司其事，无一越出其范围，却只在它所特有的范围内活动。处于这种状况下的心灵，我们必也称它为公平的心灵。因为公平只表现于"各治其一己之事，而不作过分的事"里；在和洽的心灵里各部分正是如此。②

虽然柏拉图认为灵魂存在三个部分，但决定灵魂本质的还是

---

① 柏拉图：《理想国》，郭斌和、张竹明译，商务印书馆，1986，第 173~174 页。
② 汪子嵩、王太庆编《陈康：论古希腊哲学》，商务印书馆，1990，第 60 页。

理智，而不是激情或欲望。柏拉图说：

> 为了认识灵魂的真相，我们一定不能像现在这样，在有肉体或其他的恶和它混在一起的情况下观察它。我们必须靠理性的帮助，充分地细看它在纯净的状况下是什么样的。然后你将发现它要美得多，正义和不正义以及我们刚才讨论过的一切也将被辨别得更清楚。……我们必须把目光转向……它的爱智部分。①

这就是说，如果我们要考察人的本性，就要考察灵魂的本性，而灵魂的本性就是理性，这是灵魂的纯净状态。在现实中，人的灵魂本性被欲望遮蔽而无法得见，只有去除这种遮蔽，才能看到人的灵魂的真相，也就是理性。因此，虽然柏拉图并没有对人性的善恶做出判断，但依然认为人的本性就是理性，而这种理性才是自身不断趋向善的唯一源泉。

同柏拉图一样，亚里士多德也将灵魂分成了三个部分，不过不再是柏拉图的理智、激情与欲望这三个部分，而是情感、潜能和品质。亚里士多德认为，所谓的德性或美德就必然是这三者中的一个。亚里士多德认为情感就是愤怒、恐惧、自信、嫉妒、喜悦、友爱等，情感本身并没有善恶之分，我们不能认为一个愤怒的人是不道德的，或者一个喜悦的人是道德的。而潜能则是那种能够让人产生愤怒、恐惧、喜悦等情感的能力，这种能力本身也并无善恶之分，也不能使我们变成善或恶。这样，剩下的就只有品质了。亚里士多德认为，美德既不是情感，也不是潜能，而是一种品质。② 那么，这种品质究竟是什么呢？它从何而来呢？

亚里士多德认为，人的伦理品德是通过实践和培养内化到人

---

① 柏拉图：《理想国》，郭斌和、张竹明译，商务印书馆，1986，第414页。
② Aristotle, *The Basic Works of Aristotle*, W. D. Ross (trans.), Richard McKeon (ed.), (New York: The Modern Library), pp. 956-957.

的本性之中的，因此，社会的习俗影响了一个人的道德化进程。亚里士多德说：

> 理智的品德是由于教导而生成和培养起来的，所以需要时间和经验。伦理品德则由风俗习惯沿袭而成，所以"伦理"这个名称是由"习惯"这个词略加改动而产生的。由此可见我们的伦理品德不是自然生成的，因为自然生成的东西是不能改变自己的本性的，……所以我们的伦理品德既不是处于自然本性的，也不是违反自然本性的，而是我们自然地接受了它们，又通过习惯使它们完善的。①

因此，人的伦理品德是通过个体不断地实践和培养形成的，日久天长的习惯导致了最终品德的形成和完善。亚里士多德认为的人性包含了情感、潜能和品质三个部分，而品质的本质也就是品德，但品德本身并不是天生就具有的，而是通过外在的教导和习俗培养而成的。因此，从这个意义上说，亚里士多德眼中的人性并不能说是善的。但这种人性就是恶吗？恐怕也不是。

亚里士多德认为，人生来有一种敏锐的洞察力，能够正确地判断、选择真正的善。一个人如果生来就有这样美好的能力，就是一个优秀的人。这种最伟大最高贵的能力，是不能从别人那里得来或学到的，而是自然赋予的。如若生而具有这种能力也就是具有美好的道德品质。这样看起来，亚里士多德又似乎主张人性本善，因为人都具有这种选择善的能力。然而，我们必须注意，亚里士多德只是说人具有选择善的能力，并不是说人性本身就是善的。这种能力决定了人能够自主地选择善，但这种能力并不是善本身。这种能力毋宁说是人所拥有的一种辨别善恶的理性能力。但这种能力在每个人身上并不是完全一致的，有的人拥有较

---

① Aristotle, *The Basic Works of Aristotle*, W. D. Ross (trans.), Richard McKeon (ed.), (New York: The Modern Library), pp. 956 - 957.

高的能力，所以不用通过太多教导就能够获得品德；有的人能力较低，所以就需要通过教导、习俗甚至是法律和规范的引导来走向品德之路。

在探讨亚里士多德的人性观时，我们必须要防止一种倾向，即要么把人性看作是善的，要么看作是恶的。实际上，亚里士多德的人性观如果单纯只从善恶的角度来看，可能同时具有两种倾向。然而，善恶最多只是在道德角度上的外在呈现，不能深入人性的内部来观照这一善恶表现的内在动力机制。对亚里士多德而言，这一内在的动力机制才是真正具有哲学意义的问题。

亚里士多德认为，人的本性是什么这一问题等于追问人的功能是什么。人的功能就是人所独具的区别于其他动物的本质，这就是人的理性。亚里士多德说：

> 那么这种（人类）功能究竟是什么？生命活动也为植物所有，而我们所探究的是人的特殊功能。所以我们必须把生命的营养和生长功能放在一边。下一个是感受的功能。但是这似乎也为马、牛和一般动物所共有。剩下的是那个有理性部分的生命。①

所以，人之所以为人的本质在于人的理性能力。亚里士多德的这一理性功能的论点与苏格拉底和柏拉图思想一脉相承。柏拉图在《国家篇·第一卷》中就有类似的功能论证。柏拉图认为，包括灵魂在内，每一事物都有一种功能。事物之所以能发挥它的功能，是由于它有特有的德性；之所以不发挥它的功能，是由于其特有的缺陷。②

因此，就柏拉图认为人的本性就是人的功能而言，亚里士多

---

① 亚里士多德：《尼各马科伦理学》，转引自余纪元：《德性之镜：孔子与亚里士多德的伦理学》，中国人民大学出版社，2009，第101页。
② 柏拉图：《理想国》，郭斌和、张竹明译，商务印书馆，1986，第41页。

德与柏拉图遵循着同一个理路。然而，亚里士多德并没有就此认为人的理性自身就是善。善乃是"体现德性的灵魂的活动"。因此，人只有理性还不能称作是善，还必须要加上符合德性这一条标准才能称为善。只有符合德性的理性活动才能是善。对亚里士多德来说，理性既包含了灵魂自身理性的部分，也包含了自身是非理性但却听从理性的部分，而且灵魂自身理性本身也分为了实践理性和理论理性。

亚里士多德认为，实践理性最终的目的是要发展成为实践智慧，而这一过程是与伦理德性的内在化过程密切相关的。伦理德性是由外在习俗和规范内在化而形成的，是通过学习和教育不断获得的。亚里士多德说：

> 希望自己有能力学习高尚与公正即学习政治学的人，必须要在良好的习惯中加以培养……而受过良好教育或培养的人就已经具有或很容易获得这些始点。[1]

实践智慧则是实践理性与这种伦理德性逐渐结合在一起的最后结果。实践理性表现为人的一种能够接受伦理德性的倾向或意愿，通过这种倾向或意愿，人们才会主动去学习，将伦理德性纳为自身的一种品质。这就是说，实践理性本身并不是一种德性，没有伦理道德的具体内容，而只是一种能够接纳伦理德性并内化提升其为自身品质的能力。通过伦理德性的教育和引导，实践理性也逐渐转化为实践智慧。在这一过程中，如果缺乏了实践理性，那么伦理德性也无法内化并提升为人的一种品质，无法成就"完全的德性"或"严格意义的德性"。对于"完全的德性"而言，实践智慧是与伦理德性完美地整合在一起的。所以，亚里士多德说："离开了实践智慧就没有严格意义的善，离开了道德德

---

[1] Aristotle, *The Basic Works of Aristotle*, W. D. Ross (trans.), Richard McKeon (ed.), (New York: The Modern Library), pp. 937-938.

性也不可能有实践智慧。"①

由于实践智慧的内容取决于由长期的社会习俗习惯化而形成的伦理德性,它就必然是关于具体事物的知识。虽然它也有普遍性的前提,但它在内容上真正聚焦的是在一个人所处的特殊环境、情境、条件、局面中时,做出自己特殊性判断和选择的能力。在这里,一般化的伦理规范和约定往往不再发挥作用,真正发挥效力的是在特殊环境下做出自己应然之选择的能力。这种特殊性的道德判断和选择必须依据行动者所处的具体环境和形势来做出,不能依据一定之规。在这一点上,亚里士多德的实践智慧与儒家的"义"相当接近。在下面的部分,我们会对实践智慧和"义"的关系加以分说。

二 荀子的"性"与"义"

在荀子看来,"性"是人类与生俱来的东西。他说:

> 生之所以然者谓之性。性之和所生,精合感应,不事而自然谓之性。(《荀子·正名》)

这样,"性"就是人类所生而具有的东西。它本身没有人为的因素。在荀子看来,"性"是被"天"赋予的——"性者,天之就也"(《荀子·正名》)。那么,"性"到底是由什么构成的?荀子认为"性"是由"情"构成的。

> 性之好恶、喜怒、哀乐谓之情。(《荀子·正名》)

我们应当注意到"情"对于荀子来说是一个非常宽泛的概念,

---

① 亚里士多德:《尼各马科伦理学》,转引自余纪元:《德性之镜:孔子与亚里士多德的伦理学》,中国人民大学出版社,2009,第235页。

它除了包含情感以外，还包含了各种各样的人类欲望。荀子说：

> 不富无以养民情，不教无以理民性。(《荀子·大略》)
> 今人之性，饥而欲饱，寒而欲暖，劳而欲休，此人之情性也。(《荀子·性恶》)

荀子认为，人类的温饱之欲并没有什么善恶之分，它们都是人们维持生存所必需的条件。虽则如此，但一个人如果过分沉溺于情欲之中而不能自拔，就无法做一个真正的人。正是在这个意义上，荀子才认为人性恶。正如柯雄文先生所指出的，荀子所主张的人性有三个主要特征：

1. "人性为恶"这个陈述指的是放纵自身欲望和感觉的动力结构后的结果；
2. "性"中没有任何内在的恶，它在道德上是中性的；
3. "性"是由一块可以被塑造或转变的原材料组成的。[①]

在这个意义上，荀子主张的人性恶说并不是说人性本身，或者说在本质上是恶的，所谓的"恶"只是顺从、沉溺本性所造成的结果。人性恶仅仅是从结果的意义上来阐述的，并不是本质意义上的恶。人的恶行是放纵自己欲望的结果，而放纵欲望则是由于外在诱惑或形势决定的，所以人的善恶行为选择在一定意义上说也是由外在的形势决定的。一个人表现为善，只是因为他能用他获得的道德知识来抵御外在诱惑的侵扰；一个人表现为恶，也只是因为他不能或不愿意抵御外在诱惑，从而只能放逐自己的欲望。在这个意义上说，人应该学习礼义之道，从而能用他学来的

---

① A. S. Cua, "Philosophy of Human Nature," *Human Nature, Ritual, and History: Studies in Xunzi and Chinese Philosophy* (Washington DC: Catholic University of America Press, 2005).

道德知识抵御外来的诱惑。荀子说：

> 故必将有师法之化，礼义之道，然后出于辞让，合于文理，而归于治。用此观之，人之性恶明矣，其善者伪也。（《荀子·性恶》）

我们可以看出，荀子并没有笼统地定义人性为恶，而是用"用此观之"这个限定语来界定人性恶这个结论成立的前提。这个前提就是，没有施加礼义约束的人性必然会作恶。庄锦章也提到：

> 荀子谨慎地提到"用此观之"，人性为恶。那么"此"是什么呢？他一定是指沉浸于追逐利益的欲望，感觉欲望以及嫉妒和憎恨的情感会导致的无序和文化形式与礼仪原则的丢失。[1]

在这里，我们可以发现，荀子认为"性"并不是人的本质，它本身并无善恶之分，我们之所以称之为恶，是因为如果人们放纵自己性中的情感和欲望，就会造成灾难性的后果。只是在这个意义上，我们认为人性是恶的。正如牟宗三先生所说：

> 荀子所见于人之性者，……把人只视为赤裸裸之生物生理之自然生命。此动物性之自然生命，克就其本身之所是而言之，亦无所谓恶，直自然而已矣。唯顺之而无节，则恶乱生焉。即荀子之所谓性恶也。[2]

---

[1] Chong Kim Chong, "Classical Confucianism (II): Meng Zi and Xun Zi," in Bo Mou (ed.) *Routledge History of World Philosophies*, Vol. 3, *History of Chinese Philosophy* (New York: Routledge, 2009), pp. 202–203.

[2] 牟宗三：《荀学大略》，见梁启超等：《荀子二十讲》，廖名春选编，华夏出版社，2009，第67页。

这样，在荀子看来，如果"性"并不是人的本质，那什么才是人的本质呢？荀子认为"义"才是人真正的本质。荀子说：

> 水火有气而无生，草木有生而无知，禽兽有知而无义，人有气、有生、有知亦且有义，故最为天下贵也。力不若牛、走不若马而牛马为用，何也？曰：人能群，彼不能群也。人何以能群？曰：分。分何以能行？曰：义。（《荀子·王制》）

因此，尽管荀子坚持认为人性恶，但是他也承认人类必须要有"义"，从而能够与其它动物区别开。人类只有具有了"义"，才能"分"，也才能"群"，也就是形成具有等级规定和制度设定的人类社会。荀子说："辨莫大于分，分莫大于礼。"（《荀子·非相》）这就是说，要用礼来指导"分"和"辨"。这样，礼和义就联系在了一起。荀子说：

> 故人生不能无群，群而无分则争。争则乱，乱则离，离则弱，弱则不能胜物，故宫室不可得而居也，不可少顷舍礼义之谓也。能以事亲谓之孝，能以事兄谓之弟，能以事上谓之顺，能以使下谓之君。君者，善群也。群道当则万物皆得其宜，六畜皆得其长，群生皆得其命。（《荀子·王制》）

因而，在荀子看来，人必须既要有"群"，也要有"分"。前者是组建人类社会的能力，后者是在人类社会中建立等级制度和社会规则的能力。两者的实现都需要有"礼义"的指导。只有通过外在"礼"与内在"义"的结合，人才具备了进行道德和政治实践的根基。

需要特别注意的是，荀子在这里所说的"义"并不是孟子所说的内心道德品质。事实上，对荀子来说，它只是一种需要等待礼仪道德来填充的理性能力。正如倪德卫（David S. Nivison）教授观察到的那样：

荀子使用了和孟子相同的词汇，而后者是用这个词汇来表达最初的内在道德义务感。但如果荀子的立场是一致的，并且也说……人性"恶"，……那么他一定意味着某种别的事情……一种使人们形成具有阶层性社会等级以及将义务理解为道德义务的基本能力；然而它是一种没有肯定性内容的能力。……因为很明显这种气质有可能被填充为一种类似义务的承诺而最终导向不道德的结果……这样荀子的"义"是与道德无关的。①

"义"是人类内在所具有的一种理性能力，它能够使人类在理性的基础上形成社会群体。然而，人类不能完全依赖这种单纯内在的理性能力来塑造道德和建构社会。正如亚里士多德的实践理性，如果没有伦理德性的相伴相行，实践理性自身也不可能发展成为完满的德性。同样地，对荀子来说，"义"如果不能和外在的礼仪制度相结合，将不能成为指导人们日常伦理德行的准则。

三 实践智慧与"义"

上一节中谈到了荀子的"义"是一种人心之中的理性能力，这不禁让我们联想到亚里士多德伦理学中的"实践智慧"这一概念。亚里士多德认为，实践智慧与伦理德性的完美整合使得实践德性的产生成为可能。在希腊文中，实践德性是 hexis prohairetike，而 prohairetike 往往被解释为倾向于带有选择的一种状态或品质。②因此，实践德性就意味着作为行动主体的人所作出的德性行为不

---

① David S. Nivison, "Critique of David B. Wong, 'Xunzi on Moral Motivation,'" in T. C. Kline Ⅲ and Philip J. Ivahoe (eds.), *Chinese Language, Thought, and Culture: Nivison and His Critics* (Chicago: Open Court, 1996), p. 324.
② 该词被英译为多种形式，如"一种考虑选择时的状态"（Jonathan Barnes (ed.) *The Complete Works of Aristotle*, Princeton University Press, 1984）、"一种决定时产生的品质"（Sarah Broadie and Christopher Rowe, *Aristotle: Nicomachean Ethics*, Oxford University Press, 2000）等。

是一种被迫或遵循规范的行为，而是一种人主动做出的德性选择。面对可以做也可以不做的选择时，人能够主动做出德性的选择。亚里士多德说：

> 按照德性生成的东西，不论是公正还是勇敢，都不能自身是个什么样子，而是行动者在行动中有个什么样子。第一，他必须有所知；其次，他必须有所选择，并因其自身而选择；第三，在行动中，他必须勉力地坚持到底。①

因此，一个人的德性行为一定是他自己经过认知和思考，主动做出的选择，并且还要在行动中坚持到底。在这个意义上，处于某种义务或者要求而去做的德性行为就显然不属于德性的行为。而孩童的某种未经思考和选择去做的某种行为，虽可能为善行，但亦不能称之为真正的善行，因为这中间并没有经过他的判断和思考。所以，我们发现，德性行为本身就蕴含着一个人的认知、思考和选择。因此，亚里士多德的实践德性本身就是一种人自身所具有的认知和思考的倾向。

与亚里士多德的实践智慧相对应，荀子哲学中与此可堪对比的是"心"中之"义"。荀子认为人的本质并不是自然的情感和欲望，这些只是人的"性"，但"性"在荀子哲学中并不等同于人的本质，而只是人天生而具有的禀赋。在荀子哲学中，真正决定人之为人的是人的"心"。荀子说：

> 心者，形之君也，而神明之主也，出令而无所受令。自禁也，自使也，自夺也，自取也，自行也，自止也。故口可劫而使墨云，形可劫而使诎申，心不可劫而使易意，是之则受，非之则辞。（《荀子·解蔽》）

---

① 亚里士多德：《尼各马可伦理学》，苗力田译，中国人民大学出版社，2003，第30~31页。

荀子在这里界定了"心"的重要地位，认为"心"是形体的主宰，是主动发出指令的主体而不是被指挥的客体。在这个意义上，"心"就具有了与亚里士多德实践理性相同的主动选择和判断的能力。荀子说：

> 情然而心为之择谓之虑。心虑而能为之动谓之伪。虑积焉能习焉而后成谓之伪。正利而为谓之事。正义而为谓之行。所以知之在人者谓之知。知有所合谓之智。（《荀子·正名》）

所以，荀子认为人的性中的情感和欲望会有很多，但心可以做出自己的判断和选择，这就是心的功能——"虑"。这和亚里士多德所说的实践理性本身就具有认知和思考倾向的观点非常相似。在荀子的这段话中还提到了"知"。荀子认为"知"的能力在于能够认知事物之理，从而能够学会做出自己的价值判断。

> 心有徵知。徵知则缘耳而知声可也，缘目而知形可也，然而徵知必将待天官之当簿其类然后可也。五官簿之而不知，心徵知而无说，则人莫不然谓之不知，此所缘而以同异也。（《荀子·正名》）

因而，"知"的这种能力显然属于心的一种功能。通过心的这种"徵知"能力，人的感官才能发挥自己的功能，也才能将外在的礼乐规范内化为内心的道德品质。这和亚里士多德实践理性内化伦理德性的观点也十分类似。

在荀子眼中，心之所以具有内化道德的功能，就在于心中存在的"义"。上面提到了荀子对"义"的定义，荀子认为"义"是一种人类所独有的、区别于其他动物的理性能力。在荀子看来，"义"与"礼"是分不开的，"义"是一种在"礼"的基础上完成道德义务的责任。正是因为这个原因，荀子经常将"礼"与"义"连用，而"礼义"所表达的正是一种在"礼"的基础上从事"义"这一道德责任和义务的要求,也是一种对从事"义"这一道德责任和义务必须在"礼"的基础上进行的规范。这就是说,如果一个社会只存在"礼"所规定的各种政治与德性制度而没有发自人内心的道德诉求和义务,那就会沦为一种冷冰冰的、法家所主张的社会模式;而一个社会如果只有人内心的道德诉求,而没有与此相匹配的社会制度与习俗教化,就会使人内心的道德规范无所适从,找不到在现实中的安放处。所以,"礼""义"二者是不可分开的。荀子进一步说:

> 故尚贤使能则主尊下安,贵贱有等则令行而不流,亲疏有分则施行而不悖,长幼有序则事业捷成而有所休。故仁者,仁此者也;义者,分此者也;节者,死生此者也;忠者,惇慎此者也;兼此而能之,备矣。备而不矜,一自善也,谓之圣。(《荀子·君子》)

在这里,荀子进一步明确了"义"的等级性。正是在"尚贤""使能""贵贱""亲疏"以及"长幼"中,"义"发挥了种种不同的道德功能和责任。荀子说:

> 义,理也,故行;礼,节也,故成。仁有里,义有门。仁非其里而虚之,非仁也;义非其门而由之,非义也。推恩而不理,不成仁;遂理而不敢,不成义;审节而不和,不成礼;和而不发,不成乐。故曰:仁义礼乐,其致一也。君子处仁以义,然后仁也;行义以礼,然后义也;制礼反本成末,然后礼也。三者皆通,然后道也。(《荀子·大略》)

在这里,荀子更加明确地指出,如果只是简单地"推恩",也就是将仁爱推广到所有人,并不能成就"仁"的理想。"仁"必须要和"理"结合在一起,而"理"就是"义",就是在等级基础上的道德责任和义务。也就是说,"仁"和"义"必须要结合在一起，也就是荀子所说的"处仁以义"。亚里士多德也认为，实践理性如果没有伦理德性的相伴而行，也不可能形成为完满的实践德性。这也就说明了，对于荀子与亚里士多德而言，单纯的道德理想如果没有现实的德性习俗与政治制度的辅助，将很难在现实中实现。同时，"义"还具有实践的特征。对荀子来说，一个人如果只是知道"义"的要求而并不去亲身实践，那也就不成为"义"。正如实践智慧那样，"义"也是一种诉诸于实践之中，能够在不同的境况下随时做出正确判断的能力。荀子在这里还强调，"行义"的同时还必须要遵循"礼"的要求，这样，"义"才能成其为"义"。所以，"仁""义""礼"三者是合为一体，不可分开的。

　　从以上对于荀子"义"的讨论，我们可以看出，亚里士多德的实践智慧与"义"的功能非常类似。它们都是人所具有的一种内在的理性能力，正是通过这种理性能力，人才获得了不同于动物的社会功能和道德义务，而这正是人获得幸福生活的内在机制。亚里士多德的实践理性通过与外在的伦理德性的结合，逐渐转化为实践智慧，成为指导人们道德实践的内在依据。而荀子的"义"也通过与外在礼仪道德的结合，形成了指导人们道德生活的"礼义"。对于二者而言，人类的原初之"性"或许并不重要，真正重要的是人如何将外在的伦理道德与礼仪规范内化为人的内在品质，从而成为指导人们在现实生活和实践中行动的准则。

参考文献

1. Aristotle, *The Basic Works of Aristotle*, W. D. Ross (trans.), Richard McKeon (ed.), (New York: The Modern Library).
2. Barnes Jonathan, *The Complete Works of Aristotle* (Princeton University Press, 1984).
3. Bloom Allan, "Interpretive Essay", *The Republic of Plato* (New York, 1968).
4. Boardman John and N. G. L. Hammond (eds.), *The Cambridge Ancient History*, Vol. 3, Part 3 (Cambridge: Cambridge University Press, 1982).
5. Broadie Sarah and Christopher Rowe, *Aristotle: Nicomachean Ethics* (Oxford University Press, 2000).
6. Chong Kim Chong, *Early Confucian Ethics* (Chicago: Open Court, 2007).
7. Chong Kim Chong, "Classical Confucianism (Ⅱ): Meng Zi and Xun Zi", Bo Mou (ed.), *Routledge History of World Philosophies*, Vol. 3, *History of Chinese Philosophy* (New York: Routledge, 2009).
8. Cicero, *Tusculan Disputations*, V. 10 – 11, J. E. King (trans.), (Cambridge, MA: Harvard University Press; London: Heinemann, 1960).
9. A. S. Cua, "Yi and Li: Rightness and Rites", *Encyclopedia of Chinese Philosophy* (New York: Routledge, 2002).
10. Encyclopedia Britannica, 2019, "Humanism", https://www.br-

itannica. com/topic/humanism.

11. Guthrie W. K. C. , *A History of Greek Philosophy*, Vol. 1, *The Earlier Presocratics and the Pythagoreans* (Cambridge: Cambridge University Press, 1971).

12. Hall David L. & Roger T. Ames, "Getting It Right: On Saving Confucius from the Confucians", *Philosophy East and West*, Vol. 34, No. 1, 1984.

13. Hitchcock David, "The good in Plato's Republic", *Journal for Ancient Philosophy and Science*, Vol. 19, No. 2, 1985.

14. Jaeger Werner, *The Theology of the Early Greek Philosophers* (Oxford: Clarendon Press, 1947).

15. Kearney Richard. *Twentieth-Century Continental Philosophy*, *Routledge History of Philosophy*, Vol. VIII. (London: Routledge, 1994).

16. Kupperman Joel J, "Xunzi: Morality as Psychological Constraint", in *Virtue, Nature, and Moral Agency in the Xunzi*, T. C. Kline Ⅲ and Philip J. Ivanhoe (ed.), (Hackett Publishing, 2000).

17. Langer Monika M. , *Merleau-Ponty's Phenomenology of Perception: A Guide and Commentary* (Macmillan Press, 1989).

18. Macann Christopher, *Four Phenomenology Philosophers* (London: Routledge, 1993).

19. MacKendrick Paul, *The Philosophical Books of Cicero* (Duckworth, 1989).

20. Marratto Scott L. , *The Intercorporeal Self——Merleau-Ponty on Subjectivity* (New York: State University of New York Press, 2012).

21. Merleau-Ponty, *Phenomenology of Perception*, Colin Smith (trans.), (London: Routledge, 2002).

22. Merleau-Ponty, *La Structure du Comportement* (Paris: Presses Universitaires de France, 1942).

23. Merleau-Ponty, *Phénoménologie de la Perception* (Paris: Gallimard, 1945).

24. Merleau-Ponty, *Les Aventures de la Dialectique* (Paris: Gallimard, 1955).
25. Nivison David S., "Critique of David B. Wong, 'Xunzi on Moral Motivation'", *Chinese Language, Thought, and Culture: Nivison and His Critics*, T. C. Kline III and Philip J. Ivanhoe (ed.), (Chicago: Open Court, 1996).
26. Powell J. G. F., *Cicero the Philosopher: Twelve Papers* (Oxford: Clarendon Press, 1995).
27. Rickwood Frank Ernest, *Tusculanarum Disputationum Liber Primus Et Somnium Scipionis* (The Athenaeum Press, 1903).
28. Stewart Jon., *The Debate Between Sartre and Merleau-Ponty* (Evanston: Northwestern University Press, 1998).
29. Strauss Leo., *The City and Man* (Chicago and London: The University of Chicago Press, 1978).
30. Strauss Leo., "On Classic Political Philosophy", *What Is Political Philosophy?* (Westport, 1973).
31. Tan Sor-hoon, "The Dao of Politics: Li (Rituals/Rites) and Laws as Pragmatic Tools of Government", in *Philosophy East and West*, Volume 61, Number 3, July 2011.
32. Toadvine Ted & Lester Embree (ed.), *Merleau-Ponty's Reading of Husserl* (Kluwer Academic Publishers, 2002).
33. Tu Wei-ming. "Confucianism", in *Our Religions*, Arvind Sharma (ed.), (HarperSanFrancisco, 1993).
34. Whitford Margaret, *Merleau-Ponty's Critique of Sartre's Philosophy*, (Lexington: French Forum Publishers, 1982).
35. Yu Jiyuan, "Aristotle on 'Eudaimonia': after Plato's 'Republic'", *History of Philosophy Quarterly*, Vol. 18, No. 2, 2001.
36. Zeller E., *A History of Greek Philosophy*, Vol. 1 (London: Longmans, Green, and Co., 1881).
37. 阿伦·布洛克:《西方人文主义传统》,上海三联书店,1998。

38. 北京大学哲学系外国哲学史教研室：《西方哲学原著选读》，商务印书馆，1981。
39. 本杰明·史华兹：《古代中国的思想世界》，程钢译，江苏人民出版社，2004。
40. 柏拉图：《柏拉图对话集》，王太庆译，商务印书馆，2004。
41. 柏拉图：《柏拉图全集》第3卷，王晓朝译，人民出版社，2003。
42. 柏拉图：《理想国》，郭斌和、张竹明译，商务印书馆，1997。
43. 《布罗克豪斯百科全书》第17版，1974。
44. 陈来：《竹简〈五行〉篇讲稿》，生活·读书·新知三联书店，2012。
45. E. 策勒尔：《古希腊哲学史纲》，山东人民出版社，1992。
46. 戴震：《孟子字义疏证》，中华书局，1982。
47. 第欧根尼·拉尔修：《明哲言行录》，马永翔等译，吉林人民出版社，2003。
48. 丁四新：《天人·性伪·心知——荀子哲学思想的核心线索》，《中国哲学史》1997年第3期。
49. 丁原植：《楚简儒家性情说研究》，万卷楼图书有限公司，2002。
50. 厄奈斯特·巴克：《希腊政治理论：柏拉图及其前人》，卢华萍译，吉林人民出版社，2003。
51. 恩格斯：《反杜林论》，中共中央编译局译，人民出版社，1970。
52. 傅斯年：《性命古训辨证》，刘梦溪主编《中国现代学术经典——傅斯年卷》，河北教育出版社，1996。
53. 郭象注、成玄英疏《庄子注疏》，曹础基、黄兰发点校，中华书局，2011。
54. 赫伯特·施皮格伯格：《现象学运动》，王炳文、张金言译，商务印书馆，1995。
55. 华蔼仁：《〈孟子〉的实践性和精神性》，蔡世昌译，《中国哲学史》2004年第2期。
56. 龙宇纯：《荀子思想研究》，《荀子二十讲》，华夏出版社，2009。
57. 胡塞尔：《纯粹现象学通论》，李幼蒸译，商务印书馆，1997。

58. 埃德蒙德·胡塞尔：《经验与判断》，邓晓芒、张廷国译，生活·读书·新知三联书店，1999。
59. 金秉骏：《郭店楚简〈五行〉篇中的"圣"和"乐"》，《清华大学学报（哲学社会科学版）》2006年第6期。
60. 荆门市博物馆：《郭店楚墓竹简》，文物出版社，1998。
61. 康德：《答复这个问题："什么是启蒙运动？"》，《历史理性批判文集》，商务印书馆，1997。
62. 克劳斯·黑尔德：《时间现象学的基本概念》，靳西平等译，上海译文出版社，2009。
63. 孔安国、孔颖达：《尚书正义》，上海古籍出版社，2007。
64. 理查德·柯尔内主编《20世纪大陆哲学》（劳特利奇哲学史第八卷），鲍建竹、李婉莉等译，中国人民大学出版社，2016。
65. 林素英："重构先秦儒学之发展——以〈五行〉、〈性自命出〉、〈中庸〉与荀子之批评为讨论核心"，复旦大学出土文献与古文字研究中心编《出土文献与中国古典学》，中西书局，2018。
66. 刘放桐：《现代西方哲学》，人民出版社，1990。
67. 孟德斯鸠：《波斯人信札》，罗大冈译，人民文学出版社，1958。
68. 尼古拉斯·布宁、余纪元：《西方哲学英汉对照辞典》，人民出版社，2001。
69. 马丁·海德格尔：《存在与时间》，陈嘉映、王庆节译，熊伟校，生活·读书·新知三联书店，2006。
70. 《马克思恩格斯选集》第3卷，中共中央编译局译，人民出版社，1995。
71. 马克思：《1844年经济学哲学手稿》，人民出版社，2000。
72. 苗力田主编《古希腊哲学》，中国人民大学出版社，1995。
73. 莫里斯·梅洛-庞蒂：《知觉的首要地位及其哲学结论》，王东亮译，生活·读书·新知三联书店，2002。
74. 莫里斯·梅洛-庞蒂：《知觉现象学》，姜志辉译，商务印书馆，2003。
75. 莫里斯·梅洛-庞蒂：《辩证法的历险》，杨大春、张均尧译,上海译文出版社,2009。

76. 莫里斯·梅洛-庞蒂:《眼与心》,杨大春译,商务印书馆,2007。
77. 莫里斯·梅洛-庞蒂:《可见的与不可见的》,罗国祥译,商务印书馆,2008。
78. 倪梁康:《胡塞尔现象学概念通释》,生活·读书·新知三联书店,1999。
79. N. 帕帕斯:《柏拉图与〈理想国〉》,朱清华译,广西师范大学出版社,2007。
80. 皮埃尔·格里马尔:《西塞罗》,董茂永译,商务印书馆,1998。
81. 钱穆:《论语新解》,生活·读书·新知三联书店,2005。
82. 让-保罗·萨特:《想象》,杜小真译,上海译文出版社,2008。
83. 《老子道德经注校释》,王弼注,楼宇烈校释,中华书局,2008。
84. 王博:《庄子哲学》,北京大学出版社,2013。
85. 王夫之:《读四书大全说》卷六,《船山全书》第六册,岳麓书社,1996。
86 《老子河上公章句》,王卡点校,中华书局,1993。
87. 王先谦:《荀子集解》,中华书局,1988。
88. 王阳明:《传习录》,中州古籍出版社,2008。
89. 《韦氏大学词典》(第十版),世界图书出版公司,1996。
90. 让-保罗·萨特:《存在与虚无》,陈宣良等译,杜小真校,生活·读书·新知三联书店,2007。
91. 让-保罗·萨特:《自我的超越性——一种现象学描述初探》,杜小真译,商务印书馆,2001。
92. 色诺芬:《回忆苏格拉底》,吴永泉译,商务印书馆,1984。
93. 斯通普夫:《西方哲学史》,中华书局,2005。
94. 孙伟:《"心性一体"与"心性二体"—早期儒学心性论发展路向研究》,《北京社会科学》2017年第8期。
95. A. E. 泰勒:《柏拉图——生平及其著作》,谢随知、苗力田、徐鹏译,山东人民出版社,1991。

96. 汪子嵩等：《希腊哲学史》第 1 卷，人民出版社，1997。
97. 汪子嵩等：《希腊哲学史》第 2 卷，人民出版社，1997。
98. 汪子嵩、王太庆编《陈康：论古希腊哲学》，商务印书馆，1990。
99. 韦政通：《荀子与古代哲学》，台北商务印书馆，1992。
100. 温海明：《荀子心"合"物论发微》，《中国哲学史》2008 年第 2 期。
101. 《文艺复兴时代的文化》，列宁格勒科学出版社，1986。
102. Simon Blackburn：《牛津哲学词典》，上海外语教育出版社，2000。
103. 希罗多德：《历史》，王以铸译，商务印书馆，1959。
104. 西塞罗：《论共和国》，王焕生译，上海人民出版社，2006。
105. 西塞罗：《论演说家》，王焕生译，中国政法大学出版社，2003。
106. 西塞罗：《论至善与至恶》，石敏敏译，中国社会科学出版社，2005。
107. 西蒙娜·德·波伏瓦：《岁月的力量》（一），黄荭、罗国林译，作家出版社，2012。
108. 亚里士多德：《形而上学》，吴寿彭译，商务印书馆，1959。
109. 亚里士多德：《形而上学》，李真译，上海世纪出版集团，2006。
110. 亚里士多德：《尼各马可伦理学》，廖申白译，商务印书馆，2004。
111. 亚里士多德：《尼各马可伦理学》，苗力田译，中国人民大学出版社，2003。
112. 杨大春：《杨大春讲梅洛-庞蒂》，北京大学出版社，2005。
113. 杨伯峻译注《论语译注》，中华书局，1980。
114. 杨伯峻译注《孟子译注》，香港中华书局，2000。
115. 杨泽波：《从德福关系看儒家的人文特质》，《中国社会科学》2010 年第 4 期。
116. 余纪元：《德性之镜：孔子与亚里士多德的伦理学》，中国人民大学出版社，2009。

117. 张屏:《人文主义与文艺复兴》,《徐州师范大学学报(哲学社会科学版)》1998年第4期。
118. 张祥龙:《当代西方哲学笔记》,北京大学出版社,2005。
119. 中国大百科全书出版社编《中国大百科全书》哲学卷(Ⅱ),中国大百科全书出版社,1987。
120. 《周易正义》,《十三经注疏》(一),中华书局,2009。
121. 朱熹:《四书章句集注》,中华书局,1983。
122. 《庄子》,方勇译注,中华书局,2010。

图书在版编目（CIP）数据

比较哲学视野下的中外人文精神 / 孙伟等著 . -- 北京：社会科学文献出版社，2019.10
（北京市社会科学院文库）
ISBN 978 - 7 - 5201 - 5536 - 6

Ⅰ.①比… Ⅱ.①孙… Ⅲ.①比较哲学 - 研究 - 世界 Ⅳ.①B0

中国版本图书馆 CIP 数据核字（2019）第 198587 号

北京市社会科学院文库
比较哲学视野下的中外人文精神

著　者 / 孙　伟　等

出 版 人 / 谢寿光
责任编辑 / 李　薇　佟英磊
文稿编辑 / 陈　阳

出　　版 / 社会科学文献出版社·群学出版分社（010）59366453
　　　　　 地址：北京市北三环中路甲29号院华龙大厦　邮编：100029
　　　　　 网址：www.ssap.com.cn
发　　行 / 市场营销中心（010）59367081　59367083
印　　装 / 三河市尚艺印装有限公司

规　　格 / 开　本：787mm × 1092mm　1/16
　　　　　 印　张：15.5　字　数：215千字
版　　次 / 2019年10月第1版　2019年10月第1次印刷
书　　号 / ISBN 978 - 7 - 5201 - 5536 - 6
定　　价 / 98.00元

本书如有印装质量问题，请与读者服务中心（010 - 59367028）联系

▲ 版权所有 翻印必究